Johann Christian Nelckenbrechers

Johann Christian Nelkenbrechers Taschenbuch eines Bankiers und

Kaufmanns

Johann Christian Nelckenbrechers

Johann Christian Nelkenbrechers Taschenbuch eines Bankiers und Kaufmanns

ISBN/EAN: 9783743456785

Hergestellt in Europa, USA, Kanada, Australien, Japan

Cover: Foto ©Suzi / pixelio.de

Manufactured and distributed by brebook publishing software (www.brebook.com)

Johann Christian Nelckenbrechers

Johann Christian Nelkenbrechers Taschenbuch eines Bankiers und

Kaufmanns

Johann Christian Nelckenbrechers

Taschenbuch

eines

Banquiers und Kaufmanns

enthaltend

eine Erklärung aller ein- und ausländischen
Münzen, des Wechsel-Courses, Usos, Respect-
Tage und anderer zur Handlung gehörigen Dinge, mit
einer genauen Vergleichung des Ellen-Maaßes, Handels-
Gold- und Silbers-Gewichts, auch Maaße von
Getreide und flüßigen Sachen

derer

fürnehmsten Europäischen Handels-Plätze.

Zweite Auflage
vermehret und verbessert durch
G.

Berlin,
bey Arnold Wever, privil. Buchhändler.
1769.

Vorrede.

Ein Taschenbuch, welches Münz, Maaß und Gewicht nebst andern zur Handlung gehörigen Sachen der fürnehmsten Handels-Plätze ordentlich und richtig, doch nicht zu weitläuftig beschriebe, ist schon längst von vielen der Handlung zugethanen Personen gewünschet und verlanget worden.

Des seel. J. C. Nelckenbrechers Taschenbuch erweiset solches zur Gnüge. Ohnerachtet selbiges zu sehr eingeschränkt und dabey viele Fehler enthält, so hat es doch so viele Liebhaber gefunden, daß man sich genöthiget gesehen, diese neue Auflage zu besorgen, ohne zu erwehnen, daß es mit allen Fehlern in Wien ist nachgedruckt worden.

Besagte Fehler stammen zwar nicht ursprünglich von dem Verfasser her, wer diesen Mann gekannt, wird ihn von so vielen Unrichtigkeiten als das Taschenbuch enthält, frey sprechen; indessen sind sie doch darinne, und wie sie hinein gekommen, ist natürlich.

Der Verfasser hatte seine Nachrichten nur vor Freunde und Leute aufgesetzt, so sich seines Unterrichts bedienten, er ließ sie zu dem Ende durch andere abschreiben. Diese lieferten viele Exemplaria um viel Geld zu verdienen, und

der

der Verfaſſer hatte nicht genugſame Zeit das Abgeſchriebene genau durchzuſehen. Hieraus erfolgte, daß viele Exemplaria falſch abgeſchrieben wurden, wovon denn auch eines nach des Verfaſſers Tode an den Herrn Verleger gekommen, der es vor das einzige Manuſcript des Verfaſſers gehalten, und es ſo drucken laſſen, wie es Anno 1762 erſchienen.

Unter allen Büchern ſo dergleichen Nachrichten ertheilen, iſt wohl des Herrn J. E. Kruſens Contoriſt mit Recht das Vollſtän=digſte, und wer nur einige Kenntniſſe von ſolcher Arbeit hat, wird geſtehen müſſen, daß der Herr Verfaſſer allen Dank verdienet, den uns ſeine Mühe abnöthiget, ein ſo vorzüglich Werk geliefert zu haben, indeſſen aber

So nutzbar auch dieſes Werk im ganzen betrachtet iſt, für ſo ohnbequem wird es im Gegentheil ſeiner Größe wegen gehalten. Leute ſo auf Reiſen, auf Comptoiren und bey andern Gelegenheiten oftmahl nicht Gelegenheit genug haben, ihm eine Stelle zu geben, wünſchen ſolche Nachrichten in einen Taſchenbuche bey ſich zu tragen, um bey Vorfallenheit davon Gebrauch zu machen.

Da mir die Ausarbeitung der neuen Auflage des Melckenbrecherſchen Taſchenbuchs iſt aufgetragen worden, ſo habe ich mich bemühet, vollſtändigere und gründlichere Nachrichten zu ertheilen, als in der alten Edition ſind bekannt gemacht, welches jeder leicht ſehen wird, der die neue mit der alten Aufgabe zuſammen hält,

hält, und ich hoffe diese Absichten desto eher
erreicht zu haben, da die meisten dieser Nachrichten aus oben angeführten Contoristen genommen worden.

Indessen will ich vor junge Leute, die in
Handlungs-Sachen noch nicht genung geübt,
um die Einrichtung und Absicht dieses Werks
zu beurtheilen, folgende Anmerkung machen,
als wornach es auch selbst eingerichtet worden.

Es kommen bey einem Handels-Platz folgende Hauptumstände der Handlung wegen,
vor, nemlich:

1) Die Münzsorten worinne man Buch
und Rechnung führet, und deren
Eintheilung. Z. E. Berlin führet anjetzo seine Bücher und stellet die Rechnungen
in Livres oder Pfunden à 24 Gr. den Gr.
à 12 Pf. Banco gerechnet; vor Errichtung
der Banque wurden die Bücher und Rechnungen in Rthlr. à 24 Gr. à 12 Pf. Current oder Frd'or gestellet.

2) Die Rechnungsmünzen, welche entweder eingebildete, oder würklich geprägte sind.

Eingebildete Münzen sind nur der
Rechnung wegen geschaffen, ohne daß sich
solche in der That in Stücken zu den gesetzten
Werth finden solten. Z. E. der Livre, Gro-
schen und Pfenning Berliner oder Breslauer
Banco, das Livre vls. in Amsterdam, das
Livre Sterling in London, der Thaler zu 24
Groschen in Leipzig und dergleichen. Würk-

* 3

Vorrede.

Würklich geprägte Münzen sind in der That in Stücken von gewissen Werth vorhanden. Z. E. die Thaler, Groschen und Pfenninge Berliner Preuß. Current, der Gulden in Amsterdam, der Schilling, Sterling in London, der Gulden oder Groschen Conventions-Geld in Leipzig und dergleichen.

Da diese beyden Münzarten meistentheils mit einander verbunden, so sind sie in diesem Werke wegen des Verhältnißes so sie zueinander haben, in Tabellen gebracht und dergestalt gesetzt worden, daß man immer sehen kann, wie viel die größern, kleinere enthalten, wie denn auch oft wo es nöthig, ihre Vergleichung in ganzen Zahlen ist gesetzt worden, damit man die eine in die andere desto geschwinder reduciren kann. Weil aber nicht alle würklich geprägte Münzen mit denen eingebildeten in der Rechnung so genaue Verwandniß haben, so sind nur von erstern diejenigen, so nöthig zur Rechnung unter die Tabellen, hingegen aber

3) Alle würklich geprägte Münzen so jede Stadt selbst, oder das Land unter welches der Platz gehöret, hat schlagen lassen, und bis anjetzo gebräuchlich, ganz besonders unter ihre eigene Rubrik gesetzt worden.

4) Die fremden Münzsorten oder ausländische Münzen so in jeden Platz gangbar, sind in der Folge dergestalt gesetzt worden, daß man ersehen kann, wie hoch sie in der Münze jedes Orts angenommen werden.

Die

Vorrede.

Die darauf folgenden

5) **Wechselarten** sind eigentlich die Preise so fremde Gelder in dem Werth einheimischer Gelder, oder die einheimischen Gelder in dem Werth fremder Gelder haben.

Wenn man eine gewisse Summe fremder Gelder mit einheimischen kaufen, oder: Wenn man eine gewisse Summe einheimischer Gelder gegen fremde verkaufen will, so muß man die Wechselarten des einen Plaßes zu dem andern oder die Preise wissen, die man in einem Gelde giebt um das andere davor zu erlangen.

Diese Preise sind entweder **beständig** oder **veränderlich**, und von zwey Plätzen so mit einander wechseln, wird allezeit einer einen beständigen, der andere aber einen veränderlichen Preiß haben.

Die beständigen Preise bleiben immer so viel, als sie durch die Gewohnheit gesetzt worden.

Die veränderlichen aber, verändern sich, wie der Mangel, der Ueberfluß und die Natur der fremden oder einländischen Gelder sich verändert.

Dieses zum Grunde gesetzt, so hat es mit den Wechselarten oder Preisen eben die Beschaffenheit, wie mit den Waarenpreisen, und nur deßwegen, weil der Waarenhandel allgemeiner, begreifen wir dessen Art eher, als die vom Wechselhandel, ohnerachtet sie in Ansehung vorhergehender Umstände einander gleich.

Z. E. bey dem Waarenhandel giebt man vor einen Centner einer gewissen Waare 55 Rthlr. oder vor die Elle einer andern Waare 12 Gr.

Bey beyden weiß man aus der Erfahrung daß der einseitige Preiß oder die Waare immer ein Centner, und der andere beständig eine Elle ist, daß aber hingegen der Preiß, so vor den Centner oder die Elle gegeben wird, nach Beschaffenheit der Umstände steigend und fallend ist, denn eben den Centner von 110 ℔ den man anjetzo vor 55 Rthlr. gekauft hat, kann man in kurzer Zeit zu 56 Rthlr. oder auch zu 54 Rthlr. bezahlen müssen, und so ist es auch in Ansehung der Wechselarten oder Preise.

Z. E. Berlin giebt anjetzo 1 Livre Banco nach Amsterdam in Banco, und dieser Livre ist der feste Preiß so Berlin hat, es empfängt aber vor diesen Livre eine gewisse Anzahl Holländische Stüver Banco die veränderlich, denn heute können sie 44, morgen 44½ oder auch 43 seyn, oder

Vor Einrichtung der Banque hatte Berlin die veränderlichen Preise, und Amsterdam die beständige, denn Berlin gab bald 148, bald 149, bald 147 Rthlr. Pr. Cour. vor 100 Rthlr. Holländ. Banco, die sich aber niemalen veränderten.

In jedem Handelsplatz geben die Wechsel-Sensalen oder Courtiers alle Wochen etliche mal gewisse Zettul aus, welche man

Cours-

Cours-Zettul benennet, und worauf die coursirenden Preise der Wechsel-Gelder angezeigt
sind, da sie aber nur meistens die veränderlichen Preise jedes Orts mit dem gewechselt
wird, anmerken, so sind zu dem Ende eben
diese Cours-Zettul jedes Platzes unter denen
Wechselarten oder Preisen zu verstehen, jedoch sind dieselbe also erkläret, daß man allezeit sehen kann, was man vor einen beständigen Preiß in dem einen Platz gegen
den unbeständigen des andern giebt, um dadurch ohne Schwierigkeit ein Geld in das
andere zu reduciren.

6) Der Uso so denen Wechselarten folget, ist
eine unter Wechsel-Negotianten beliebig angenommene, und durch die Gewohnheit, oder
auch durch jedes Ortes Obrigkeit bestätigte
Nachsicht, wie lange nemlich ein Wechsel-
briefs-Innhaber mit Eintreibung der Zahlung, oder in deren Manglung, mit Besor-
gung des Protests sicher und ohne seinen
Schaden in Geduld stehen kann und muß.
Da dieser Uso nicht in allen Handelsplätzen gleich, so ist bey jeden Platz angemer-
ket wie viel Zeit man eigentlich darunter zu
verstehen habe. Die darauf folgende

7) Respect- oder Discretions-Tage sind eine
in vielen Handelsplätzen verschiedene Anzahl
Tage, so nach dem Uso oder der Verfallzeit
eines Wechselbriefs sich anfangen, und binnen welcher der Innhaber des Wechselbriefs
sowohl mit Protestirung als Beytreibung der

* 5　　　　　　　Zah-

Zahlung dem Schuldner ohne Gefahr nachsehen kann und muß. Dieselben Respect-Tage sind ebenfalls so angemerkt, wie sie bey jedem Handelsplatz gebräuchlich.

8) Das Ellenmaaß so jeder Handelsplatz gebrauchet, ist in der Folge dergestalt beschrieben, daß man nicht allein dessen Benennung, sondern auch die Vergleichung davon pro Cento mit den Berliner Ellenmaaß ersehen, und sich derselben bey Gelegenheit eines in das andere zu versetzen, bedienen kann, über dieses ist bey verschiedenen Orten, wo es nöthig befunden worden, noch andere Maaße und deren Verhältniß beygesetzet.

Das nach diesen folgende

9) Handlungs= auch Gold= Silber= und Geld=Gewicht zeiget die Benennung und Verhältniß der Gewichte jedes Handelsorts an.

Außer diesen neun Hauptumständen findet sich Nachrichten, wenn öffentliche Banquen, Messen und andere zur Handlung gehörige Sachen bey einem Handelsplatz sich befinden, da aber oftmahlen ihre Art erfordert ihnen keinen bestimmten Platz anzuweisen, so sind sie unter jedem Handelsort dahin gebracht worden, wo es die Folge der Sache ohngefehr verlanget hat.

Zu Ende des Werks findet man eine genaue Vergleichung vom Ellenmaaß und Handels= auch Gold= und Silber=Gewicht, desgleichen

zwey

zwey andere von Vergleichung der Getreide, Wein, Oehl, Bier u. d. Maaße flüßiger Sachen. Hierdurch ist jeder, er sey in welchen Handelsplatz er wolle, im Stand gesetzt, allerhand fremde Ellenmaaße und Gewichte in das Seinige, oder seines in fremde durch einen einzigen Auffatz der Regula de tri zu verwandeln, denn wenn

Z. E. jemand in Leipzig wissen wollte, wieviel 1244 ℔ aus Bourdeaux in seinem Gewicht wiegen müßten, so hat er nur in der Gewichts-Vergleichung die Städte Bourdeaux und Leipzig aufzusuchen, und weil er darinne findet, daß 788 ℔ aus Bourdeaux 830 ℔ in Leipzig betragen, so formiret sich der Satz

788 ℔ Bourd. — 830 ℔ Leip. — 1244 ℔ Bourd.
197   2490   311
f. 1310 ℔ 9 Loth   9130
                      258130
                      611
                      203
                      060
                      1920
                      147

Also würden 1244 ℔ aus Bourdeaux in Leipzig 1310 $\frac{5}{13}$ ℔ Circa wiegen müssen.

Eben so würde der in Breslau verfahren müssen, wenn er wissen wolte, was sein Ellenmaaß in Brabander Ellen betragen würde, denn nachdem er gefunden, daß 1006 Breslauer Ellen 800 Brabander thun, und er hätte

hätte 2345 Breslauer Ellen zu verwandeln, so hat er nur zu berechnen

1006 Bres. E. — 800 Brab. E. — 2345 Bres. Ell.

503   400   938000

f. 1864 $\frac{12}{16}$ 4350

                         3260

                         2420

                         408 à 16

                         2448

                         6528

                         1498

                         492

Also würden 2345 Breslauer Ellen 1864 $\frac{12}{16}$ Brabander Ellen in Circa betragen, und eben also ist auch mit denen Vergleichungen der Getreide und Maaße flüßiger Sachen zu verfahren.

Da ich nunmehro alles glaube gesagt zu haben, was die Einrichtung und Absicht dieses Werks erfordert, so wünsche ich, daß das Taschenbuch diejenigen Nachrichten enthalten möge, die man sich darinne versprochen, ich wenigstens glaube das geleistet zu haben, was man sich von einem Taschenbuche versprechen kann, und fast ist es zu stark vor ein Taschenbuch angewachsen. Berlin den 8. Oct. 1768.

G.

Ali-

Alicante,

Eine Festung, See- und Handelsstadt des Königreichs Valencia in Spanien hält Buch und Rechnung wie Valencia in Libras à 20 Sueldos à 12 Dineros, oder auch in Reales à 24 Dinero's. Valencianischer Währung.

Hieraus entstehet folgendes **Verhältniß der Münzen.**

1 Livra 10 Reales 20 Sueldos 256 Dineros

I   —   2   —   25¼ —

I   —   12⅖ —

Die Livras, Reales und Sueldos sind fingirte Rechnungs-Münzen, die Dineros aber so auch Ochavos benennet werden, sind reel.

Der Livra ist derselbe Peso antiguo de plata so unter den Rechnungs-Münzen zu Madrit beschrieben worden.

Es vergleichen sich alhier

375 Livras oder Pesos d'Alicante mit 272 } Ducatos
1875 Reales d'Alicante - - : 136 } de Cambio

5 Detti - - - : 4 Reali de platta

Die sämtlichen Rechnungs- auch würcklich geprägten Münzen, kan man unter der Stadt Madrit und Valencia nachschlagen, wo dieselben

A   und

und deren Werth beschrieben, eben so sind die **Wech=
sel=Arten,** der Uso, und Respect **Tage** unter Madrit
zu suchen, wo alles, was zu Spanien deßwegen gehö=
ret, angezeiget worden.

Das **Ellenmaaß** in Alicante heist Vara und
theilet sich in 4 Palmen, und da die Vara $13\frac{7}{8}$ pro
Cent länger ist denn die Berliner Elle, so vergleichen
sich Circa

100 Varas aus Alicante mit $113\frac{7}{8}$ Berliner Ellen.

Das Alicantische **Gewicht** hat folgendes **Ver=
hältniß**

1 Carg.	2½ Quint.	10 Arob.	240 große ℔	360 kl. ℔	4320 Onc.
I	4	96	144	1728	
	I	24	36	432	
		I	1½	18	
			I	12	

Das **große Gewicht** ist $10\frac{11}{18}$ pro Cent circa
schwerer denn Berliner

Das **kleine Gewicht** ist $35\frac{9}{18}$ pro Cent circa leich=
ter den Berliner, folglich sind

100 ℔ groß Gew. — $110\frac{11}{18}$ ℔ Berliner Gew. und
100 ℔ Berliner — $135\frac{9}{18}$ ℔ Alic. klein Gewicht.

Altona suche Hamburg.

Amsterdam
und ganz Holland.

Hält Buch und Rechnung in Gulden, Stübern
und Pfennigen.

1 fl. hat 20 Stv. 1 Stv. hat 16 pf. holl.

die

Die übrigen Münzen in Amſterdam und ganz Holland wornach man rechnet, haben gegen einander nachfolgende **Verhältniß**

Lvls.	Rthl.	fl.	ſtvls.	Stv.	pf. vls.	pf. holl.
I	$2\frac{2}{5}$	6	20	120	240	1920
	I	$2\frac{1}{3}$	$8\frac{1}{3}$	50	100	800
		I	$3\frac{1}{2}$	20	40	320
			I	6	12	96
				I	2	16
					I	8

Aus obigen Verhältniß vergleichen ſich

5 Lvls.	⸗	12 Rthl. holl.
3 Rth. holl.	⸗	25 ſvls.
10 ſvls.	⸗	3 hollfl.
5 hollfl.	⸗	2 holl. Rthl.

Nurgedachte Verhältniſſe oder Eintheilung derer Münzen haben ſowohl bey dem Banco- als Corrent-Gelde ſtatt.

Das Banco-Geld iſt 4 à 6 pro Cent mehr oder weniger beſſer als das Corrent-Geld, welches die Banco-Agio genennet wird.

Die **würklich geprägten Münz-Sorten** der Republic ſind.

im Golde.

Neue Ruyders à 14 fl. und à 7 fl. Corrent.
Ducaten à 5 fl. 4 Stüb. m. oder w.

im Silber.

Ducatonnen à 63 Stüb. und mehr.
3 Gulden Stücke ganze und halbe, } à 60 und 30 Stüb.
die man Daalers nennet.

Ganze, halbe und vier- } à 50, 25, $12\frac{1}{2}$ Stüb. mit
tel Species Thaler } 4 pro Cent m. oder w. Agio.

Ganze, halbe und viertel à 50, 25, 12½ Stüb.
holl. Courent, Al-⎬mit 1 pro Cent m. oder w.
berts oder X Thaler ⎭Agio.

Löwen-Thaler , , , à 42 Stüb. und mehr

Kronen oder 2 Gulden Stücke à 40 Stüb.

Ganze, halbe und viertel ge-⎱à 28, 14, 7 Stüb.
stempelte Gold-Gulden. ⎰

ungestempelte detti , , à 26 Stüb.

Ganze, halbe und viert. Guld. à 20, 10, 5 Stüb.

Ganze und halbe gestem-⎱à 6, und 3 Stüb.
pelte gute Schillinge ⎰

ungestempelte detti , , à 5½ Stüb.

Doppelte und enkelte Gro-⎱à 8 und 4 Stüb.
ninger Flabben , , ⎰

Stooters , , , à 2½ Stüb.

Dubbetjes , , , à 2 Stüb.

Stücke von , , , 1 Stüb.

im Kupfer.

Deute , , , à ⅛ Stüb. od. 2 Pf. holl.

Nota. Bey allen diesen Münzsorten ist der Werth in
Courent zu verstehen.

Von fremden Münzsorten, gelten in Courrent folgende der fürnehmsten, als:

a) nach der **Mark** gelten **mehr** oder **weniger.**

in Gold.

Barren Crusaden 355 fl. beständig mit 5 p. C. mehr
oder wen. Agio in Courent-Geld oder 1 p. C. Agio
oder Disconto in Banco-, die feine m℔ trois.

in Silber.

1 m℔ fein Silber in Barren gilt 25 fl. 16 Stüb.
Span. Stück von Achten,⎞à 10 pf. 21 grän fein
Mexicanen und Pilaren ⎠23 fl. Bco.

fein

fein Lüneburg. ⅞ Stücke à 11 pf. 22 grän fein 25 fl. 13 ſtbr. Cour.

fein Sächſiſche ⅞ Stücke à 11 pf. 8 grän fein 24 fl. 8 ſtbr. Cour.

Neue Lüneb. u. Sächſi-) à 10 pf. 16 grän fein 22 fl.
ſche Spec Rthlr.)16 ſtbr. Cour.

grobe ⅞ Stück ⸗ à 9 pf. fein ⸗ ⸗ 19 fl. 4 ſtbr. Cour.

Engliſch Geld ⸗ à Circa 11 pf. fein ⸗ ⸗ 23 fl. 12 ſtbr. Cour.

Franzöſiſch Geld à Circa 10 pf. 21 grän fein 23 fl. 8 ſtbr. Cour.

Rÿſſeler Geld ⸗ à Circa 10 pf. 6 grän fein 22 fl. 4 ſtbr. Cour.

Die Banco läßt zum Gebrauch der Gold⸗ und Sil⸗ ber⸗Dratzieher das Silber in Stäben, Lingotten ge⸗ nannt, von 2 Daumen dick und 2 Fuß lang 41 à 42 m℔ ſchwer gießen und zubereiten, auch mit der Stadt⸗ wapen ſtempeln, ſolcher Sorten ſind viererley und mit folgenden Buchſtaben geſtempelt.

FF hält 11 pf. 23 grän fein und gilt 24 fl. 8 ſtbr. Bco.
F ⸗ 11 pf 22 ⸗ ⸗ ⸗ ⸗ 24 ⸗ 6 ⸗ ⸗
G ⸗ 11 pf. 16½ ⸗ ⸗ ⸗ ⸗ 23 ⸗ 16 ⸗ ⸗
GG ⸗ 11 pf. 15 ⸗ ⸗ ⸗ ⸗ 23 ⸗ 13½ ⸗ ⸗
auch zuweilen 2 ſtbr. mehr, wenn das Silber in Preiß ſtehet.

b) nach der *Once* Brutto gelten in Courent **mehr** oder **weniger.**

in Gold,

leichte Duc. von 23 Kar. 6 gr. fein circa 45 fl. 10 ſtb. Cr.
leichte Piſt. ⸗ 21 ⸗ 7 ⸗ ⸗ ⸗ 41 ⸗ 15 ⸗ ⸗

c) nach den **Stück** gelten in Courent **mehr** oder **weniger.**

in Gold,

1 doppelter Severin	⸗	⸗	à 15 fl. 8 ſtbr.
1 gold. Cruſado od. Lisbonine v. 12 Cruſ. à 14 ⸗ 16 ⸗
1 Louis d'or mit Malheſer †	⸗	13 ⸗ 2 ⸗
1 JL Louis d'or	⸗	⸗	12 ⸗ 14 ⸗
1 Engl. Guinea	⸗	⸗	11 ⸗ 8 ⸗
1 Carolin	⸗	⸗	⸗	11 ⸗ 6 ⸗
1 Schild L. d'or od. Vertugadin od. L. neuf 11 ⸗ 4 ⸗
1 Sonnen Louis d'or	⸗	⸗	11 ⸗ ⸗ ⸗
1 Span. Piſtol. oder Doublon	⸗	9 ⸗ 3 ⸗
1 Louis, Fredric, Georg oder Carl d'or	9 ⸗ 2 ⸗
1 Mirleton oder Merliton	⸗	8 ⸗ 14 ⸗
1 Ducat fremder	⸗	⸗	5 ⸗ 3 ⸗

in Silber,

1 Engl. Krone od. 1 Franz. Kronenthaler	57 ſtbr.
1 Franz. neuer oder Laubthaler Ecu neuf	56 ⸗
1 Species Thaler	⸗ ⸗	52 ⸗
1 alter Franz. Louis blanc	⸗	51 ⸗
1 Rthl. fein Lüneb. ⅔ od. 1⅓ zwey drittel Stück 41 ⸗

Auf dieſe Art werden auch die feinen Sächſiſchen und andere grobe ⅔ und ⅓ Stück verwechſelt.

d) *pro Cento* ſind beſſer als holl. Courent und gelten.
Species Rthlr.   ⸗ ⸗   4 p. C. m. od. w.
alte Franz. Louis blanc   ⸗   2 p. C. ⸗ ⸗ ⸗

e) *pro Cento* ſind ſchlechter als holl. Cour. u. gelten.
ordinaire ⅔ Stücke   ⸗   24 p. C. ⸗ ⸗ ⸗

Die *Banco* in Amſterdam iſt ein öffentlich autoriſirtes und der Kauffmannſchaft zum beſten A. 1609. den 31. Jan. errichtetes Hauß, in welches ſie ihre Gelder theils zur Sicherheit theils zur Bequehmlichkeit wegen des vielen hin und her Zehlens, theils auch zur Verwahrung, wegen des Geld-Aufwechſels, Einſchmelzung und Beſchneidung deſſelben, und Erhaltung der guten Münzſorten im Lande, einleget.

Die⸗

. Dieselbe nimt nur die groben Münzsorten der Republic vor Banco Geld an, und wenn sie Banco wichtig sind, so bezahlt sie selbige niedriger, als man sie in Courent geben kan, denn es gelten in Banco

die Ducatons   60 stbr. Bco.
die 3 Gulden Stücke   57 : . :
die Species Rthlr. &   50 :   :
die Courrent Rthlr.   48 :   :

Vor die in Banco gelegten Gelder wird der Einbringer auf den Banco-Büchern creditiret, er zahlet 10 fl. Bco vor seine Rechnung in Büchern und die ganze Stadt garantiret vor die eingesetzten Gelder.

Außer diesen vorgemeldten Sorten nimt die Banco noch verschiedene andere ein und außländische Species an, und schreibet den Werth nach den Bco Preisen auf des Einbringers Rechnung zu gute. Will derselbe die eingebrachten Sorten wieder abholen, so giebt ihm die Banco darüber einen Schein, so Recipisse genant wird, und der auf 6 Monat gestellet ist. Ueber den dafür erhaltenen Banco-Werth kan der Einbringer frey disponiren, die Recipisse aber bey Gelegenheit verkauffen.

Die Banco giebt wieder zurück was ihr anvertrauet worden, wenn sie ihren Vorschuß nebst ⅓ p. C. für deponirte Goldene ¼ p. C. für Silberne Species, oder ⅙ p. C. für Ducatonnen als eine Interesse vergütet bekommet.

Wenn während 6 Monath keine Abforderung geschiehet, so muß die verfallene Interesse der Banco gut geschrieben und die Recipisse nach jeden verlaufenen 6 Monathen gegen gleiche Interessen prolongiret werden, in Unterlassungsfall so ist das Depositum für den Vorschuß, an die Banco verfallen.

Gedachte Geldsorten werden nur in der Banco bey Partheyen von 500 oder 1000 Stück empfangen und

A 4   nach)

nach richtig befundenen Gewicht in einen Beutel gethan und verſiegelt.

Es müſſen aber wiegen

		mℳ	Once	Engels
1000 Lisboninen à 4800 Rees	43	mℳ	6 Once	Engels
1000 Frz. Schild od. Sonn. L. d'or	33	1	:	:
1000 Span. Piſtolen :	27	4	5	:
1000 Franz alt. Louis d'or	27	1	15	:
1000 Holl. neue Ducaten	14	1	11	:

Für ſolche Gold-Species ſchreibet die Banco gut.

pro 1 mℳ Brutto Portugiſ. Cruſados 320 fl. : ſtbr.
pro 1 Schild d'or : : 10 : 10 :
pro 1 Span. Piſtol. od. alt. L. d'or 8 : 12 :
pro 1 Ducat. : : 4 : 19 :

Doch werden dieſe Preiſe nach dem Umſtänden, erhöhet und erniedriget.

Von den Silbernen Geldſorten müſſen wiegen

	fl.	mℳ	Once	Eng.	Aßen
200 ganz u ½ Ducatons werth	630	26	3	15	27
200. 3 fl. St. od. 300. 2 fl. od. 400 halbe 3 fl. Stück :	600	25	5	11	20
200 Holl. Cour. od. ganz und halbe Albert Thaler	500	22	6	11	7
200 ganze und halbe Bco Thlr.	520	23	3	11	13
200 : : : Löw. Thlr.	420	22	2	6	8
600 Gulden Stücke :	600	25	5	15	20
300 Gold fl. od. 28 ſtbr. Stücke	420	23	7	:	:
600 Würfe von 5 doppelt. ſtbr.	300	19	5	4	8
200 dito von 5 holl. Schelling	300	20	:	7	13
1200 dito von 5 einzel. ſtbr.	300	19	4	4	12

Für folgende Silber-Species ſchreibet die Banco gut, wen ſie das beſchriebene Gewicht haben.

pro 1 Beutel Ducatonnen : : 600 fl. Bco.
1 dito mit holl. Cour. od. Alb. Rthlr. 480 : :

Span.

Span. Stück von Achten, Pilaren, Mexicanen müssen bey 100 m℔ Gewicht abgepaſſet und noch 2 St. darzu geleget werden, beträgt 915 St. Circa ſie gelten die m℔ 22 fl. oder der Beutel 2200 fl. Neue Franz. oder Laubthaler gelten gleichen Werth, und beträgt der Beutel Circa 840 Stück.

Silber in Barren gilt die m℔ fein 24 fl. 2 ſtbr.

Vermöge der Banco Ordnung von 11. Dec. 1643. müſſen alle Gelder für Wechſelbriefe ſo ſich nicht unter 300 fl. erſtrecken, durch Abſchreiben in der Banco bezahlet werden. Wer dawider handelt verfällt in 25 fl. Strafe.

Man zahlet für jeden Poſten der abgeſchrieben wird 2 Stüb. an die Banco, doch wird die Banco bey Schließung der Rechnung mit einmahl davor creditiret.

Wer mehr abſchreiben läßt, als er in der Banco zu gute hat der muß für eine neue Rechnung 10 fl. oder 3 pro C. Strafe bezahlen, wenn ihm aber denſelben Tag ſo viel oder mehr auf ſeine Rechnung zugeſchrieben wird, ſo zahlet er nur ½ p. C.

Die Banco wird 2 mahl des Jahres am 2ten oder 3ten Sonnabend des Januarii und Julii geſchloſſen und gemeiniglich den 2ten Freytag hernach wieder geöfnet, in welcher Zeit ihr Abſchluß gemacht und die neuen Bücher eingerichtet werden. Bey Feſt- und Bettagen, zur Kirchmeßzeit desgleichen in Weihnachten, Oſtern und Pfingſten, wird dieſelbe auch, aber nicht ſo lange geſchloſſen, und jedes mahl darvon eine Nachricht an der Banco-Thüre angeſchlagen.

Wenn ein in Banco zu bezahlen geſtellter Wechſelbrief vor Schließung derſelben zwar verfallen, die 6 Reſpecttage aber ſind noch nicht abgelaufen, ſondern endi-

gen

gen sich während der Sperrung der Banco, so kan der Inhaber desselben ohne Prejudice mit den Protest noch bis auf den dritten Tag nach Eröfnung der Banco warten.

Amsterdam wechselt mit folgenden Plätzen:

nach	denn es giebt in seinem eignen Gelde,	und empfängt davor,
Antwerpen	100 Lvls Bco.	* 102½ Lvls. in Permis Geld.
Bilbao	* 96 pf. vls. Bº.	1 Ducato.
Breßlau	* 43 Stv. Bo. -	1 L. Bo.
Brüssel -	100 Lvls. Bo.	* 103 Lvls.
Bourdeaur	* 56 pf. vls. Bo.	1 Ecu.
Cadir	* 96 pf. vls. Bo.	1 Ducato.
Cöln am Rh.	100 Rthl. Bo.	* 147 Rthl. ad 78 Alb.
, ,	100 Rthl. Corr.	* 141 Rthl. dito.
Danzig	1 Lvls. Banco.	* 312 gr. Poln.
Frankfurt a.M.	100 Rthl. Corr.	133 Rthl. Convent-Geld.
Genf	* 92 pf. vls. Bo.	1 Ecu Cor.
Genua	* 88 pf. vls. Bo.	1 Pezza de 5¾ Lire Cor.
Hamburg	* 33 Stv. Bo. _	2 ℔ Hamb. Bo.
Königsberg	1 Lvls. Corr.	* 298 gr. Poln.
Leipzig	* 39 Ste. Corr.	1 Rthl. Conv. Geld.
Lissabon	* 46 pf. vls. Bo.	1 Crusado.
Livorno	* 87 pf. vls. Bº.	1 Pezza d'otto de 6 Lire m. l.
Lyon	* 56 pf. vls. Bo.	1 Ecu.
London	* 36 ßvls. Bo.	1 L. Sterl.
Madrid	* 96 pf. vls. Bo.	1 Ducato.
Paris	* 56 pf. vls. Bo.	1 Ecu.
Rochelle	* 56 dito.	pro dito.
Rouen	* 56 dito.	pro dito.

Rot

	giebt	empfängt
Rotterdam	100 Lvls. Bo.	* 100½ L. Bo.
Ryſſel	100 Lvls. Bo.	* 102 Lvls.
Seeland	100 Lvls. Corr.	* 100¼ L. Corr.
Seviglia	* 96 pf vls. Bo.	1 Ducato.
Venedig	* 90 pf. lvls. Bo.	1 Duc. di Bo.
Wien	* 36 Stv. Bo.	1 Rthl. Corr.

Nota. Alle obige Preiſe wo ein * vorſtehet ſind ſteigend und fallend.

Das *Uſo,* ſo von Antwerpen, Baſel, Genf, London, Lille, oder Ryſſel und andern Plätzen in Flandern, nach Amſterdam, iſt 30 Tage nach Dato, wiewohl die Tratten ſo von Amſterdam nach dieſen letztern meiſtens à viſta geſtellet ſind.

Das Uſo von denen Briefen aus Portugall, Spanien und ganz Italien iſt 2 Monath oder 60 Tage nach Dato.

Königsberg 41
Danzig   40
} Tage nach Dato.

Breßlau 6 Wochen.

Ganz Deutſchland
Schweizerland
} 14 Tage nach Sicht.

Reſpect-Tage ſind alhier 6.

Wenn der letzte Reſpect-Tag auf einen Sonn- oder Feſttag, fält ſo muß der Brief den 5ten Reſpect-Tag bezahlet werden, und ſo iſt es auch den Sonnabend in Anſehung der Juden, ſo bald als da nicht bezahlet wird, muß man proteſtiren laſſen.

Von Ellenmaaß iſt in Amſterdam ſo wohl die Amſterdammer als Blämiſche Elle gebräuchlich.

Die

Die Amſterdammer Elle iſt 3½ pro Cent Circa die Blämiſche Elle aber 6 2/16 p. C. Circa größer als die Berliner Elle. Deshalben thun

100 Amſterd Ellen 103½ ⎞
und 100 Bläm. — 100 2/16 ⎠ Berliner Ellen.

Das Getraidemaaß in Amſterdam verhält ſich folgender Geſtalt zu einander.

Laſt	Tonnen	Mudden	Sacks	Schepel	Vierdevat.	Kop.
1	21¾	27	36	108	432	3456
	1	1¼	1⅔	5	20	160
		1	1⅓	4	16	128
			1	3	12	96
				1	4	32
					1	8

1 Hondert von 404 Maaten Franz. Salz iſt etwas über 40000 ℔ in Gewicht, beträcht Circa in Hamburg 7¼ Laſt, und in Lübeck 7 Laſt Steinkolen werden bey Höd von 38 Matten verkauft.

1 Laſt Hering oder Pech hat 12 Tonnen

1 dito Theer — — — 13 dito

Der Rhein, Moßler und Korn-Brante-Wein werden nach folgenden Maaßen verkauft.

				Stopp ob.		
Aam	Anckers	Stekan	Viertel	Stubges	Mingeln	Pinten
1	4	8	21	64	128	256
	1	2	5¼	16	32	64
		1	2⅝	8	16	32
			1	3 3/21	6 2/21	12 4/21
				1	2	4
					1	2

Franz.

Franz. Weine werden verkauft und berechnet nach

Vat	Oxhoofden	Tierzen	Mingelen
1	4	6	720
	1	1$\frac{1}{2}$	180
		1	120

Span. und Portug. Weine werden bey Booten und Pypen verkauft. 1 Pype hält 340 Mingelen.

Franz. Brantewein wird verkauft nach 30 Viertel 1 Viertel Bourdeauxer Maaß ist 6$\frac{1}{4}$ Mingelen.

Das Vaß Baumöhl wird zu 717 Mingelen gerechnet.

Der Aam Hanf- Lein- und Rüböhl wird zu 120 Mingelen gerechnet.

Der Thran ist in Quarteelen von 18 à 21 Stekan wird aber bey Vat von 12 Stekan oder 192 Mingelen verkauft.

Das Bier wird nach Tonnen à 128 Mingelen verkauft.

Die Butter wird verkauft

Friesländer und Gröninger nach der Tonne von 328 ℔. Holländische nach Vierendeel zu 80 ℔.

Nota. Man muß obige Eintheilung der Wein, Brantewein und Oehl Maaße nich also verstehen, als ob die Größe der Gefäße also wäre, sondern der Kauf geschiehet nur nach solchen Größen und alsdenn werden die Gefäße visiret und nach obigen Maaß vertheilet.

Von Amsterdammer Gewicht.

Das Gold- und Silber-Gewicht ist 5$\frac{1}{16}$ pro Cent Circa schwerer den Berliner Gewicht und hat folgende Eintheilung.

mg

m℥	Trois	Once	Engels	Aaſen.
1	8	160	5120	
	1	20	640	
		1	32	

Das Gold wird probiret

1 m℥ à 24 Karath und 1 Karath zu 12 Grän.

Das Silber wird probiret

1 m℥ à 12 Denieurs und 1 Den. zu 24 Grän.

Das Handelsgewicht hat folgende Eintheilung.

Schiff ℔	Centenaar	Lysponten	Steen	℔
1	3	20	$37\frac{1}{2}$	300
	1	$6\frac{2}{3}$	$12\frac{1}{2}$	100
		1	$1\frac{7}{8}$	15
			1	8

Ferner theilet ſich:

℔	m℥	Oncen	Loot	Dragmas	Engels.
1 in	2	16	32	128	320
	1	8	16	64	160
		1	2	8	20
			1	4	10
				1	$2\frac{1}{2}$

Das **Amſterdammer Gewicht** iſt $5\frac{1}{2}$ p. C. Circa ſchwerer denn Berliner.

Es wiegen alſo 100 ℔ aus Amſterdam $105\frac{1}{2}$ ℔ in Berlin.

Das **Gewicht** der Oſt Indiſchen Compagnie in Amſterdam aber iſt 7 p. C. Circa ſchwerer denn Berliner, es vergleichen ſich alſo deren

100 ℔ Oſt Ind. Comp. Gew. 107 ℔ in Berlin.

An-

Ancona,

In Kirchenstaate an Adriatischen Meere gelegen, hält Buch und Rechnung in

Scudi à 20 Soldi à 12 Dinari, oder auch nach
Scudi à 10 Paoli à 10 Bajocchi, desgleichen auch nach
Scudi zu 100 Bajocchi.

Die Münzsorten haben hier folgende Verhältniß

Giuli od. Soldi od.

Scudo	Paoli	Grossi	Bolognini	Bajocchi	Dinari
I	10	20	80	100	240
	I	2	8	10	24
		I	4	5	12
			I	$1\frac{1}{4}$	3
				I	$2\frac{2}{5}$

Die Münzsorten sind dieselben so unter Rom beschrieben, wo man nachschlagen kan.

Ancona wechselt mit folgenden Plätzen, denn

	es giebt in seinen eignen Gelde,	und empfängt davor,
nach		
Bologna	I Scudo	101 Bolognini *
Florenz	118 Scudi *	100 Scudi d'oro
Livorno	90 Scudi *	100 Pezzi de 8 Reali.
oder	90 Bajocchi *	I Pezza de 8 Detti.
Novi	182 Scudi *	100 Scudi d'oro marchi.
Rom	101 Scudi *	100 Scudi Romani.
Venedig	91 Scudi *	100 Dj. di Banco.

Nota. Die Preise wo ein * dabey stehet sind steigend und fallend.

Das

Das **Ellenmaaß** heist Braccio und ist $3\frac{7}{8}$ p. C. Circa kleiner den die Berliner Elle.

Es thun also: 100 Berliner Ellen $103\frac{7}{8}$ Bracci in Ancona.

Das **Gewicht** in Ancona ist $39\frac{7}{12}$ p. C. leichter als Berliner, es thun also:

100 ℔ Berliner $139\frac{7}{12}$ in Ancona.

Antorf oder Antwerpen,

In Herzogthum Brabant an der Schelde gelegen und und den Hause Oesterreich zuständig.

Hält Buch und Rechnung wie ganz Brabant und Flandern.

in Pfunden à 20 Schilling à 12 Grooten Flämisch am meisten aber

in Gulden à 20 Stüver à 16 Pfenig Brabantisch.

Die Münzen haben daselbst gegen einander folgendes Verhältniß.

Lvls.	Rthl.	fl.	ßvls.	Stv.	pf. vls.	pf. Brabant.
1	$2\frac{1}{4}$	6	20	120	240	1920
	1	$2\frac{2}{5}$	8	48	96	768
		1	$3\frac{1}{3}$	20	40	320
			1	6	12	96
				1	2	16
					1	8

Aus dieser Verhältniß entstehet:

Das 5 Rthl. so man auch Pattacons benennet.) gleich sind (2 Lvls. oder
12 fl. Brab. u.
3 fl. Brabant. 10 ßvls. welche auch

auch Escalins benennet werden, gleich wie die Stüver Patars. Davon man einen auch zu 48 Myten und den pf. Brabant. zu 3 Myten rechnet.

Das Geld, worinnen die **Wechselbriefe** bezahlet werden, heißt *Permiß*-Geld, und ist **unveränderlich** 16⅔ pro Cento besser als Courant-Geld.

Würklich geprägte Münzen sind folgende, und gelten vermöge des Edicts vom 21sten April 1755.

im Golde.

	Permis.			Courant.		
Severinen	15fl.	6st.	—	17fl.	17st.	—
dito halbe	7	13	—	8	18	8pf.
Ducaten*	5	1	—	5	18	—

* Holländische, Kayserliche und Erzherzogliche von Albertus und Isabella.

im Silber.

	Permis.			Courant.		
Ducatons	3fl.	1st.	: pf.	3fl.	10st.	: pf.
NeueSilberKron.v.1755.	2	14	:	3	3	
Alte Escalins / Permis-Schillinge	—	6	—	—	6	12

Nota. Die halben Escalins und Permis ß. sind laut Placats vom 17. Nov. 1749. gänzlich verboten.

Neue dito	—	6	—	—	7	—

Die Scheidemünzen sind:

Die Neuen 5, und drithalb Stüver-Stücke und Plaquetten, gesetzt zu 3½ Stv. Cour.
Die alten 4½ u. 2¼ Stv. Stücke zu 4 u. 2 : :
Die alten Plaquetten : : 2½ : :
Einzelne Stüver zu 3 Ort oder : 12 pf. Brab.

im Kupfer

hat man Deute von 2 pf. Brabant. Courant.

Von ausländischen Münzen

können allhier vermöge des Edicts vom 21ſten April 1755 begeben werden, und gelten:

im Golde

	Permis.		Courant.	
1 Mirleton	8 fl.	12 Stv.	10 fl.	¾ Stv.
1 Engl. Guinée	11	8¼	13	6½
1 Span. Doblon ⎞				
1 Alter Fr. Ld'or ⎠	9	—	10	10
1 dito gedoppelter	18	—	21	—
1 Ld'or de Noailles	16	8½	19	3¾
1 dito mit Malth. †	13	1½	15	5¼
Neue Ld'or oder Ver- tugadins	10	18	12	14½

im Silber

	Permis.		Courant.	
Franz. Kronen Thlr. ⎞ Engliſche Kronen ⎠	2 fl.	16 Stv.	3 fl.	5⅓ Stv.
Franz. Laubthaler	2	14	3	3
halbe und viertel nach proportion				
Ecus de Navorre	2	5	2	12½
Ecus Bidet oder IL Thlr.	2	3	2	10
Span. Holl. X, und Burgthlr. od. Pattacon deßgl. Louisblanc	2	8	2	16

Antwerpen wechſelt mit folgenden Plätzen der

nach	giebt es in ſeinem eignen Gelde,	und empfängt davor,
Amſterdam	*103 Lvls.	100 Lvls. Banc.
Cadix	101 pf. vls,	1 Ducato.

Cölln

giebt		empfängt
Cölln am Rh. 100 Rthl.		* 136 Rthl. a 78 Alb.
Frankfurth am Mayn 100 Rthl.		* 130 Rtl. Frf. Conv. Münze.
Hamburg	* 35 Stv.	2 m℔ Banco.
Liſſabon	* 47 pf. vls.	1 Cruſado.
London	* 36 ℔vls.	1 L. Sterl.
Lyon und Paris)	* 57 pf. vls.	1 Ecu.
Milano	1 fl.	* 56 Soldi courenti.
Venedig	* 92 pf. vls.	1 Ducato di Banco.
Wien	* 102 Rthlr. W. G.	100 Rthl. Spec. od. 133⅓ Rthl. Cour.

Nota. Alle obige Preiſe wo ein * vorſtehet ſind ſteigend und fallend.

Das *Uſo* iſt alhier wie in Amſterdam zuverſtehen.

Reſpect-Tage ſind auch alhier 6. Die aber à Viſta und auf Sicht geſtelte Briefe müſſen binnen 24 Stunden bezahlt werden.

Das **Ellenmaaß** in Antwerpen iſt **groß**, und **klein.**

Die **Antwerpner/große Elle**, womit man alda **Seidenwaaren** miſſet, iſt 4 p. C. in Circa **größer** als die **Berliner Elle.**

Die **Antwerpner kleine Elle** aber, welche man bey **Wollenwaaren** gebraucht, iſt 2⅘ pro C. in Circa **größer** als die **Berliner Elle**, deshalben ſind:

100 große Ellen aus Antwerpen 104) Ellen in Berl.
100 kleine , , dito 102⅘)

Das **Gewicht** in Antwerpen iſt folgendes:

B 2   Das

Das **Gold-, Silber-** und **Geltgewicht** ist wie in Amsterdam, und werden diese Metalle auch also probiret.

Das **Handelsgewicht** hat auch die Eintheilung wie das **Amsterdammer**, doch ist es $\frac{3}{4}$ pro Cent Circa **schwerer** als Berliner Gewicht. Es sind also:

100 ℔ Antwerp — 100$\frac{3}{8}$ ℔ in Berlin.

Archangel,

Eine See- und Handelsstadt in der Provinz Dwina unter Rußland ohnweit dem weißen Meere gelegen.

Hält Buch und Rechnung wie ganz Rußland in Rubel à 10 Griwen à 10 Kopeken, oder auch in Rubel à 100 Kopeken.

Die Müntzen haben alhier folgende **Verhältniß** zu einander

Rubel.	Griwen.	Altins.	Kopeken.	Moschoffske od. Denuschken.	Polüschken.
1	10	33$\frac{1}{3}$	100	200	400
	1	3$\frac{1}{3}$	10	20	40
		1	3	6	12
			1	2	4
				1	2

Die **würklich geprägten Münzsorten** von Rußland sind:

in Gold,

Ganze und halbe Imperialen zu 10 u. 5 Rubel.

Doppelte und einfache Rubel   2 u. 1

Ducaten doppelte und einfache zu 4 Rubel 50 Kop. und 2 Rub. 25 Kop.

in

in Silber,

Rubel	zu 100 Kopecken
Poltины	50 —
Polupoltinnicks	25 —
Griwen	10 —
Plat Kopecken	5 —
Altins	3 —
Groschen	2 —
Stücke	1 —

in Kupfer,

Stücke von 5, 2, und 1 Kopecke
Denuschken und Poluschken Stücke.

Von fremden Münzsorten gelten alhier **mehr** oder **weniger,**

in Gold,

Ducaten   2 Rubel 24 Kopeken.

in Silber,

Englische Kronen		1	32	
Holl. Albertthlr.		1	17	
oder auch				
1 ℔ zu 14 St. wicht. Albertthl. 17			22	

Archangel und ganz **Rußland wechselt** mit folgenden Plätzen, denn

nach.	es giebt in seinem eignen Gelde,	und empfängt davor,
Amsterdam	1 Rubel de 100 Kop.	45 Stüb. Cour. m. od. w.
Hamburg	118 Kop. m. od. w.	1 Rthlr. Banco.
oder	97 dito	1 Rthlr. Cour.

Rußland wechselt selten directe mit **Hamburg,** das meiste geschiehet über Amsterdam.

Man bedienet sich noch in Rußland des alten Styls oder des Julianischen Calenders, welcher die Zeit 11 Tage später als der neue Styl rechnet.

Wenn Rußland mit Amsterdam wechselt, so wird à 65 Tage nach dato traßiret.

Die Wechselbriefe so auf Rußland gezogen werden, und nach dato zu bezahlen lauten, haben 10 Respect-Tage, worin Sonn- und Festtag, auch der Tag mit eingeschlossen ist, an dem die Zahlung fällig ist. Briefen aber so auf ein oder etliche Tage Sicht gestellet sind, werden keine Respect-Tage verstattet.

Das **Ellenmaaß** in Rußland ist $6\frac{1}{17}$ pro Cent länger als das Berliner, und vergleichen sich also:

1 Sasche od. Saschine 3 Arschinen 48 Werschocke
$\qquad$ 1 $\quad$ — $\quad$ 16 $\quad$ — also thun:

100 Arschinen 106$\frac{1}{17}$ Ellen in Berlin.

Das **Getreidemaaß** theilet sich also ein:

1 Czetwer 2 Osmin 4 Pajack 8 Czetwerick 64 Garnitzen
od. Kuhl 1 $\quad$ 2 $\quad$ 4 $\quad$ 32
$\qquad$ 1 $\quad$ 2 $\quad$ 16
$\qquad\qquad$ 1 $\quad$ 8

81 Czetwer thun 305 Berliner Scheffel Circa.

Das **Maaß flüßiger Sachen** ist:

1 Faß 40 Weddra 320 Kruska 3520 Czarken
$\quad$ 1 od. Eimer 8 $\quad$ 88 od. Schalen
$\qquad\qquad$ 1 $\quad$ 11

1 Oxhoft von Bourdeaux hält 19 Ruß. Eimer Circa.

Das **Gewicht** in Rußland ist folgendes:

Gold und **Silber** wird der feine nach gerechnet
$\hfill$ 1 Ruß.

1 Ruff. ℔ zu 96 Solotnick
24 Solotnick ⸗ . 7 Loth Cöllnisch).

Das **Handelsgewicht** aber hat folgende Eintheilung und ist 14½ p. C. **leichter** als Berliner.

Berkowitz	Pude	℔	Loth	Solotnick
.I	10	400	12800	38400
	I	40	1280	3840
		I	32	96
			I	3

Es vergleichen sich also Circa
100 ℔ Berliner mit 114½ ℔ in Archangel.

Augspurg,

Eine freye Reichsstadt in Schwaben

Hält Buch und Rechnung in
Gulden à 60 Kreuzer à 4 Pfenge.

Die Münzsorten haben hier zu einander folgende
Verhältniß

Rthlr.	fl.	Batz.	Kgr.	Xer.	pf.
I	1½	22½	30	90	360
	I	15	20	60	240
		I		1½	4	16
			I	3	12
				I	4

Diese Eintheilungen sind beym *Giro-Gelde*, beym
Current-Gelde, und auch bey **Münze** gebräuchlich.

Giro Geld ist eine erdichtete Münze, so niemals
existiret hat, und zwar ist sie **unveränderlich** 27
p. C. besser als Current, nemlich

100 Rthl., fl., oder Xer Giro thun 127 Rthl, fl,
od. Xer in Current-Gelde.

Das

Das Giro-Geld iſt nur bey Schließung einiger Wechſel in Gebrauch.

Corrent Geld beſtund ehedem in ganzen, halben
und viertel Species-Thalern, zu 2, 1, und ½ fl. gerechnet. Weil aber dieſe Sorten ſelten geworden, ja
faſt nicht mehr zu haben ſind, ſo verſtehet man in Wech-
ſelzahlungen unter dem Nahmen Corrent-Geld, alt
Franz Geld, oder ganze, halbe und Viertel-Louis-
blanc à 2, 1, und ½ fl. gerechnet. Desgleichen

Chur Bayriſch Carolinen pro 9 fl.
dito   ,   Max d'or pro 6 fl.
dito und Würtenbergiſche halbe Gulden pro 25.
Xer auch Conventions-Geld.

Münze ſind alle kleine Sorten Geldes oder Scheidemünze, welche nach jetzigem Courſe 20 à 26 pro C.
ſchlechter als Corrent ſind.

Die würklichen Münzſorten ſind:

im Golde,

Ducaten à 4¼ fl. mit 4 p. C. danno mehr od. weniger
in Courent.
Goldgulden à 3 fl. m. od. w. in Courent.

im Silber,

Species Rthl.   ,   à 2 fl.
Gulden und halbe Gulden   zu 1 fl. und 30 Xer.
Ganze und halbe Kopfſtück   , 20 und 10 Xer.
Stücken zu 15, 12, 7½, 5, 4, 3, 2½, 2, und 1 Xer.

An fremden Münzen findet man daſelbſt, und
gelten, oder ſind ſchlechter als obgedachtes Corrent-
Geld.

im Golde,

Alte Louis d'or   à 7½ fl. - 5½ pro Cent
Ducaten   à 4¼ - 5 -

Span.

Span. Doppien	à $7\frac{1}{2}$ fl.	- $4\frac{3}{4}$	pro Cent
Carl d'or	à $9\frac{1}{3}$	- $4\frac{1}{2}$	-
Max d'or	à $6\frac{1}{3}$	- 5	-
Louis neufs	à $9\frac{3}{5}$	- $6\frac{3}{8}$	-

im Silber.

Fr. Laub-Thaler	à $2\frac{2}{5}$ fl.	- $6\frac{3}{4}$	-
27 Xer Stück	à -	- $\frac{1}{4}$	-
Münze	à -	- 24	-
Fein Silber die Mark		- 19 bis 20 fl.	

Legirtes dito etliche Xer weniger.

Augspurg wechselt mit folgenden Plätzen, denn

nach	es giebt in seinem eignen Gelde,	und empfängt davor,
Amsterdam	*107 Rthl. Giro.	100 Rthl. Bo.
Botzen in die	*101 fl. Corr.	100 fl. mon. lon.
Messe	*$97\frac{1}{2}$ fl. Corr.	100 fl. Valuta.
Frankfurt a. M.	*90 Rthl. Corr.	100 Rthl. Cour.
Hamburg	*106 Rthl Giro.	100 Rthl. Bo.
Leipzig in die	*$99\frac{3}{4}$ Rthl Corr.	100 Rtl. Conv. Geld.
Messe	*96 Rthl. dito.	100 Rthl. Ld'or.
Lion und Paris	*111 fl. Corr.	100 Ecu.
London	*8 fl. 48 Xer C.	1 L. Sterl.
Nürnberg	*$99\frac{3}{4}$ fl. Corr.	100 fl. Corr.
St. Gallen	*100 fl. Giro.	118 fl. Wechs. Geld.
Venedig	*$96\frac{1}{4}$ Rthl. Giro.	100 Duc. di Bo.
Wien	*99 fl. Corr.	100 fl Cor. p. C.

Nota. Die Preise wo ein * dabey stehet sind steigend und fallend.

Unter einen *Uso* werden 15 Tage
" 2 " " 30 Tage
" $1\frac{1}{2}$ " " 23 Tage
" $\frac{1}{2}$ " " 8 Tage

so wohl hier als in ganz Deutschland verstanden.

Die *Reſpect* Tage ſind hier verſchieden, denn da allezeit jede Mittwoche Zahltag iſt, ſo haben die Briefe ſo auf einen Dienſtag verfallen, nur einen Reſpect-Tag, weil ſie die Mittwoche müſſen bezahlt werden, die Briefe hingegen ſo auf die Mittwochen verfallen, haben 8 Reſpect-Tage, weil ſie erſt die folgende Mittewochen abgetragen werden.

Briefe aber ſo à Viſta lauten, müſſen binnen 24 Stunden per Caſſa bezahlt werden, oder man muß proteſtiren laſſen.

Das Ellenmaaß alhier iſt groß und klein.

Die Augſpurger große Elle ist 9⁷⁄₁₆ pro Cent circa Die Augſpurger kleine Elle aber 12¹¹⁄₁₆ pro Cent circa } kürzer als die Berl. Elle, es thun alſo:

100 Berliner Ellen { 109 ⁷⁄₁₆ große Augſp. Ellen. 112 ¹¹⁄₁₆ kleine dita

Man probiret und rechnet alhier

1 m℔ fein Gold zu 24 Karath oder zu 288 Grän fein

　　　　　　1　⁏　⁏　⁏　12　⁏　⁏

1 m℔ fein Gold gilt circa 280 fl. Courent.

1 m℔ fein Silber 16 Loth 64 Quentin 256 Pfen. fein

　　　　　1　⁏　4　⁏　16　⁏　⁏
　　　　　　　1　.　⁏　4　⁏　⁏　.

1 m℔ fein Silber gilt circa 19 fl. 50 Xer Courent.

Ferner rechnet man alhier

1 m℔ Staub oder gekörntes Silb. zu 15 Loth 3 Q. 2 pf.

1 m℔ Louisbl. od. alte Franz. Th. ⁏ 14 ⁏ 2½ ⁏ ⁏ ⁏ fein

Argento di baſſa lega iſt geringhaltig Silber

Die 1ſte Sorte rechnet man fein 7 Loth 2 Q. 2 pf. ⎫ pro
Die 2te　⁏　　⁏　　⁏　⁏ 7 ⁏ ⁏ ⁏ 9 ⁏ ⎬ die
Die 3te　⁏　⁏　　⁏　⁏ 6 ⁏ 2 ⁏ 2 ⁏ ⎭ m℔

　　　　　　　　　　　　　　　　Augſ.

Augspurger *Proba* verarbeitetes Silber ist 13 Loth fein pro m℔.

100 m℔ Augsp. Silb. Gew. thun 100⅔ m℔ Berliner Silb. Gew. circa.

Von Handelsgewicht in Augspurg theilet sich

Der Centner in 100 ℔, man hat aber alhier groß und klein Gewicht,

Das schwere Augspurger Gew. ⎬ schwerer als
ist 4⅓¾ pro Cent circa ⎬ Berliner Ge-
Das leichter dito aber ⅞ p. C. circa ⎭ wicht.

Es vergleichen sich demnach.

100 ℔ Augspurger schwer Gew. ⎫
thun 104¹³⁄₁₈ , ⎬ ℔ Berlin. Ge-
100 ℔ dito. **leicht Gew.** ⎭ wicht.
· thun 100 ⅞

Barcelona,

Die Hauptstadt des Fürstenthums Catalonien in Spanien an der See gelegen.
Hält Buch und Rechnung in

Libras à 20 Sueldos à 12 Dineros Catalonischer Währung.

· Die **Verhältniß** der Catalonischen Münzen sind folgende:

Libra.	Real de Plata Catalanes.	Real de Ardites.	Sueldos.	Dineros.	Mallas.
1	6⅔	10	20	240	480
	1	1½	3	36	72
		1	2	24	48
			1	12	24
				1	2

Die

Die unter Madrit beschriebenen **Span. Rechnungs-münzen** gestehen in Catalonischen Währung, in

	Li-bras.	Reales de plata Cathalanes.	Reales de ardites.	Suel-dos.	Dineros.	Mal-las.
1 Dublon Antiguo de plata	$5\frac{3}{4}$	$37\frac{1}{2}$	56	112	1344	2688
1 Ducado de Cambio	$1\frac{23}{52}\frac{1}{2}$	—	—	$388\frac{1}{8}$	$463\frac{4}{17}$	—
1 Ducado de Vellon	—	—	—	$20\frac{22}{24}$	$245\frac{7}{16}$	—
1 Peso antiguo de plata	$1\frac{2}{5}$	$9\frac{1}{3}$	14	28	336	672
1 Real de plata oder doble antiguo	—	—	$1\frac{3}{4}$	$3\frac{1}{2}$	42	84
1 Real de Vellon	—	—	—	—	—	45

folglich muß sich die Catalonische Münzwährung gegen die Spanische unhinzen vergleichet, daß:

5 Doblones gleich sind 28 Libras.

7 Libras Catal. — ⎫ 5 Pesos oder
                ⎭ 40 Reales de plata

  525 Dito   272 ⎫
2625 Real de ardites 136 ⎬ Ducados de Cambio.
2625 Sueldos   68 ⎭

Die würklich geprägten Spanischen Münz-
forten gelten in Catalonischen Währung.

Doblons de 8, 4, 2 & 1 Escudo de oro. gelten 28, 14,
   7, $3\frac{1}{2}$ Libras

	Lib.	Sueld.	Din.
Peso duros	1	17	6
Medio Peso duro ob. Escudo de Vellon	-	18	9
$\frac{1}{4}$ dito — Peseta Mexicana	-	9	$4\frac{1}{2}$
Die Peseta Provincial	-	7	6
$\frac{1}{8}$ Peso duro ob. Real di plata Mexicano	-	4	$8\frac{1}{4}$
Reali de plata effectivo ob. provincial	-	3	9
$\frac{1}{16}$ Peso duro ob. medio Real de plata Meica	-	2	$4\frac{1}{8}$
medio Reali de plata effect. oder Real di Vellon	-	1	$10\frac{1}{2}$
1 Pieza de à dos Quartos de Vellon	-		$5\frac{3}{7}$

1 Quarto $5\frac{3}{7}$ Mallas 1 *Ochavo* $2\frac{11}{7}$ Mallas.
1 Maravedi de Vellon $1\frac{11}{4}$ Mallas
1 Blanca $4\frac{4}{8}$ Mallas.

Nota. Wechselarten und was weiter hierzu gehöret, kan
man unter der Rubric von Madrit suchen.

Das **Ellenmaaß** in Barcelona heißt Cane, hat 8
Palmos, und ist $135\frac{1}{2}$ pro Cent Circa **länger**, als die
Berliner Elle, deßhalben thun

100 Canes $235\frac{1}{2}$ Berliner Ellen.

Das **Handelsgewicht** hat folgende Eintheilung,
und ist $51\frac{1}{2}$ pro Cent Circa **leichter**, als Berliner Gewicht.

                            1 Quin-

1 Quintal 4 Arrobas 104 ℔
. 1 = 26 =

100 ℔ Berliner sind also 151⅝ ℔ in Barcelona.

Basel,

Die Hauptstadt des Basler Cantons in der Schweitz am Rhein gelegen,

Hält Buch und Rechnung, entweder in Rthl. Species oder Ecus, so sich theilen in 60 Sols à 12 Deniers
oder in Livres, Sols und Deniers, den Livre zu 20 Sols und der Sol zu 12 pf.
oder in Thl. à 108 Xer à 5 pf. den Xer.
oder in Gulden, Kreuzer und Pfeninge. Den fl. à 60 Kreuzer, und 1 Kreuzer à 5 Pfeninge.

Die verschiedenen Münzen in Basel haben gegeneinander folgende **Verhältniß**

Rthl. od. Ecu	Gulden	Livres	gute Batzen	Schweitzer Batz.	Groschen	Schilling od. Plapperts	Sous	Kreutzer	Rappen	Pfenige	Deniers
1.	1⅘.	3.	27.	30.	36.	45.	60.	108.	270.	540.	720
	1.	1⅔.	15.	16⅔.	20.	25.	33⅓.	60.	150.	300.	400
		1.	9.	10.	12.	15.	20.	36.	90.	180.	240
			1.	1⅑.	1⅓.	1⅔.	2 2/9.	4.	10.	20.	26⅔
				1.	1⅕.	1½.	2.	3⅗.	9.	18.	24
					1.	1¼.	1⅔.	3.	7½.	15.	20
						1.	1⅓.	2⅖.	6.	12.	16
							1.	1⅘.	4½.	9.	12
								1.	2½.	5.	6⅔
									1.	2.	2⅔.
										1.	1⅓

Aus

Aus dieser Verhältniß entstehet, daß:

    5 Rthl. oder Ecu gleich sind 9 Gulden
    3 Gulden   =   =   =   =   5 Livres
    9 Kreuzer   =   =   =   =   5 Sous

Von hiesigen würklich geprägten Münzsorten ist das seit Anno 1764 & 65 ausgeprägte neue Courent an

    ganzen Rthl. zu 30 Schweitzer-Batzen.
    $\frac{1}{2}$ben dito = 15 dito.
    $\frac{1}{4}$tel dito = 10 dito.
    $\frac{1}{6}$tel dito =   5 dito.

Stücken zu 3, 1 und $\frac{1}{2}$ Batzen.

Rappen-Stücke.

Die fremden Münzen sind seit obengemeldter Zeit alle verruffen, bis auf die

Franz. Laubthl. welche zu 40 $\rangle$
$\frac{1}{2}$be dito = = 20 $\rangle$ Batzen fest gesetzet
$\frac{1}{5}$tel dito = =   8 $\rangle$ sind.
$\frac{1}{10}$tel dito = =   4 $\rangle$

Basel wechselt mit folgenden Plätzen, denn

nach	es giebt in seinem eignen Gelde,	und empfängt davor, +
Amsterdam	100 Ecus.	*92 Rthl. Banco.
	100 dito.	*96 Rthl. Corr.

Nota. Man kann diese Course auch als Groot Vlämisch Banco oder Corrent vor 1 Ecu ansehen.

Augspurg	100 Ecus.	*124 Rthl. Cor.
		*130 Rthl. Pist.
		*138 Rthl. Münz
Oder also:	200 Livre Cour.	*124 fl. Corr.
		*130 fl. Pistol.
		*138 fl. Münze

giebt

	giebt	empfängt
Frankfurt	100 Ecus.	*136 thl.Münz ob. 130 thl. Wechſ. Z.
oder	200 Livres.	*136 fl. Cour.
Geneve	100 Ecus oder Livre.	*99½ Ecus oder Livre.
Genua Livorno)	98 Ecus.	*100 Pezzi dotto.
Hamburg	100 Ecus.	*94 Rthl. Banco.
Leipzig in die Meſſe	100 dito.	*128 Rthl. Ld'or oder Conv. Geld
London	1 Ecu.	*52 pf. Sterl.
Milano	5 Ecu.	*25 Lire 8 S. Corr.
Nürnberg	100 Ecus.	*127 Rthl. C. oder *137 Rthl. Münz
Paris und Lyon)	100 Liv. Corr.	*165 Liv. Tour.
Wien	100 Ecus dito.	*125 Rthl. Cor.

Die * bedeuten die ohnbeſtändigen Courſe.

Vom Uſo.

Man traßiret von Baſel nach andern Orten verſchiedentlich.

Nach **Amſterdam, Hamburg** und **London 2** Monath Dato, und auf kurze Sicht.

Nach **Genf** auf kurze und lange Sicht.

Nach **Lyon** und **Paris**, in die 4 Lyoner Payements, und auf kurze Sicht. Nach **Paris** à Uſo, das iſt 30 Tage, auch à 2 Uſo, das iſt 60 Tage, und auch auf kurze Sicht.

Nach **Augſpurg, Nürnberg, Frankfurt, Wien** à Uſo oder 14 Tage Sicht.

Nach **Frankfurt** und **Leipzig** in die Meſſen.

Nach)

Nach Genua oder **Livorno,** wie auch nach Milano 15 Tage Sicht, oder 1 à 2 Monath nach Dato.

Die Briefe so in Basel bezahlet werden sollen, lauten gemeiniglich nur auf einige Tage nach Sicht, oder
nach Dato.

*Respect-*Tage sind hier nicht verordnet.

Das Ellenmaaß in Basel ist **groß** und **klein.**

Die große Elle od. Aune ist 76¾ p. C. Circa länger
als die Berliner Elle.

Die kleine Elle od. Braece ist 22⅛ p. C. Circa kürzer als die Berliner Elle.

folglich sind 100 Aunes aus Basel 176¾ Berl. Ellen und
100 Berliner Ellen 122⅛ Bracci in Basel.

Das Gewicht allhier in **Gold** und **Silber** ist
die Cöllnische m℥.

Die m℥ fein Gold gilt Circa 296 fl. Cour.
Die m℥ fein Silber aber - 20 fl. 54 Xer Courent.

Das Handelsgewicht ist 4⅛ p. C. in Circa
schwerer als Berliner Gewicht.

Folglich thun 100 ℔ aus Basel 104⅛ ℔ in Berlin.

Bergamo,

In der Venetianischen Lombardy gelegen.

Hält Buch und Rechnung in Lire, Soldi und Denari.

1 Lire hat 20 Soldi, und 1 Soldi 12 pf.

Allhier gilt der Ducato 6¼ Lire und der Scudo gilt
7 Lire, und ist derselbe Ducato und die Lira eben dasjenige Geld, welches unten bey **Venedig** vorkommt.

	giebt	empfängt
Frankfurt	100 Ecus.	*136 thl. Münz od. 130 thl. Wechs. Z.
oder	200 Livres.	*136 fl. Cour.
Geneve	100 Ecus oder Livres.	*99½ Ecus oder Livre.
Genua Livorno	98 Ecus.	*100 Pezzi dotto.
Hamburg	100 Ecus.	*94 Rthl. Banco.
Leipzig in die Messe	100 dito.	*128 Rthl. Ld'or oder Conv. Geld
London	1 Ecu.	*52 pf. Sterl.
Milano	5 Ecu.	*25 Lire 8 S. Corr.
Nürnberg	100 Ecus.	*127 Rthl. C. oder *137 Rthl. Münz.
Paris und Lyon	100 Liv. Corr.	*165 Liv. Tour.
Wien	100 Ecus dito.	*125 Rthl. Cor.

Die * bedeuten die ohnbeständigen Course.

Vom Uso.

Man traßiret von Basel nach andern Orten verschiedentlich.

Nach **Amsterdam, Hamburg** und **London** 2 Monath Dato, und auf kurze Sicht.

Nach **Genf** auf kurze und lange Sicht.

Nach **Lyon** und **Paris,** in die 4 Lyoner Payements, und auf kurze Sicht. Nach **Paris** à Uso, das ist 30 Tage, auch à 2 Uso, das ist 60 Tage, und auch auf kurze Sicht.

Nach **Augspurg, Nürnberg, Frankfurt, Wien** à Uso oder 14 Tage Sicht.

Nach **Frankfurt** und **Leipzig** in die Messen.

Nach)

Nach Genua oder **Livorno**, wie auch nach **Milano** 15 Tage Sicht, oder 1 à 2 Monath nach Dato.

Die **Briefe** so in Basel bezahlet werden sollen, lauten gemeiniglich nur auf einige Tage nach Sicht, oder nach Dato.

Respect-**Tage** sind hier nicht verordnet.

Das **Ellenmaaß** in Basel ist **groß** und **klein**.

Die **große Elle** od. Aune ist $76\frac{3}{4}$ p. C. Circa **länger** als die Berliner Elle.

Die **kleine Elle** od. Bracce ist $22\frac{9}{16}$ p. C. Circa **kürzer** als die Berliner Elle.

folglich sind 100 Aunes aus Basel $176\frac{3}{4}$ Berl. Ellen und 100 Berliner Ellen $122\frac{9}{16}$ Bracci in Basel.

Das **Gewicht** allhier in **Gold** und **Silber** ist die Cöllnische Mk.

Die Mk fein Gold gilt Circa 296 fl. Cour.
Die Mk fein Silber aber - 20 fl. 54 Xer Courent.

Das **Handelsgewicht** ist $4\frac{7}{16}$ p. C. in Circa schwerer als Berliner **Gewicht**.

Folglich thun 100 ℔ aus Basel $104\frac{7}{16}$ ℔ in Berlin.

Bergamo,

In der Venetianischen Lombardy gelegen.

Hält Buch und Rechnung in Lire, Soldi und Denari.

1 Lire hat 20 Soldi, und 1 Soldi 12 pf.

Allhier gilt der Ducato $6\frac{1}{4}$ Lire und der Scudo gilt 7 Lire, und ist derselbe Ducato und die Lira eben dasjenige Geld, welches unten bey **Venedig** vorkommt.

Vom Uſo.

Bergamo regulirt ſich darinnen nach **Venedig**, und wenn es dahin traßirt, ſo iſt der Zahltag im Briefe angeſetzt.

Bey Briefen aus **Zürch** bedeutet er 15 Tage nach der Acceptation, die Briefe ſo à Viſta geſtellet ſind, müſſen bey der Præſentation bezahlet werden.

Sobald jemand alhier Wechſelbriefe empfängt, müſſen ſie acceptiret werden, wird aber die Acceptation und Zahlung geweigert, muß man durch die Diener des Commerz-Collegii, Fanti genannt, gegen Erlegung von 4 Liren proteſtiren laſſen.

Reſpect-Tage haben die Wechſelbriefe alhier nicht.

Das **Ellenmaaß** alhier heiſt Braccio und iſt $1\frac{1}{2}$ pro Cent Circa **kürzer** als die **Berliner Elle.** Es thun demnach,

100 Berliner **Ellen** $101\frac{1}{2}$ Bracci de Bergamo.

Das **Gewicht**, wo man alhier Seide, Cochenille, Indigo, Wachs und alle Specereyen mit wieget iſt $43\frac{1}{4}$ pro Cent in Circa **leichter als Berliner Gewicht.** Es thun demnach,

100 ℔ Berliner $143\frac{1}{4}$ ℔ in Bergamo.

Berlin,

In der Mittelmark Brandenburg gelegen.

Hält anjezo nach Königl. Preuß. Verordnung von 17. Junii 1765 und 29. Octob. 1766. Buch und Rechnung in

Pfunden oder Livres à 24 **Groſchen** à 12 **Pfeninge** Banco.

Vor

Vor diesen Verordnungen führte man Buch und Rechnungen in

Thaler à 24 Groschen à 12 Pfeninge Courent.

Diese **Münzen** haben zu einander folgende **Verhältniß.**

Liv. Bco.	Thler.	gr. Bco.	gr.	pf. Bco.	pf.
1	1¼	24	30	288	360
	1	19⅕	24	230⅖	288
		1	1¼	12	15
			1	9⅗	12
				1	1¼

Die **würklich geprägten Landesmünzen** sind:

in Gold,

Ducaten à 2¾ Rthl. sind 16 pro Cent mehr od. wen. **schlechter** als Banco.

doppelte Frd'or à 10 Rthl. }
einfache dito à 5 „ }
halbe dito à 2½ „ } Sind durch das Banco-Edict 25 pro Cent **schlechter** gesetzt als Banco, indessen coursiren selbige nebst Ld'or, Carld'or, Augustd'or zu 21 pro Cent **Verlust** m. od. w. gegen Banco Geld.

in Silber,

Thaler zu 24 gr. }
halbe dito 12 „ }
drittel dito 8 „ }
viertel dito 6 „ }
sechstel dito 4 „ }
zwölftel dito 2 „ }
$\frac{1}{24}$stel dito 1 „ } Sind unter den Nahmen Preuß. Cour. bekant, und durch das Bco. Edict vom 29. Octob. 1766. zu 31¼ p. C. **Verlust** gegen Bco. gesetzt.

An **Scheidemünze** aber. Stücke zu 6, 4 und 3 pf.

in Kupfer,

Stücke zu 3 und 1 pf.

Aus diesen Verhältniß des Banco-Gelds gegen Frd'or, zu 25 pro Cent und Preuß. Cour. zu 31¼ pro Cent entstehet die **Vergleichung,** daß

4 Liv., gr. od. pf. Bco. gleich sind 5 Thlr, gr. od. pf. Frd'or, und

16 Liv., gr. od. pf. Bco. gleich sind 21 Thlr, gr. od. pf. Preuß. Cour.

Von **fremden Münzsorten** rouliren alhier und gelten nach dem Stück in Frd'or:

in Gold,

Souverains d'or à 3 Ducaten	8¼ Thlr.
Carolins, Schild d'or, Guinées	6
alte Franz. L.d'or, Braunschw. Carld'or,	} 5
Sächsische Augustd'or	

in Silber,

Laubthaler	1¼
Louisblanc und Albertsthaler	1⅓
Rubels	1¼

Wenn man alhier Gelder verwechselt, so nicht durch die Banque gehen müssen, so wird der Agio davon pro Cento in Thalern bedungen, und dieses war die Art der man sich durchaus bedienete, ehe die Banque errichtet ward.

Auf diese Art werden verwechselt:

Diverse Sorten Ducaten à 2¾ Rthl. wenn sie **neu und geråndert, gewinnen** 3 pro Cent m. od. w. gegen Ld'or, und 10 pro Cent m. od. w. gegen Preuß. Cour. dergleichen Ducaten wenn sie **wichtig, gewinnen** 2¾ pro Cent m. od. w. gegen Ld'or, und 9 pro Cent m. od. w. gegen Preuß. Cour.

Frd'or, Ld'or, Carld'or, Augustd'or, so alle unter den Nahmen Louisd'or coursiren gewinnen 6 pro C. m. od. w. gegen Preuß. Cour.

Vor

Vor Errichtung der Banque

wechselte Berlin mit folgenden Plätzen und

gab in seinem Courent m. od. w.	empfing aber davor,	in
149 Rthl.	100 Rtl. Beo	Amſterdam.
144 ⟋	100 ⟋ Cour.	dito.
99¼ ⟋	100 ⟋ Preuß. Cour	Breslau.
96 ⟋	100 ⟋ Pohl. Preuß.	Danzig.
97 ⟋	100 ⟋ Münze	Frankfurt a. M.
148¼ ⟋	100 ⟋ Banco	Hamburg.
99 ⟋	100 ⟋ Preuß. Cour.	Königsberg.
106 ⟋	{ 100 ⟋ Conv. G. od. 100 ⟋ Ld'or }	Leipzig.
84 ⟋	100 Ecus	Lion od. Paris.
6⅔ ⟋	1 Liv. Sterl.	London.
105¼ ⟋	100 Rthl. Cour.	Wien.

Dieſe Preuß. Courent-Courſe wurden oft, durch den Agio zwiſchen Ld'or und Preuß. Courent, in Ld'or reduciret, und die Wechſelbriefe alſo gleich in Ld'or verhandelt.

3. E. Der Cours in Preuß. Cour. nach Amſterd. in Banco ſtände 149 pro Cent Preuß. Courent. Ld'or wären 6 pro Cent beſſer denn Preuß. Cour.

Man berechnete alſo

106 Rtl. Pr. Cor. 100 Rtl. Ld'or? 149 Rtl. Pr. Cor. Fac. 140¼ Rtl. Ld'or circa pro 100 Rtl. Holl. Bco.

und ſo geſchahe dieſe Reduction auch mit den Courſen, von Amſterdam in Courent, Hamburg, Lion oder Paris und London.

Seit den 20. Julii 1765. iſt alhier eine öffentliche Giro und Lehn=Banco errichtet worden. Die davon unter den 17. Junii 1765. und 29. Octob. 1766.

be=

bekant gemachten Edicte geben folgende Hauptumſtän⸗
de derſelben an.

1) Daß alle Bücher der Banquen zu Berlin und
Breslau in Liv. à 24 gr. à 12 pf. Banco ſollen geführet
werden, und daß dieſe Banco Valuta allezeit ſoll 25
pro Cent beſſer ſeyn als Preuß. Frd'or à 21 Karath
9 Grän ausgemünzet, davon 35 Stück eine Mark ent⸗
halten.

2) Daß alle anſäßige Kaufleute von Berlin und
Breslau, ihre große und kleine Handlungsbücher in
dieſer Banco-Valuta führen ſollen.

3) Das alle Wechſelbriefe, ſo über 100 Rthl. ſind,
von Einwohnern zu Berlin oder Breßlau, an die Or⸗
dre eines andern Preuß. Unterthanen, auf fremde ge⸗
zogen, müſſen in Banco Liv. lauten und durch die Ban⸗
que bezahlet werden, bey Strafe des Belaufs des Wech⸗
ſelbriefs.

4) Daß alle von auswärts auf Berlin und Breslau
zahlbar geſtelte Wechſelbriefe und Aſſignationes, ſo
wenigſtens 100 Rthl. ſind, müſſen in Banco Liv. aus⸗
geſtellet, acceptiret, und zur Verfallzeit pro Banco ab⸗
geſchrieben und bezahlet werden, und daß niemand der⸗
gleichen Wechſelbriefe anders als in Banco-Valuta ac⸗
ceptiren darf.

5) Daß alle Handlungs⸗Contracte oder Inſtru⸗
mente, darinne ein Werth oder Valuta beſtimmet iſt,
müſſen in Banco Liv. ſtipuliret und durch dieſelbe be⸗
zahlet werden. Davon ſind ausgenommen liegende
Gründe, Häuſer und Privatcapitalien, deßgleichen
die von Militair und Adlichen bey Verpacht und Ver⸗
äußerung ihrer Landgüther, Verkauffung ihrer Pro⸗
ducten und dergleichen Handlungen. Wenn ſie ſich aber
mit einen Kaufmänniſchen Handel abgeben, ſo ſind ſie
nicht deswegen frey.

6) Daß

6) Daß von 1. Januar 1767. an Banco Noten mit den hiesigen Gold und Silbernen Münzen zugleich coursiren sollen, jedoch daß niemand verbunden dieselben wider Willen an Zahlungsstatt anzunehmen.

7) Daß diese Banco-Noten sollen auf den Innhaber oder Vorzeiger lauten, und daß dieselben sollen zu 10, 20, 50, 500 und 1000 Liv. Banco gerichtet seyn.

8) Daß man diese Banco-Noten erhalten kan, wenn man entweder an die hiesige oder Breslauer Banque den Werth von 100 Liv. Banco mit 125 Rthl. in Frd'or oder 131¼ Rthl. in Courent baar bezahlet, oder wenn man bey Verpfändung von Gold, Silber und Jouwelen selbige als ein Anlehn erhält.

9) Daß dieselben Banco-Noten in allen Königl. Cassen sollen zu den festgesetzten Werth à 131¼ Rthl. Courent bey zu entrichtenden Gefällen und Zahlungen angenommen werden und daß man selbige auch in der Banque angeben kann, wenn man sich darin will einen Fond machen.

10) Daß diejenigen so baar Geld in die Banquen bringen, selbiges gegen ¼ pro Cent Abzug wieder baar heraus bekommen können, wenn es wenigstens eine Nacht darinne gestanden.

11) Daß das Giro-Comtoir der Banque alle Tage, außer Sonn- und Festtags von 7 Uhr des Morgens bis 1 Uhr wird geöfnet seyn, daß man von 7 bis 9 Uhr die Posten aufnehmen soll, so den vorigen Tag auf jedes Folium sind zugeschrieben worden, daß man von 9 bis 12 Uhr, und Nachmittags von 3 bis 5 Uhr über die zugeschriebenen Posten wieder disponiren und solche weiter an andere abschreiben lassen kann.

12) Daß niemand den andern Banco-Geld leihen soll, ohne Vorwissen des Banco-Directorii bey Verlust der ganzen geliehenen Summa.

C 5

13. Daß

13) Daß jeder diejenigen Geschäfte, so er mit der Banco macht, soll nach Italien. Buchhaltungsart notiren, und daß jeder gehalten ist, davon Auszüge an das Banco-Directorium zu liefern, wenn es selbige verlanget.

14) Daß in denen Banco-Assignationes der Vor- und Zunahme, sowohl desjenigen, so abschreiben lassen will, als desjenigen, an dem es zugeschrieben wird, als auch die Summa mit Zahlen und Buchstaben ausgeschrieben seyn muß, bey 2 Rthl. Straffe an die Banco-Schreiber, wie denn auch eine Banco-Assignation nur einen Posten enthalten darf, und bey Compagnie-Handlungen der Vor- und Zunahme jedes Compagnons muß unter die Assignation gesetzt seyn.

15) Daß alle, so Assignationes einreichen, darauf deutlich bemerken müssen, ob es für ihre eigene Rechnung, oder im Nahmen desjenigen, für dessen Rechnung sie einen dritten was assigniret, geschehe, ansonst die Zahlung bey entstehenden Fallimenten für nichtig geachtet seyn soll.

16) Daß diejenigen, so nicht selbst ihre Assignationes bey der Banque einreichen können, soll erlaubt seyn, einen Handelsdiener, oder andern Bekannten sich substituiren zu lassen, in welchen Fall sie eine Vollmacht vom Banco-Directorio erhalten, welche das erste mahl mit einen Frd'or bezahlet und alle Jahr mit ½ dito renoviret wird, daß indessen diese Substituti niemahlen eine Assignation selbst unterzeichnen können, wenn sie nicht eine vor einem Notario erhaltene Vollmacht oder procura haben.

17) Daß diejenigen, so niemand constituiret haben, bey der Banque abschreiben zu lassen, in Fall einer Krankheit, wo sie nicht in der Banque erscheinen können, es müssen an die Banco-Schreiber melden lassen, durch)

durch welche ihnen der Banco-Knecht gesandt wird, welcher gegen Erlegung von 6 gr. die Banco-Assignationes aus ihren Händen empfangen muß.

18) Daß alle, so von ihrem Folio mehr abschreiben lassen wollen, als sie zu gute haben, sollen wenn der sur plus bis 50 Livres Banco gehet, eine Strafe von 1 Liv. Banco, wenn der sur plus aber mehr als 50 Liv. 3 pro Cent Strafe von der ganzen assignirten Summa erlegen.

19) Daß die, so ein Folium in der Banque nehmen wollen, sollen 1 Frd'or bezahlen, und daß in der Folge für jedes Folium, so aus 20 Posten bestehen soll, 1 Liv. Banco bezahlet wird, wie denn auch bey Ende des Jahres das letzte Folium, wenn es gleich erst angefangen worden, vor ein volles gerechnet wird.

20) Daß die Gelder der Banque niemahlen können mit Arrest beleget werden, daß aber bey einem öffentlichen Faillement der Saldo eines Failliten, nach requisition der Richter, soll an die Creditoren abgeliefert werden.

21) Daß man bey den Disconto- und Lombard-Comtoirs der Banque kann Wechselbriefe discontiren lassen, gegen ⅓ pro C. Zins pro Monath, indessen müssen es solche Wechselbriefe seyn, so höchstens nur 2 Monath zu laufen und 3 Endossenten haben.

22) Daß bey denen discontirten Wechseln nur bis ¼ Monath der Zins soll gerechnet werden, daß nehmlich wenn der Verfalltag mit den Respect-Tagen nur einen Tag denn ¼ Monath überschreitet, dieser Tag wieder vor ¼ Monath gerechnet wird.

23) Daß man bey denen Lehn-Comtoirs der Banque auf Gold und Silber in Barren und Stangen, auf Gold-Sand, desgleichen Gold und Silberne Geschirr und Jewelen, wenn es nicht unter den Werth von 400 Liv.

Liv. Banco auf 2 Monath gegen ¼ pro Cent Intreſſen pro Monath kann Gelder angeliehen bekommen.

24. Daß kein Darlehn über die geſetzte Zeit von 2 Monath kann prolongiret werden, und daß das Pfand, ſo bey der Verfallzeit nicht eingelößt iſt, für Rechnung und Gefahr des Verpfänders an die Meiſtbietenden verkauft wird.

25) Daß der Verpfänder, vor das eingebrachte Pfand ein Recipiſſe oder Beſcheinigung erhält, welches er verbunden zurück zu liefern, wenn er das Pfand einlöſen will, und daß man denen Verpfändern den Anlehn in Banco-Noten nach Abzug der Zinſen bezahlen wird.

26) Daß ſich unter vorgemeldten Bedienungen alle Einheimiſche und Auswärtige durch Mäckler und Comiſſionairs der hieſigen und Breslauer Banque bedienen können, und daß es von denen Verpfändern abhanget, ob ſie die Pfänder in klingender Münze oder durch Banco-Noten zu 131¼ Rthl. Courent wieder einlöſen wollen.

27) Daß niemand gemünztes oder ungemünztes Gold und Silber, an Frd'or und andern fremden Gold-Münzen, Gold-Sand, Bruch-Gold oder Silber alte Treſſen, Frangen und dergleichen bey Strafe der Confiscation aus dem Lande führen oder ſenden ſoll, wie denn hingegen Reiſenden 250 Rthl. und wenn es Adliche oder von Militair Stand bis 400 Rthl. in Golde, mit ſich auszuführen erlaubt iſt, desgleichen iſt zu Aufrechthaltung des Commercii erlaubt Ducaten und gutes Silber-Courent, ſo nach den alten Leipziger oder Conventions-Münzfuß oder beſſer ausgepräget worden, zu verſenden, um ſich deſſelben auf Reiſen zu bedienen.

28) Daß die Banquen ſollen alle Jahr auf ultimo May geſchloſſen, und den 14. Junii deſſelben Jahres wie-

wieder eröfnet werden, in welcher Zeit die Rechnungen in Richtigkeit gebracht, und der Abschluß der Bücher gemacht werden soll.

29) Daß bey Wiederaufzehung der Banque die Creditores sich bey dem Banco-Directorio melden, und wegen des Rests, den sie zu gute haben, nachfragen sollen.

30) Daß sich die Courtiers, wenn sie etwas schließen, niemahlen dabey ihrer Kinder oder ohnvereydeter Commissen bedienen sollen, bey 500 Rthl. Strafe und Verlust ihres Amts.

Seit vorerwehnter Einrichtung dieser Banque hat sich also der Berliner und Breslauer Wechsel nach andern Handels-Plätzen verändert, und die nunmehrigen Cours-Zettul in Banco geben folgende Course an, nehmlich:

Berlin & Breslau wechseln mit folgenden Plätzen, und

geben in ihren Bco.	empfangen aber davor.	in
1 L. Bco.	44 Stv. Bco. m. o. w.	Amsterdam.
1 L. Bco.	45½ Stv. Cour.	dito.
100½ L. Bco. m. o. w.	100 L. Bco.	Breslau.
100½ L. Bco m. o. w.	100 L. Bco.	Cleve.
1 L. Bco.	133 gr. Poh. m. o. w.	Danzig.
1 L. Bco.	113 X Cour.	Franff. am M.
1 L. Bco.	43½ Schil. Lüb. Bco.	Hamburg.
1 L. Bco.	53 Schil. Lüb. Cor.	dito.
100⅜ L. Bco. m o. w.	100 L. Bco.	Hamm u. Aurich.
100⅜ L. Bco m. o. w.	100 L. Bco.	Königsberg.
1 L. Bco.	29½ gr. Ld'or m. o. w.	Leipzig.
1 L. Bco.	96 Sols.	Lion u. Paris.

ge-

geben.	empfangen.	in
1 L. Bco.	50 pfen. Sterl.	London.
100¼ L. Bco. m.o.w	100 L. Bco.	Magdeburg u. Halberst.
100½ L. Bco. m.o.w	100 L. Bco.	Stettin.
1 L. Bco.	112X. Cour m.o.w	Wien.

Nota. Die Liv. Bco. in allen vorherstehenden Preußl. Plätzen, als: Königsberg, Magdeburg, Stettin ꝛc. werden durchaus mit den festen Agio zu 131¼ pro Cent in Preußl. Cour. thl. reduciret, weil in diesen Plätzen an und vor sich selbst keine Bco. Liv. sind.

Der *Uso* ist alhier 14 Tage nach der Acceptation.

Respect-Tage sind alhier 3 verordnet, indessen wenn der dritte Respect-Tag bey den Christen auf einen Sonntag, und bey denen Juden auf den Sonnabend fällt, so muß den zweyten Respect Tag bezahlet oder protestiret werden, und wenn alle drey Respect-Tage solten Feyertage seyn, so wird am ordentlichen Verfalltag bezahlet, oder protestiret.

Vom Berliner Maas

Ist die Vergleichung des Ellenmaaßes mit den Maaßen aller übrigen Handelsplätze, in der zu Ende des Werks befindlichen Tabelle zu suchen.

Das Getraidemaas hat folgende Eintheilung und Verhältniß.

1 Winspel hat 24 Scheffel, 96 Viertel 384 Metzen.

	1 dito hat	4	16
		1	4

Der Landwein wird gerechnet:

Fuder zu	Ohm.	Eymer.	Anker.	Quart.	Oeßel.
1	6	12	24	768	1536
	1 dito	2	4	128	256
		1	2	64	128
			1	32	64
				1	2

Der

Der Franzwein wird gerechnet:

1 Orthoft zu 3 Eymer. 6 Anker 192 Quart. 384 Oeßel.
   1 dito zu 2 64   128
     1 dito zu 32   64
       1 dito zu 2

Außer diesen rechnet man gemeiniglich bey Weinen:

Das Stückfaß Rhein Wein	zu 1000 Quart.
Das Zulast dito	ꞏ 500 ꞏ
Das Orthoft roth. Franzwein gemeiniglich Cahor od. Pontac genannt.	ꞏ 180 ꞏ
Das dito roth. Franzw. Metoc gen.	ꞏ 200 ꞏ
Das dito weißen Franzwein	ꞏ 200 ꞏ
Das dito Muscat-Wein	ꞏ 200 ꞏ
Das dito oder Stück Roquemaure auch Clairet genannt	ꞏ 240 ꞏ
Das Both. Mallaga	ꞏ 400 ꞏ

Das Bier wird gerechnet:

Kupe zu	Vaß,	Tonnen	Aehmgen,	Quart	Oeßel.
1	2	4	16	384	768
	1	2	8	192	384
		1	4	96	192
			1	24	48
				1	2

Ferner rechnet und zählet man alhier:

Eine große Hufe Landes zu 30 große Morgen à 400, oder zu 66⅔ kleine Morgens à 180 Quadrat Ruthen.
Eine Hacken-Hufe zu 2 große Morgen.
Eine Land-Hufe zu 1 dito.

1 Decher zu 10, 1 Stiege zu 20, 1 Dutzt zu 12, 1 Zimmer zu 40,
1 Schock zu 60, und 1 Mandel zu 15 Stück, desgleichen
1 Last Heringe zu 12 Tonnen und
1 Saum zu 22 Tücher.

Von

Vom Berliner Gewicht

Ist die Vergleichung des Handels: auch Gold,
und Silber-Gewichts, mit den Handels, auch
Gold, und Silber-Gewicht anderer Handels,
Plätze ebenfalls in denen zu Ende des Werks befindli,
chen Tabellen zu suchen.

Vom Handels-Gewicht hat der Centner 5
Stein oder 110 ℔ à 2 ℳ. Mit denselben Handels,
Gewicht wird auch Gold und Silber gewogen
nach folgender Eintheilung und Verhältniß.

1 Mark hat 16 Loth 64 Quentch. 256 pf. 512 Heller.
      1   4   16   32
            1   4   8
                 1   2

Man probiret alhier das Gold und Silber:

1 ℳ fein zu 24 Karath à 12 Grän fein in Gold.
1 ℳ fein zu 16 Loth à 18 Grän fein in Silber.

Die ℳ fein Gold   gilt 192 thl. Frd'or m.o.w.
Die ℳ Ducaten   : 187 : - : : :
Die ℳ Ld'or oder Pistolen : 175 : - : : :
Die ℳ fein Silber   : 14 : - : : :

Von verarbeiteten Silber hält die ℳ 12 Loth fein
und hat ein Scepter zum Zeichen.

Das Perlen-Diamanten, und Edelgestein,
Gewichte ist an allen Orten in Europa gleich, und
man vertheilet es entweder

in Karath à 4 Grän, oder auch
in Karath, $\frac{1}{2}, \frac{1}{4}, \frac{1}{8}, \frac{1}{16}, \frac{1}{32}$ und $\frac{1}{64}$ Karaths, 71
solche Karaths wiegen circa 1 Loth Cöllnisch.

Das Apothecker, und Medicinal-Gewicht ist in
ganz Deutschland gleich und man vertheilet

I ℔

℔ in	Unzen	Drachmen	Scrupeln	Gran.
1	12	96	288	5760
	1 ℥j	8	24	480
		1 ʒj	3	60
			1 ϶j	20

30 ℔ Apothecker-Gewicht thun 23 ℔ Cöllnisch Silber-Gewicht.

Bern,

Die Hauptstadt des Schweizer-Cantons gleiches Nahmens, hält nebst den davon abhängenden Französischen Theil le Païs de Vaud genannt, Buch und Rechnung in

Livres à 20 Sols à 12 Deniers oder in
Livres à 10 Batzen à 4 Kreutzer oder in
Kronen à 25 Batzen à 4 Kreutzer.

Diese Rechnungsmünzen haben zu einander folgende **Verhältniß.**

Krone	Liv.	Guld.	Batz.	Sols	Kreutz.	Deniers.
1	2½	6¼	25	50	100	600
	1	2½	10	20	40	240
		1	4	8	16	96
			1	2	4	24
				1	2	12
					1	6

Aus dieser Verhältniß **vergleichen** sich also:

2 Kronen mit 5 Livres
2 Livres — 5 Gulden
25 Gulden — 4 Kronen

Man hat in dem deutschen Theile des Cantons **Bern,** noch einen andern Livre, welcher nur 7½

D   Bat

Baßen, oder 30 Kreußer, oder 50 Sols gilt, welcher also nur ¾ von dem obigen Livre ausmacht, der bey denen Kaufleuten in ihren Rechnungen gebräuchlich ist.

4 solche Liv thun also 3 Liv. von den obigen.

Desgleichen hat man noch einen andern Gulden, den man zu 50 Schillinge oder 66⅔ Xer berechnet.

3 solche Gulden thun also 5 Liv: von den obigen.

Die würklich geprägten Münzsorten des Cantons sind

in Gold,

Ducaten zu 7 Livres oder 70 Baßen.

in Silber,

Patacons zu 3 Liv. 6 Sols oder 33 Baßen
5 Baßen oder 10 Sols-Stücke.
gaze und halbe Baßen à 4 und 2 Xer oder von 2 und 1 Sols.
ganze und halbe Xer von 6 und 3 Deniers.

Von fremden Münzsorten rouliren alhier und gelten, mehr oder weniger.

in Gold,

Lisboninen	,	,	27 Liv.	,	Sols
Louisd'or de Nouailles	,	23	,	5	,
JL. Louisd'or	,	,	18	,	6	,
Savoj. Pistolen seit 1755		18	,	,	,
Die halben und 4tel nach Proportion					
Louis neuf oder Schild d'or		16	,	,	,
Sonnen Louisd'or	.	,	15	,	10	,
alte Ld'or Span. Pistol. und Frd'or	12	,	14	,
Mirletons	,	,	12	,	6	,
halbe Severins	,	,	9	,	10	,
ganze nach Proportion					
Ducaten	,	,	7	,	,	,

in

in Silber,

Genovinen	, ,	5 Liv. , Sols
Savoj. Scudi	, ,	4 , 10 ,
halbe 4tel und 8tel dito nach)Proport.		
Bajoirs	, ,	4 , 4 ,
Ecu neufs oder Laubthaler	4 , , ,
alte Louisbl. und Span. Piastres	3 , 10 ,
Navarra Thaler	,	3 , 4 ,
.IL Thaler	, ,	3 , , ,
30 Sols-Stücke	, ,	1 , 8 ,

Nota. Diese Preise der fremden Münzen verstehen sich
in Handel und Wandel, wo sie auch oft noch mehr gelten, wenn man aber diese Münzsorten bey Bezahlung
der Renten und öffentlichen Gefälle angeben will, so
werden sie nach den Tariff derer Herrn von Bern von
12. Febr. 1744. gerechnet, welcher die Preiße weit
niedriger rechnet. Denn dieser setzet z. E. alte Louisd'or
oder Span. Pistolen zu 12 Liv. 10 Sols oder 125 Batzen.

Ein ordentlicher **Wechsel-***Cours* auf andere
Plätze ist hier nicht; wenn man aber in Bern oder
Lausanne Wechselbriefe kauft oder verkauft, so richtet
man sich nach den Genfer oder Basler Coursen mit Zu-
ziehung derer Preise den die Zahlungs-Münzen in
Bern und Genf oder Basel haben, gemeiniglich aber
bedienet man sich dieser beyden Plätze selbst, um von
da aus, seine Remessen und Tratten verrichten zu
lassen.

Dahero ist auch alhier **weder** *Uso* noch *Respect-*
Tage verordnet,

Das Berner **Ellenmaaß** ist 23$\frac{1}{2}$ pro Cent circa
kleiner den Berliner, deßhalb thun

100 Berliner Ellen 123$\frac{1}{2}$ Berner Ellen.

Von dem **Handelsgewicht** aber hat der Cent=
ner 100 ℔. und ist 11 pro Cent circa **schwerer**
den Berliner Gewicht, es thun demnach
100 ℔ aus Bern 111 ℔ in Berlin.

Bilbao oder Bilboa,

Die **Hauptstadt** der Provinz Biscaïa in Spanien
am Flußе Nerva ohnweit der See gelegen.

Hält Buch und Rechnung nach der unter Madrit
beschriebenen Castilianischen Währung in Reales de
Vellon à 34 Maravedis de Vellon:

Die sämtlichen **Spanischen Rechnungs=** und
würklich geprägten Münzsorten kan man un=
ter **Madrit** nachschlagen.

Es vergleichen sich alhier ebenfals.

　32 Reales de Vellon mit 17 Reales de Plata
　6000 Dito　-　-　- 289 Ducados de Cambio

Die **Wechselarten,** *Uso* und alles übrige kan man
ebenfals unter Madrit suchen.

Das **Ellenmaaß** alhier, Vara genant, ist $27\frac{2}{16}$
pro Cent circa größer denn das Berliner, also sind
　100 Varas $127\frac{2}{16}$ Berliner **Ellen**

Bey dem **Handelsgewicht** sind zweyerley Quin=
talen gebräuchlich)

Der **große** Quintal zu Wiegung des Eisens ist
155 ℔ Spanisch schwer, welches Gewicht $1\frac{1}{2}$ pro C.
leichter den Berliner, deshalben thun:
　100 ℔ in Berlin $101\frac{1}{2}$ ℔ Span. o. Bilb. Eisengew.

Der **kleine** Quintal ist 100 ℔ Bilbao Gewicht,
welches $4\frac{7}{16}$ p. C. circa **schwerer** denn Berliner Ge=
wicht; deshalben thun:
　100 ℔ Bilbao $104\frac{7}{16}$ ℔ in Berlin.

Bi=

Bifenzone oder Befancon,

In der Franche Comte nahe den Schweizerischen Grenzen gelegen, hielte ehemals jährlich 4 große Messen, worinne ansehnliche Wechselgeschäfte gemacht wurden, da aber selbige Anno 1621. nach Nove oder Novi im Genuesischen Gebiete verlegt worden, so kan man Nove nachschlagen, um das nöthige davon zu finden.

Bologna,

Die Hauptstadt des Bononischen Gebieths in Italien, dem Pabst zuständig.

Hält Buch und Rechnung
in Lire à 20 Soldi à 12 Denari.

Die Münzen haben alhier zu einander folgende Verhältniß

1 Scudo di	Lire	Giuli	Soldi	Quatrini	Denari.
Cambio hat	4¼	8¼	85	510	1020
	1	2	20	120	240
		1	10	60	120
			1	6	12
				1	2

Nota. Der Scudo di Cambio wird auch alhier Piastre oder Pezza da otta reali, desgleichen der Giulo auch Paolo, und die Soldis, Bolognimis oder Bajoccis genant.

Es vergleichen sich alhier
4 Scudi di Cambio mit 17 Lire.

Die würklich geprägten Münzsorten so unter Rom befindlich, sind auch hieher zu rechnen.

D 3　　Von

Von diesen und fremden Münzsorten, so alhier roulliren, gelten

	L.	S	Bo.	L.	S.	Cor. ob.	Paoli m. o. w.
alte Franz L.d'or od. Span.Pistol.	17	10	18	—		⸗	36
Italienische Pistol.	17	—	17	10		⸗	35
Zecchini di Venet.	10	5	10	10		⸗	21
Detti di Firenze	10	4	10	10		⸗	21
Detti di Roma	10	—	10	5		⸗	20½
Ongari od. Ducati	9	15	10	—		⸗	20
Scudi d'oro di Roma oder Corsino	8	5	8	10		⸗	17
Filippi di Milano	5	2½	5	5		⸗	10½

Die Gelder, so alhier berechnet werden, sind also zweyerley nehmlich, Banco- oder Wechselgeld und

Courent oder Moneta longa welches 3 pro Cent mehr oder weniger schlechter den Banco-Geld ist.

Alle Wechselbriefe so nicht ausdrücklich in Münze oder Fuori di Banco zu zahlen gestellet, müssen in Banco Valuta bezahlet werden, man müste sich den um die Agio zusammen verstehen, In diesem Fall giebt der Acceptant Billets auf ein Monte de pieta, oder Leih-haus, oder auf einen Banquier wie in Rom.

Bologna wechselt mit folgenden Plätzen, denn

nach	giebt es in seinem eignen Gelde,	und empfängt davor,
Amsterdam	* 40 Bolognini	1 Fl. Banco.
Ancona	* 98 dito	1 Scudo à 10 Paoli.
Bolzano	* 47 dito	1 Fl. Valute.
oder	* 48½ dito	1 Fl. in Dopp.
oder	* 49 dito	1 Fl. mon. longa
Florenz	* 108 dito	1 Duc. de 7 L.
Genua	* 90 dito	6 L. Fuori Banco.
Livorno	* 89 dito	1 Pezza d'otto.

Lyon

	giebt,	empfängt,
Lyon	*56 Bolognini	1 Ecu
Milano	*84 dito	6 Lire Cour.
Napoli	*77 dito	1 Duc. di Regno.
Roma	*98 dito	1 Scudo mon.
Venedig	1 Scudo de 4¼ L.	130 Soldi Banco *
oder	*60 Bajochi.	1 Duc. in Picc.
Wien	*47 dito	1 fl. Corrent.

Nota. Die mit einem * bezeichneten Preise sind steigend und fallend.

Der *Uso* bey Wechselbriefen auf Bologna bedeutet 8 Tage nach der Acceptation, worunter weder der Acceptations- nach Verfalltag begriffen, und fält der Verfalltag auf einen Festtag, so kan man bis zum nächsten Werkeltag mit dem Protest im Fall der Nichtzahlung warten.

Respect-Tage sind alhier nicht verordnet.

Man hat alhier zweyerley Ellenmaaß zu Seiden- und Wollen-Waaren welches man Bracio benennet.

Die Seiden Bracce ist $12\frac{1}{10}$ pro Cent Circa und die Wollen-Bracce $5\frac{1}{10}$ pro Cent Circa fürzer als die Berliner Elle. Es thun deshalben

100 Berliner Ellen $112\frac{1}{10}$ Bracce in Seide oder $105\frac{1}{10}$ Bracce in Wolle zu Bologna.

Vom Handelsgewicht hält das ℔ 12 Oncie, und ist 29¾ pro Cent circa leichter denn Berliner Gewicht. Es thun also:

100 ℔ in Berlin 129¾ ℔ in Bologna.

Bolzano oder Boßen,

In Tyrol gelegen und dem Hause Oesterreich zuständig

Hält Buch und Rechnung in Gulden à 60 Kreuzern à 4 Pfennigen Moneta longa.

Das Verhältniß der Münzsorten zu einander ist
1 Rthl. hat 1⅔ Gulb. 90 Xer 360 Pfennige.

$$1 \quad \cdot \quad 60 \; : \; 240 \quad \cdot$$
$$1 : 4 \quad :$$

Zu denen Wechseln nach Venedig in Banco hat man einen besonders fingirten Scudo dem man zu 93 Xer Giro berechnet.

Es vergleichen sich alhier
20 scudi di Cambio mit 31 fl. Giro
3 fl. - - : 2 Rthl.

Giro- oder **Wechselgeld** sind Spanische Doppien und alte Franz. Louisd'or zu 5 fl. 34 Xer Giro gerechnet, dieses ist 31 pro Cent m. od. w. besser als

Moneta longa oder Courent **Geld**, welches aus neue Oesterreichische Spec. Thaler à 1½, ¾ und ⅜ fl. gerechnet, bestehet. Die aber als Courent zu 2, 1 und ½ fl. gerechnet werden, und dazu nebst 20, 17, 10, 7 und 3 Xer-Stücken, auch andern fremden Gold und Silbernen Münzsorten nach unten verzeichneten Preisen gelten. Dieses Courent ist 4 pro Cent m. od. w. besser als

Valuta, oder eigentlich **Meß-***Valuta,* weil es dasjenige Geld oder vielmehr die Preise ausmacht, nach denen bey Meßzeiten diese Geldsorten können angenommen und weggegeben werden, ohne sich nach unten verzeichneten Geldpreisen zu richten. Z. E.

Louis-

Louisd'or oder Span. Pistolen à 7½ fl.
Ducaten ⸗ ⸗ ⸗ à 4 fl. 12 Xer.

Von denen andern und fremden Münzen, so hier
vornehmlich Cours haben sind:

in Gold,

Severins ⸗	à 12 fl. 22½ Xer	
Carolins d'or ⸗	à 9 fl. 12	⸗
Schild d'or ⸗	à 8 fl. 44	⸗
Sonnen Louisd'or	à 8 fl. 40	⸗
Span. Pistolen ⸗	à 7 fl. 16	⸗
alte Franz. Ld'or	à 7 fl. 13	⸗
Maxd'or ⸗	à 6 fl. 8	⸗
Kremnizer Ducaten Florent. u. Vened. Zech.	à 4 fl. 12	⸗
Reichs Ducaten ⸗	à 4 fl. 10	⸗
Holl. dito ⸗	à 4 fl. 7½	⸗

in Silber,

Genovinen ⸗	à 2 fl. 58	⸗
Toscan. Piastres ⸗	à 2 fl. 28	⸗
Franz. Laubthaler	à 2 fl. 16	⸗
Filippi di Milano	à 2 fl. 12	⸗
Span. Stück von 8ten Livorninen ⸗	à 2 fl. 4	⸗
Holl. Alberts ⸗ oder Courent-Thaler, alte Louisblanc-Thaler	à 2 fl. —	⸗
Venet. Silber Ducati	à 1 fl. 33	⸗

in Moneta longa.

Boßen wechselt mit folgenden Plätzen, denn

nach	giebt es in Moneta longa,	und empfängt davor,
Amsterdam	*205 fl.	100 Rthl. Banco.
Augspurg	*99 fl.	100 fl. Cour.
auch	*94 fl.	100 fl. in Dopp.

D 5

Ver⸗

	giebt,	empfängt,
Bergamo	1 fl.	* 103 S. Cour.
Bologua	1 fl.	* 48 Bolognini.
Breslau	* 92 fl.	100 fl. Pr. Cour.
Frankfurt	* 91 fl.	100 fl. Münze.
Hamburg	* 201 fl.	100 Rthl. Banco
Leipzig und Naumburg	{ * 99 fl.	100 fl. inConv.G.
	* 94 fl.	100 fl. in Dopp.
	* 93½ fl.	100 fl. in Ld'or.
Livorno	100 fl.	* 56 Pezz. d'otto.
London	* 8 fl. 40 Xer	1 L Sterl.
Nürnberg	* 99 fl.	100 fl. Cour.
oder	* 94 fl.	100 fl. in Dopp.
Prag	* 98 fl.	100 fl. Cour.
Rom	100 fl.	51 Sc. de 10 Paoli
St. Gallen	* 94 fl.	100 fl. in Dopp.
Venedig	1 Sc. da 93 X.G.	* 134 Soldi Bo.
oder	1 fl. mon. long.	* 103 Soldi pic.
Verona	1 fl. dito	* 103 Soldi pic.
Wien	* 98 dito	100 fl. Cour. p.C.

Nota. Die Doppien und Louisd'or sind in allen diesen Plätzen à 7¼ fl. zu verstehen.

Die mit einem * bezeichneten Plätze sind veränderlich.

Vom *Uso* ist alhier nichts verordnet, weil man nur auf die Messen traßiret.

Respect-Tage sind aus eben dieser Ursache nicht vorhanden.

Alhier werden jährlich 4 große Messen gehalten, nehmlich)

1) la fiera di Quadragesima Mitfasten Markt, fängt an den 1ten Werktag nach dem Sontag Oculi.

2) la fiera di Corpus Domini Frohnleichnams Markt, den 1ten Werktag nach diesem Feste.

3) la

3) la fiera d'Fgidio, Bartholomäi oder Egydi Markt, den 1ſten Werktag nach Mariä Geburth.

4) la fiera di St. Andrea Andreas Markt, den 1ten Decemb. wenn es kein Sonntag.

Jede Meſſe währet 15 Tage.

Vom 6ten bis zum 12ten Tag deſſelben wird acceptiret.

Vom 13ten bis zu Ende wird reſcontriret.

Alsdenn ſind noch 2 Tage zum Contant-Zahlen, wo man noch am letzten proteſtiren kan, wenn nicht gezahlet wird.

Die Wechſelbriefe, ſo auf dieſen Platz gezogen werden, müſſen directe an jemand zu bezahlen geſtellet ſeyn, weil ſowohl alle indoßirte als auch ſolche Briefe verboten ſind, wo die Zahlung an mehr als eine Perſon geleiſtet werden ſoll.

Das Ellenmaaß iſt alhier zweyerley, davon die Boßner Elle $18\frac{7}{18}$ pro Cent circa länger, und die Boßner Bracce $21\frac{1}{6}$ pro Cent circa kürzer als die Berliner Elle iſt Deßhalben thun

100 Boßner Ellen $118\frac{7}{18}$ Berliner Ellen, und

100 Berliner Ellen $121\frac{1}{6}$ Boßner bracci.

Zum Handelsgewicht hat man alhier den Saum à 4 Centner à 100 ℔.

Dieſes Gewicht iſt 7 pro Cent Circa ſchwerer als Berliner Gewicht, deshalben thun

100 ℔ aus Boßen 107 ℔ in Berlin.

Bourdeaux,

Die Hauptſtadt des Gouvernements Guienne in Frankreich gelegen.

Hält

Hält Buch und Rechnung in

Livres à 20 Sols à 12 Deniers.

Das Verhältniß der Münze alhier ist:

1 Ecu hat 3 Livres. 60 Sols. 720 Deniers.
    1 -   20 - 240 -
           1 - 12 -

Die übrigen **Münzsorten** sowohl als **Wechsel-arten**, *Uso*, und *Respect*-**Tage** kan man unter **Paris** nachschlagen.

Das **Ellenmaaß**, alhier Aune genant, ist $78\frac{4}{5}$ pro Cent circa länger als die **Berliner Elle**, folglich

100 Aunes de Bourdeaux thun $178\frac{4}{5}$ Berl. Ellen.

1 Tonneau oder **Faß Wein** hat 4 Barriques oder Oxthöfte.

Brantewein ist in Fäßern von 50 Viertels wird aber nur zu 32 Viertels pro 1 Oxthoft verkauft.

Bey den **Handelsgewicht** wird 1 Quintal zu 100 ℔ gerechnet, dieses Gewicht ist $4\frac{1}{1}\frac{1}{5}$ bis 5 pro Cent circa **schwerer** als **Berliner Gewicht.** Deshalben:

100 ℔ aus Bourdeaux $104\frac{1}{1}\frac{1}{5}$ bis 105 ℔ in Berl.

Braunschweig,

Desgleichen **Wolffenbüttel**, **Hanover**, **Zelle**, das ganze **Lüneburgische Chur-** und **Fürstenthum**, wie auch **ein Theil von Westphalen.**

Halten Buch und Rechnung in

Thaler à 36 Mariengroschen à 8 Pfennige,

Ver,

Verschiedene in Braunschweig führen auch ihre Rechnungen in

Thaler à 24 **gute Groschen** à 12 Pfennigen.

Die **Verhältniß** der Münzen zu einander ist alhier

Thl. hat	Guld.	Mar. fl.	Ggr.	Mgr.	Gößg.	Math.	Pfen.
1	$1\frac{1}{2}$	$1\frac{4}{5}$	24	36	48	72	288
	1	$1\frac{1}{5}$	16	24	32	48	192
		1	$13\frac{1}{3}$	20	$26\frac{2}{3}$	40	160
			1	$1\frac{1}{2}$	2	3	12
				1	$1\frac{1}{3}$	2	8
					1	$1\frac{1}{2}$	6
						1	4

Hieraus **vergleichen** sich also:

5 Thaler mit 9 Marien fl.
6 Marien fl. , 5 fl. od. $\frac{2}{3}$tel
3 fl. od. $\frac{2}{3}$tel , 2 Thaler.

Die **würklich geprägten Münzsorten** sind alhier

in Gold,

doppelte Carld'or	,	,	zu	10	Thaler.
einfache dito	,	,	,	5	,
halbe dito	,	,	,	$2\frac{1}{2}$	,

in Silber,

Spec. Thlr.	zu	32	Gute	oder	48	Mar. gr.
Cour.	,	,	24	,	,	36	dito
halbe	,	,	12	,	,	18	dito
1 Drittel	,	,	8	,	,	12	dito
1 Sechstel	,	,	4	,	,	6	dito
1 Zwölftel	,	,	2	,	,	3	dito

Desgleichen 2, $1\frac{1}{2}$ und 1 Mgr. und Stück zu 6 pf. welches seit 1764 nach dem Conventionsfuß ausgemünzt worden.

Das

Das ehemahls hier geſchlagene alte Courent an ⅔teln iſt 12 pro Cent m. od. w. beſſer als vorſtehendes neues Courent.

Von fremden Münzen rouliren alhier:

Allerhand Sorten Ducaten, ſind 3 pro Cent m. od. w. beſſer als Carld'or oder Courent.

Alte Franz. Louisd'or, Fridrd'or, Georgsd'or, Auguſtd'or, Span. Piſtolen ſind mit Carld'or oder Conventions-Geld pari.

Wenn auf Braunſchweig gewechſelt wird, ſo geſchiehet es gemeiniglich auf die Meſſen, und denn ſind die Wechſelarten wie unter Leipzig.

Der *Uſo* alhier bedeutet wie durch ganz Deutſchland 14 Tage nach der Acceptation, und bey gewiſſen Fällen können laut Wechſ. Ordn. 1715. Art. 31. 3 *Reſpect-Tagen* eingeräumet werden.

Alhier werden jährlich 2 **große Meſſen** gehalten.

1) Lichtmeß Markt, fängt den erſten Sonntag nach Lichtmeſſe an.

2) Laurentii Markt, gehet den erſten Sonntag nach Laurentii an.

Fallen dieſe Feſte aber Sonntags, gehet die Meſſe gleich an.

Jede Meſſe dauret 10 Tage.

Bis den Freytag Abend der erſten Meßwoche muß acceptiret ſeyn, und kan man nicht eher proteſtiren laſſen, bis dieſen Abend, Falls der andere nicht eher acceptiren will.

Die Zahlung muß längſtens den Donnerſtag der andern Woche erfolgen. Da die Meſſe ohne dieß ausgeläutet wird.

Das

Das **Ellen-Maaß** alhier ist $16\frac{7}{8}$ pro Cent circa **kürzer**, denn das Berliner, folglich:

100 Berliner Ellen thun $116\frac{7}{8}$ Braunschw. **Ellen.**

Bey den **Handelsgewicht** rechnet man

1 Sch. ℔ zu 20 L. ℔. oder 280 ℔.
1 Centner zu 114 ℔, und ist dieses Gewicht $\frac{7}{8}$ pro Cent circa **leichter** denn Berliner, also:

100 ℔ in Berlin thun $100\frac{7}{8}$ ℔ in Braunschweig.

Das **Gold- und Silbergewicht** ist alhier die Cöllnische Mark.

Bremen.

Die Hauptstadt des Herzogthums gleiches Nahmens, an der Nord-See zwischen der Weser und Elbe gelegen, desgleichen **Verden**, die Grafschaften **Oldenburg** und **Delmenhorst**

Halten Buch und Rechnung in

Rthl. à 72 **Grot** à 5 **Schwar** courent.

Die **Münzen** haben alhier folgende **Verhältniß**:

Rthl. hat	mℓ Brem.	Kopfstück	Düttgen	Flinriche	Schill.	Grot	Schwar.
1	$2\frac{1}{4}$	6	16	18	48	72	360
	1	$2\frac{2}{3}$	$7\frac{1}{9}$	8	$21\frac{1}{3}$	32	160
		1	$2\frac{2}{3}$	3	8	12	60
			1	$1\frac{1}{8}$	3	$4\frac{1}{2}$	$22\frac{1}{2}$
				1	$2\frac{2}{3}$	4	20
					1	$1\frac{1}{2}$	$7\frac{1}{2}$
						1	5

Es

Es vergleichen sich also: 4 Thl. mit 9 m℔ und
3 m℔ , 8 Kopfstück.

Von würklich geprägten Münzsorten findet man alhier:

im Golde,

Ducaten à 2¾ sind nebst verschiedenen fremden Sorten Ducaten 3 pro Cent m. o. w. besser als Carlsd'or.

in Silber,

Species Thl. à 1⅓ Thl. od. 96 Grot. ⎫
⅓ dito oder ⅔ à   48 , ⎬ sind 12 pro C.
⅙ dito oder ⅓ à   24 , ⎬ m. o. w. besser
Kopfstück   à   12 , ⎭ als Carld'or.
Flinriche   à   4 ,

Stücke von 6 3, 2, 1 und ½ Grot.

in Kupfer,

Schware.

Das Geld, worinn die **Wechsel** alhier **bezahlet** werden, sind Braunschweiger Carlsd'or, Louisd'or und Fridrd'or auch Conventions-Geld sind denenselben gleich geachtet.

Bremen wechselt nach andern Plätzen **wie Leipzig**, außer **nach London** giebt es in Carlsd'or 601 Thl. m. od. w. pro 100 Liv. Sterl. à 2 Uso.

Der *Uso* ist alhier wie in ganz Deutschland 14 Tage Sicht, aus London aber 1 Monath dato.

Die Briefe so nicht auf den Aussteller selbst, oder à Vista, desgleichen à 2, 3, 4 Tage Sicht gestellet sind, haben alhier

8 *Respect*-**Tage.**

Das **Ellenmaaß** alhier ist 15¹⁄₁₆ pro Cent circa kürzer, denn das Berliner, folglich thun

100 Berliner Ellen 115¹⁄₁₆ Bremer Ellen.

Von

Von **Handelsgewicht** ist

1 ℔ Schwars 300 ℔ welches die Fuhrleute aber à 308 ℔ rechnen.

1 Sch.℔ hat 2½ Centner oder 290 ℔.

1 Centner hat 116 ℔.

Dieses Handelsgewicht ist $6\frac{7}{18}$ pro Cent **schwerer** denn Berliner Gewicht, folglich sind:

100 ℔ Bremer $106\frac{7}{18}$ ℔ Berliner.

Breslau,

Die Hauptstadt von Schlesien.

Hält Buch und Rechnung **wie Berlin**, und nach derselben Verordnung in

Livres à 24 Groschen à 12 Pfennige Banco,

Vor Publicirung des Banco-Edicts führte man Buch und Rechnung in

Rthl. à 30 Silbergr. à 12 Denaren oder Pfennigen Cour. desgleichen auch viele in Rthl. à 24 Ggr. à 12 Pfennigen.

Das **Verhältniß** der Banco-Münzen ist unter Berlin angezeiget worden, die übrigen hiesigen Rechnungsmünzen haben zu einander folgende **Verhältniß**:

Rthl. hat	Schlesthl.	Xr.	Ggr.	Silbergr.	Weißgr.	Xer	Gröschel	Denar od. Pf.
1	$1\frac{1}{4}$	$1\frac{1}{2}$	24	30	45	90	120	360
	1	$1\frac{1}{5}$	$19\frac{1}{2}$	24	36	72	96	288
		1	16	20	30	60	80	240
			1	$1\frac{1}{4}$	$1\frac{7}{8}$	$3\frac{3}{4}$	5	15
				1	$1\frac{1}{2}$	3	4	12
					1	2	$2\frac{2}{3}$	8
						1	$1\frac{1}{3}$	4
							1	3

E

Des

Desgleichen so rechnet man noch besonders

Den Silbergr. welchen man auch Kaysergr. oder Böhmen benennet, zu 6 Dreyern oder 18 Heller.

Den Weißgr. zu 4 Dreyer oder 12 Heller.

Den Xer zu 2 Dreyer oder 6 Heller.

Das Gröschel zu 4½ Heller.

Den Dreyer zu 2 Denaren oder 3 Heller.

Den Denar oder Schles. Pfen. zu 1½ Heller.

Aus obiger Verhältniß so wohl als aus der unter Berlin, entstehet folgende **Vergleichung** der hiesigen Münzen.

4 Livres Banco thun 5 Rthl. Frd'or.
4 Rthl.　　⸱　　⸱　5 Schles. thl.
5 Schles.thl.⸱　　⸱　6 Rfl.
4 Ggr.　　⸱　　⸱　5 Silbgr. od. 15 Xer.
4 gute Pf.　⸱　　⸱　5 Denar od. Schles. pf.

Die **würklich geprägten Münzen** sind dieselben, so unter **Berlin** beschrieben werden, über dieses aber noch wegen des Negoce mit Pohlen

Timpfe von 6 Silbgr. oder 18 Gr. Pohln.

Doppelte und einfache Silber⸱ oder Kaysgr. à 6 und 3 Pohln. gr. oder Xer Stücke.

2 und 1 Gröschel auch Pfennig Stücken.

Was übrigens von **fremden Münzen** vor Errichtung der Banco unter Berlin gesagt worden, ist auch hieher zu ziehen, es gelten aber von fremden Münzsorten alhier m. od. w.

im Golde,

Alte Ld'or, Span. Pistol. Carld'or à 5 Rthl. 10 Silbgr.
Allerhand Sorten wicht. Ducaten à 91 Silbgr.

im

im Silber,

Kayſerl. und Banco-Thaler · ·	à 46	Silbergr.
alte Louisblanc-Thl. auch Conv. Thl.	à 42	dito
X. und Albertthaler ; ;	à 44	dito
Pohln. Timpfe 5 Stück pro 1 Rthl.	à 30	dito
Schuſtacken ; ;	à 2	dito
Polteracen ; ;	à ½	dito

Vor Errichtung der hieſigen Banco, wechſelte **Breslau** auf andere Plätze wie Berlin vor Er= richtung der Berliner Banco, welches man alſo dort nachſehen kan, und da das Königl. Preuß. Banco-Edict ſowohl auf die Berliner als Breslauer Ban= quen gerichtet, ſo iſt auch die hieſige Banco-Verord= nung eben dieſelbe, ſo unter Berlin beſchrieben, wo man auch erſehen kan, wie **Breslau anjezo** mit andern Plätzen **wechſeln** ſoll.

Der *Uſo* iſt auch wie bey Berlin 14 Tage, und ein halber *Uſo* bedeutet 8 Tage nach der Acceptation.

Die Wechſelbriefe, ſo außer denen Meſſen gezogen werden, haben wie in Berlin 3 *Reſpect* **Tage.**

Es werden alhier jährlich 2 Meſſen gehalten.

Die 1te fängt den Sonntag Lætare an.

Die 2te aber den Montag vor Mariæ Geburth, fält aber dieſes Feſt auf einen Montag, ſo fängt ſolche ſogleich an.

Jede Meſſe dauret 8 Tage, denn komt die Zahl= woche und Scontro-Tage, und iſt der 4te Tag der Zahl= woche zum Zahltag beſtimmet.

Vom **Ellenmaaß** iſt alhier ſowohl die **Bres=** **lauer** als Schleſiſche Elle in Gebrauch.

Die Breslauer Elle iſt mit der Botzner Brecce gleich, und alſo, 21⅔ pro Cent in circa **kürzer** als die Berli= ner **Elle.**

Die

Die Schlesische Elle, ist $15\frac{11}{16}$ pro Cent circa kürzer als die Berliner Elle. Es vergleichen sich dahero:

100 Berl. Ellen thun $\left(\begin{array}{l}121\frac{3}{8} \text{ Breßlauer} \\ 115\frac{13}{16} \text{ Schlesische}\end{array}\right)$ Ellen.

Das Handelsgewicht ist $15\frac{5}{8}$ pro Cent circa leichter dann Berliner, und vertheilet sich:

Sch. ℔ hat.	Centner.	Lzp. od. Stein.	℔.	Unzen.
1	3	$16\frac{1}{2}$	396	à 16
	1	$5\frac{1}{2}$	132	
		1	24	

100 ℔ in Berlin, thun $115\frac{5}{8}$ ℔ in Breslau.

Das Gold- und Silbergewicht in Breslau hat folgende Eintheilung und Verhältniß.

m℔ hat	Unzen	Loth	Quintel	Denaren	Heller
1	8	16	64	256	512
	1	2	8	32	64
		1	4	16	32
			1	4	8
				1	2

Brüssel siehe Antwerpen.

Cadix,

Oder Cadiz ein berühmter Seehafen der Spanischen Provinz Andalusia.

Hält Buch und Rechnung nach der unter Madrit beschriebenen Castilianischen Währung der Rechnungs-Münzen in

Reali

Reali à 34 Maravedis de Plata, oder auch in Reali à 16 Quartos.

Es vergleichen sich allhier

375 Reali de Plata mit 34 Ducadi de Cambio.

17 Real oder Maraved de Plata sind 34 Real oder Maraved de Vellon.

Der Ducadi wornach man in Hamburg die Fracht nach Cadix bedinget, wird zu 12 Real de Plata gerechnet, die übrigen Rechnungs, auch würklich geprägten Münzen von Spanien desgleichen die Wechsel Arten und Uso kann man unter Madrit suchen.

Respect-Tage sind allhier 6.

Das Ellen-Maas allhier ist die Castilianische Vara und 27$\frac{1}{8}$ pro Cent circa kürzer als die Berliner-Elle, deshalben sind

100 *Varas* 127$\frac{1}{8}$ Berliner Ellen.

Das Handels-Gewicht allhier ist das Castilianische, dessen Verhältniß unter Madrit zu ersehen. Es ist dieses Gewicht 1$\frac{11}{12}$ pro Cent leichter als das Berliner, deßhalben thun

100 ℔ Berliner 101$\frac{11}{12}$ ℔ in Cadix.

Cassel.

Die Haupt-Stadt des Landes Hessen und Residenz des Landgrafens von Hessen-Cassel.

Hält Buch und Rechnung in

Rthaler à 32 Hess. Albus à 9 Pf. oder 12 Heller.

Die Münzen haben allhier folgende Verhältniß.

1 Rthl.

Rthl. hat	Rfl.	ggr.	Hess. Alb.	Mgr.	Xer	pf.	Heller.
1	$1\frac{1}{2}$	24	32	36	90	288	384
	1	16	$21\frac{1}{3}$	24	60	192	256
		1	$1\frac{1}{3}$	$1\frac{1}{2}$	$3\frac{3}{4}$	12	16
			1	$1\frac{1}{8}$	$2\frac{13}{16}$	9	12
				1	$2\frac{1}{2}$	8	$10\frac{2}{3}$
					1	$3\frac{1}{5}$	$4\frac{4}{15}$
						1	$1\frac{1}{3}$

Es vergleichen sich also:

2 Rthl. sind 3 Rfl.
4 Hess. Alb. = 3 ggr.
8 Dito = 9 Mgr.

Von **hiesigen Geld** rouliren vornehmlich

Stücken von 8, 4, 2, 1 und $2\frac{2}{3}$ Alb. oder 3 Mgr. desgl. Stücke von 3 pf. oder 4 Heller.

Von **fremden** Münzen gelten vornehmlich

alte Louisdor, Frdor, Carlsdor, à 5 Rthl.
allerhand Sorten Ducaten = à $2\frac{3}{4}$ Rthl.
alte Louisblanc = = à $1\frac{1}{3}$ Rthl.

Da Cassel kein Wechsel=Plaz ist, so hat es auch weder **Wechsel=Preise** noch *Uso* und *Respect* **Tage**.

Das **Ellen=Maas** alhier ist $18\frac{1}{16}$ pro Cent circa **kürzer** denn Berliner, folglich:

100 Berliner Ellen $118\frac{1}{16}$ Caßler Ellen.

Das **Gewicht** alhier ist 48 pro Cent circa **leichter** denn Berliner, folglich:

160 ℔ in Berlin 148 ℔ in Cassel.

Cefalonia suche Zante.

Cette

Cette suche Montpelier.

Cleve.

Die Hauptstadt des Herzogthums gleiches Nahmens, in Westphälischen gelegen, und dem König in Preussen zuständig, hält nebst den ganzen Herzogthum, desgleichen Jülich, Berg und Mark, und überhaupt der ganze Niederländische, Westphälische Kreiß, Buch und Rechnung in

Rthl. à 60 Stüver à 8 Pf. oder 16 Heller.

Die Münzen haben folgende Verhältniß zu einander:

Rthl.	Rfl.	Clevthl.	Clevfl.	Schilling	ggr.	Stüv.	Xer	Fettmäng.	Stübe	Pfenige	Heller
1	1½	2	3	8	24	60	90	120	240	480	960
	1	1⅓	2	5½	16	40	60	80	160	320	640
		1	1⅓	4	12	30	45	60	120	240	480
			1	2⅔	8	20	30	40	80	160	320
				1	3	7½	11¼	15	30	60	120
					1	2½	3¾	5	10	20	40
						1	1½	2	4	8	16
							1	1⅓	2⅔	5⅓	10⅔
								1	2	4	8
									1	2	4
										1	2

Die würklich geprägten und Landes-Herrschaftlichen Münzen sind unter Berlin beschrieben, übrigens so ist Cleve ebenfals kein Wechsel-Plaz, und wenn zu Zeiten was darin vorfält, so richtet es sich nach Berlin, wo es die alten Course gebrauchet, so vor Einrichtung der Banque gebräuchlich waren.

Cölln.

Cölln.

Eine freye Reichsstadt am Rhein.

Hält Buch und Rechnung theils in

species thl.   à 80)
theils in Courent thl. à 78) Albus Cour à 12 Heller.

Die hiesigen Münzen haben folgende Verhältnisse.

thl. Spec.	thl. Cour.	Räderfl.	Spec. fl.	Herrnfl.	Cöllnfl.	Ort	Schillinge
1	1 1/39	1 1/4	1 1/2	2	3 1/3	4	8
	1	1 7/32	1 37/80	1 19/20	3 1/4	3 9/10	7 4/5
		1	1 1/5	1 3/5	2 2/3	3 1/5	6 2/5
			1	1 1/3	2 2/9	2 2/3	5 1/3
				1	1 2/3	2	4
					1	1 1/5	2 2/5
						1	2

Schillinge	Blafferts	Grosch. od. Räder Albus	Gößgen	Clev. Stüber	Cölln. Albus	Xer	leicht Albus	Settmänzen	Heller
1	2 1/2	3 3/4	6	7 1/2	10	11 1/4	12 1/2	15	120
	1	1 1/2	2 2/5	3	4	4 1/2	5	6	48
		1	1 3/5	2	2 2/3	3	3 1/3	4	32
			1	1 1/4	1 2/3	1 7/8	2 1/12	2 1/2	20
				1	1 1/3	1 1/2	1 2/3	2	16
					1	1 1/8	1 1/4	1 1/2	12
						1	1 1/9	1 1/3	10 2/3
							1	1 1/5	9 3/5
								1	8

Hie-

Hieraus vergleichen sich also:

39 spec. Rthl. mit 40 Rthl. Courent.
32 Rthl. Cour. / 39 Räder fl.
5 Räder fl. / 6 Spec. fl.
3 Spec. fl. / 4 Herrn fl.
3 Herrn fl. / 5 Cölln fl.
3 Räder Alb. / 8 Cölln Albus.

Die **würcklich geprägten Münzen** sind alhier:

In Golde.

Ducaten.

In Silber.

Harte Spec. Rthl. Gulden und ½ Gulden, desgleichen
Sechstel Stücke, ferner:

Blafferts ganze   zu   4 Albus.
    dito   halbe   /   2 Albus.
Stüver   ganze   / $1\frac{1}{3}$ Alb. oder 16 Hell.
    dito   halbe   / $\frac{2}{3}$ Alb. oder   8 Hell.
Einfache   Albus.

Die halben Stüber werden auch Fettmännchens ges
genennet.

Von fremden Münzsorten dürfen vermöge eis
nes Placats von primo 1758. folgende zu solchen Preis
sen gelten, als:

in Gold.

Carolins   zu 11 fl. Courant.
Schild Louisd'or   / 11 fl.   /
Alte Louisd'or   /   9 fl.   /
Wicht. Ducaten   /   5 fl.   /

in Silber.

Franz. Laubthl.   zu $2\frac{2}{3}$ fl. Courant.

Cölln wechselt mit folgenden Plätzen, denn

nach	es giebt in seinem eignen Gelde,	und empfängt davor,
Amsterdam	155* Rthl. Corr.	100 Rthl. Bco.
Antwerpen	140* Rthl. Spec.	100 Rthl. Perm. Geld.
Augspurg	111* Rthl. Corr.	100 Rthl. A. Cor.
Frankfurt	105* Rthl. Corr.	100 Rthl. W. Geld.
Hamburg	155* Rthl. Corr.	100 Rthl. Bco.
Leipzig	108* Rthl. Spec.	100 Rthl. Conv. Geld.
Paris	80* Rthl. Spec.	100 Ecus.
Wien	110* Rthl. Corr.	100 Rthl. Corr.

Nota. Die Preise der * sind steigend und fallend.

Der *Uso* alhier bedeutet 14 Tage nach Sicht.

Respect-**Tage** sind alhier 6. Sonn- und Festtage mit eingeschlossen, fält der letzte Respect-Tag aber auf einen Sonn- und Festtag, so muß der erste darauf folgenden Werkeltag bezahlt oder protestiret werden.

Alhier hat man zweyerley **Ellen-Maas**, dvon die große **Elle** 4⅓ pro Cent circa **länger** und die kleine **Elle** 16 7⁄8 pro Cent circa **kürzer** als die Berliner Elle ist, folglich:

100 grosse Ellen   104⅓ Berliner Ellen
100 Berliner Ellen   116 7⁄8 Cölln. **kleine Ellen.**

Von Handels-Gewicht hat der Centner alhier 106 ℔ à 2 ℔, nach diesen Gewicht werden die Gold und Silber-Gewichte derer mehresten Plätze von Europa verglichen, und viele Oerter bedienen sich dieses Gewichts selbst bey Wiegung des Goldes und Silbers.

Das

Das kleinere **Verhältniß** dieſes Gewichts iſt:

Mark	Unzen	Loth	Quint	Pf.	Eßchen Cölln.	Aßen Holl.	Richtpf. theil.
1	8	16	64	256	4352	4864	65536
	1	2	8	32	544	608	8192
		1	4	16	272	304	4096
			1	4	68	76	1024
				1	17	19	256
					1	$1\frac{3}{17}$	$15\frac{1}{17}$
						1	$13\frac{2}{19}$

Das Cöllniſche Gewicht iſt circa $\frac{1}{4}$ pro Cent leichter, als Berliner **Gewicht.**

100 ℔ in Berlin thun alſo $100\frac{1}{4}$ ℔ in Cölln.

Conſtantinopel.

Die Reſidenz des türkiſchen Kayſers, in Romanien gelegen, hält Buch und Rechnung in

Piaſtres à 100 Mines oder Aſpers.

Ferner zählet man

1 Jux oder Jück iſt die Summe von 100000 Aſpers.

1 Chiſe iſt **ein Beutel** mit 500 türk. Piaſtres, alles was in den Schatz des Großherrn kommt, es beſtehe in Gold oder ſilbernen Münzen, wird in ledernen Beuteln netto à 500 Piaſtres verwahret, und die Reichs-Einkünfte darnach berechnet.

Ein Beutel Gold iſt 30000 Piaſtres und wird nur von denen Geſchenken geſagt, ſo der Sultan ſeinen Favoriten oder Sultanin macht.

Von

Von wùrklich geprägten Mùnzſorten gelten:

1 Sequin, Sultanin oder Fondouk gilt 155 Paras.

1 Tùrk. Piaſt. od. Grouch Toralo gen. ⸱ 40 ⸱ ob. 120 Aſp.

1 alte Solota   ⸱ 30 ⸱ ob. 90 ⸱

1 neue dito   ⸱ 26⅔ ⸱ ob. 80 ⸱

1 Olick oder Onlick   ⸱   10 ⸱

1 Beslik   ⸱   5 ⸱

1 Pora   ⸱   3 ⸱

1 Aſper gilt 4 Mankir oder Gjedùky.

Von fremden Mùnzen rouliren und gelten mehr oder weniger.

Zecchini, Ongari oder Ducati gelten 160 Paras.

Species Rthl. oder Cara Grouch   ⸱   80 dito.

Holl. Lòwen Thl. oder Aslani, Abou-

    quelb, auch Piaſtres genannt ⸱   60 dito.

Wiener Rthl.   ⸱   60 dito.

Raguſer Rthl.   ⸱   45 dito.

Wenn von Conſtantinopel auf Amſterdam **Wechſel-briefe** gezogen werden, ſo reguliret man den Cours nach 1 Lòwen Thl. oder Tùrkiſchen Piaſtre zu 120 Aſpeis, und empfängt davor in Amſterdam 28 Stùber Cour. mehr oder weniger.

Uſo und *Reſpect*-**Tage** ſind hier nicht.

Das **Ellen-Maas** alhier iſt zweyerley:

Die **kleine** *Pik*, Belledy oder die **inländiſche** genannt, braucht man zu allen Flächſernen und Baumwollnen Waaren, ſie iſt drey pro Cent circa **kleiner,** als die Berliner Elle, folglich:

100 Berliner Ellen ſind 103 Belledys.

Die **groſſe** *Pik* gebraucht man zu allen andern Waaren, und iſt ¼ pro Cent circa **gröſſer** als die Berliner Elle, folglich:

100 große *Piks* thun 100⅒ Berliner Ellen.

Das Gewicht hat folgende Eintheilung, und ist 19¾ pro Cent schwerer den Berliner.

Quintal od.   Lodras od.

Cantaar	Batmans	Okas	Rottel	Yusdrom.	Dramm.
1	7⅓	44	100	176	17600
	1	6	13 1/11	24	2400
		1	2 3/11	4	400
			1	1 19/25	176
				1	100

100 ℔ aus Constantinopel thun 119¾ ℔ in Berlin.

Coppenhagen,

Die Haupt- und Residenzstadt des Königreichs Dännemark.

Hält Buch und Rechnung, wie ganz Dännemark in Rthl. à 6 Marck à 16 Schillinge Dänisch.

Verschiedene hiesige Häuser führen auch ihre Rechnungen in Marck à 16 Schillingen à 12 Pfenningen Lübisch.

Wobey zu bemerken das die Dänische Münzwährung nur halb so viel werth als die Lübische oder Hamburger ist, denn

2 m℔ Dänisch thun 1 m℔ Lübisch
2 Schill. dito — 1 Schil. Lübisch.

In übrigen so haben die Münzen alhier zu einander folgendes **Verhältniß:**

1 Rthl.

Rthl. hat	Dänischthl.	m₰	Schil.	Witten	Pf. Dän.
1	1½	6	96	288	1152
	1	4	64	192	768
		1	16	48	192
			1	3	12
				1	4

Die hiesige **Cronen-**Valuta ist kraft Königl. Verordnung 6⅓ pro Cent besser als Courent-Valuta.
Die **würklichen Münzsorten** des Reichs sind

im Golde,

Species Ducaten zu 14 m₰ 8 ß. Cour. m. od. w.
Neue Cour. Ducaten von 1757 à 2 Rthl. od. 12 m₰.

im Silber,

Spec. Thlr. gelten 7 m₰ 4 ß. Cour. oder 6 m₰ 12 ß.
Cronen-Valuta, wenn damit der Zoll im Sund bezahlt wird.

Vierfache, zweyfache, einfache und halbe Dänische
Cronen, von 8. 4. 2 und 1 m₰ Cronen-Valuta,
oder 8 m₰ 8 ß, 4 m₰ 4 ß, 2 m₰ 2 ß, 1 m₰ 1 ß
Cour.

Ganze und halbe Ebräer, oder Justus Judex zu 28 und
14 ß. Cour.

Ganze und halbe Kopfstücke, zu 20 und 10 ß Cour.

Stücke von 24. 15. 10. 8. 4. 2 und 1 ß. Courent.

Von fremden Münzsorten gilt

	m₰	ß.	Lüb.
1 Louisd'or oder Pistolen	12	11	
1 Carolin	15	9	
1 Maxd'or	10	6	
1 Guinea	15	12	
1 Franz. Schild d'or	15	7	
1 Species Ducaten	7	3	

Coppenhagen **wechselt** mit folgenden Plätzen denn

nach	giebt es in seinem eignen Gelde,	und empfängt davor,
Amsterdam	*118 Rthl. in Cour.	100 Rthl. Corr.
Danzig	*85 Rthl. dito.	100 Rthl. Pr. C.
Hamburg	*122 Rthl. dito.	100 Rthl. Bco.
London	*5⅛ Rthl. dito.	1 L. Sterl.

Nota. Die mit * bezeichneten Preise sind veränderlich.

Vom Uso.

Die Briefe so auf **Coppenhagen** traßiret werden, sind alle auf **einen ausdrücklich bestimmten Tag**, z. E. den 14. August eingerichtet.

Respect-**Tage** sind 8 auch 10 verordnet, wenn man mit dem Proteste so lange warten kann.

Die **Wechsel-Zahlungen** alhier geschehen größtentheils in Dänischen Courent, worunter besonders vorhererwehnte neue 12 mℓ Stücke, sodenn auch 24 und 10 Schill. Stücke zu verstehen.

Alhier ist eine *Assignationes*-**Wechsel-** und **Leih-** *Banco*, die Banco-Zettul sind auf 100, 50 und 10 Rthl. Courent eingerichtet, und gelten durch alle Königl. Länder, und in allen Königl. Cassen als baares Geld. Die **Lehn**-Banco leihet gegen Unterpfand zu 4 pro Cent auf große und kleine Geld-Summen, wenn sie nicht unter 100 Rthl. seyn.

Das **Ellen-Maaß** alhier ist 6¼ pro Cent circa **kleiner** denn **Berliner**, folglich:

100 **Berliner Ellen** thun 106¼ **Coppenh. Ellen**.

Von **Handlungs-Gewicht** alhier hat der Centner 100 ℔ und ist 6⅞ pro Cent circa **schwerer** denn **Berliner**-Gewicht, folglich:

100 ℔

100 ℔ Dänisch. thun 106⅒ ℔ Berliner. ·

Das Gold- und Silber-Gewicht hat die Eintheilung die ℳ 8 Unzen 16 Loth 64 Quinten oder 256 Ort.

Danzig.

Eine in Pohlnisch Preussen unter dem Schutz der Krone Pohlen gelegene Handels-Stadt, am Ausfluß der Weixel.

Hält Buch und Rechnung in

Gulden à 30 Groschen à 18 Pfenning Pohl. Preußl. Courent.

Die hiesigen Münzen haben folgende Verhältniß:

1 Rthl. hat 3 fl. 90 gr. 270 ß. 1620 pf. Pohln.

1	30	90	540
	1	3	18
		1	6

Die würklichen Münzen sind alhier:

in Gold.

Ducaten   à 9 fl. 20 gr. m. v. w.

in Silber.

Species-Rthl.	à 5 fl.	* gr. m. o. w.
Timpfe	à -	18 gr.
Sechser od. Schostak.	à -	6 gr.
Düttchen	à -	3 gr.
Brommer od. Poltrak.	à -	1½ gr.
Groschen	à -	1 gr.
Schillinge	à -	6 pf.

Von fremden Münzen

haben alhier steigend und fallenden Cours.

In

In Golde:

Englische Guinees   à 21 fl. 15 gr.
Alte Franz. Louisd'or à 17 fl. 6 ¿
Fridrichs d'or   ¿   à 17 fl. 5 ¿

In Silber:

Spec. Banco-Thaler   à 5 fl. — ¿
X und Alb. Thaler   à 4 fl. 25 ¿
dito leichte   ¿   à 4 fl. 12 ¿
Rubels   ¿   à 4 fl. 6 ¿

Danzig wechselt mit folgenden Plätzen, denn

nach	giebt es in seinem eignen Gelde,	und empfängt davor,
Amsterdam	*368 gr. poln.	1 Lvls Bo.
Hamburg	*153 gr. dito	1 Rthl. Spec. Bo.
Königsberg	½ pro Cent Avanzo oder Danno.	

Nota. Die mit * bezeichneten Preise sind steigend und fallend.

Von Danzig ziehet man auf Amsterdam gemeiniglich à 40 auch wohl 70 Tage nach Dato, und auf Sicht.

Auf Hamburg aber à 3 auch 6 Wochen nach Dato. Weil die Wechselbriefe in Hamburg nicht mit Species bezahlt, sondern pro Banco abgeschrieben werden, so decourtiret der Danziger Remittent den Trassenten 1 pro Mille, und rechnet solches den Hamburger zu gute, da denn also der Brief in Banco zu zahlen gestellet ist.

Wenn man demnach Hamburger Banco-Valuta in Danziger verwandeln will, so muß man 1000 Rthl. Hamb. Banco gleich 999 Rthl. Spec. rechnen. Will man aber die Danziger Spec. Valuta in Hamburger Banco reduciren, so muß man 1000 Rthl. Species gleich 1001 Rthl. Banco rechnen.

Der Uso alhier ist 14 Tage nach der Acceptation.

Respect-Tage sind 10, worunter alle Sonn- und Festtage, fält aber der 10te Respect-Tag auf einen Sonn- oder Festtag, so muß am 9ten Respect-Tag bezahlet werden, Briefe à Vista haben keine, und die Briefe so unter 14 Tage Sicht lauten, haben 3 Respect-Tage.

Von denen beyden Märkten, so alhier jährlich auf Dominicus und Martini gehalten werden ist

Der Dominic. Markt der fürnehmste, er fängt den 5ten August an, und dauert für Fremde 8 Tage, für Einheimische aber 3 Wochen und darüber.

Das Ellenmaaß alhier ist $16\frac{1}{2}$ pro Cent circa kürzer denn Berliner, folglich thun:

100 Berlin. Ellen 116$\frac{1}{2}$ Danz. Ellen.

Bey den Getreide rechnet man 65 Scheffel Danziger 61$\frac{1}{2}$ Berliner Scheffel. Es verhält sich aber:

Last hat	Malter	Scheffel	Viertel	Metzen
1	3$\frac{3}{4}$	60	240	960
	1	16	64	256
		1	4	16
			1	4

Das Handelsgewicht ist 7$\frac{1}{2}$ pro Cent circa leichter den Berliner, und theilet sich:

1 Sch.℔.	2$\frac{2}{3}$ Centner	20 Lies℔.	oder 320 ℔.
1		7$\frac{1}{2}$	120
	1		16

100 ℔ Berliner thun 107$\frac{1}{2}$ ℔ Danziger.

Das Gold- und Silbergewicht hat alhier folgende Eintheilung:

1 m℥

Mk hat	Unz.	Loth	Schott od. Karat	Quentin	Gran	Pf.	Grän
1	8	16	24	64	96	256	288
	1	2	3	8	12	32	36
		1	1½	4	6	16	18
			1	2⅔	4	10⅔	12
				1	1½	4	4½
					1	2⅔	3
						1	1⅛

Nach dieser Eintheilung richtet man sich auch in probiren.

Embden.

Nebst den ganzen Fürstenthum **Ostfriesland**, hält Buch und Rechnung in

Rthl. à 54 Stüber à 10 Witten oder in

Gulden à 20 Stüber à 10 Witten oder in

Gulden à 10 Schaap à 20 Witten.

Die hiesigen Münzen haben folgende **Verhältniß** zueinander:

Spec. Thl.	Cour. Thl.	Schlecht. Thl.	Gulden.	Marck.	Schillinge.	Flinderke.	Schaap.	Stüver.	Groot.	Cyserts.	Oertgens.	Witten.
1	1⅓	2⅖	3⅗	4	12	24	36	72	96	144	288	720
	1	1⅘	2 7/10	3	9	18	27	54	72	108	216	540
		1	1½	1⅔	5	10	15	30	40	60	120	300
			1	1⅑	3⅓	6⅔	10	20	26⅔	40	80	200
				1	3	6	9	18	24	36	72	180
					1	2	3	6	8	12	24	60
						1	1½	3	4	6	12	30
							1	2	2⅔	4	8	20
								1	1⅓	2	4	10
									1	1½	3	7½
										1	2	5
											1	2½

Es vergleichen sich also hieraus,

3 Spec. Rthl. mit 4 Cour. Rthl.
5 Cour. - - 9 Schlecht. Rthl.
2 Schlecht. thl. - 3 Gulden.
9 Gulden - 10 Marck.

Die Aſiatiſche Handlungs-Compagnie, ſo alhier 1750 errichtet worden, führet ihre Rechnungen wie Berlin vor Errichtung der Banco, in

Rthl. à 24 Groſchen à 12 Pfenning in Frd'or.

Von wůrklich geprågten Mûnzen ſind alhier, ſo neben denen Brandenburgiſchen, als jetzigen Landesherrſchaftlichen Gold- und Silber-Mûnzen roulliren.

in Silber,

Preußiſ.Cour.thl.ganze ½ und ¼ zu 54, 27 u. 13½ Stůb.
⅔, ⅓ und ⅙ Rthl. Stücke - 36, 18 u. 9 -
Schlechte Rthaler - 30 -
Ganze, ¼ und ½ Gulden - 20, 5 u. 2½ -
12, 18 und 36 auf 1 thl. Cour. - 4½, 3 u. 1½ -
Flindercke - 3 -
Malle Flindercke zů 11 Oertgens.
Schaape à 2 Stůber.
Malle Schaape à 7 Oertgens.
Seßlinge oder Syferts à 5 Witten.
Krumſterte à 4 Witten.
Oertgens à 2½ dito.

im Kupfer

Witten à 1 dito.

Da von Embden aus ordentlich nicht nach andern Plåtzen gewechſelt wird, ſo hat es auch keine beſtimmten Wechſel-Preiſe, und wenn die Aſiatiſche Compagnie zu Zeiten auf Amſterdam oder Hamburg

zie-

ziehet, oder von diesen Orten Briefe in Zahlung an-
nimmt, so bedienet sie sich die alten Berliner Course
vor Errichtung der Banco, und reguliret die Course
in Frd'or.

Das **Ellenmaaß** ist ¼ pro Cent circa **länger,**
denn Berliner, also vergleichen sich

100 **Embder** Ellen mit 100¼ Berliner Ellen.

Die Asiatische Compagnie aber bedienet sich die
Brabander Elle selbst, die 3¼ pro Cent netto länger, denn die Berliner Elle ist. Es vergleichen sich also
davon

.100 Brabander Ellen thun 103¼ Berliner Ellen.

Von **Handels-Gewicht** hat das Sch. ℔ 3 Centner à 100 ℔, dieses Gewicht ist 6 pro Cent circa
schwerer, denn Berliner. Es vergleichen sich also:

100 ℔ aus Embden thun 106 ℔ in Berlin.

Die Asiatische Compagnie hergegen bedienet sich das
Amsterdammer Gewicht, alsdenn sind

105⅜ ℔ circa in Berlin thun 100 ℔ Comp. Gew.

Ferrara.

Die Hauptstadt des Herzogthums gleiches Nahmens, in Italien gelegen, und dem Römischen Pabst
zuständig.

Hält Buch und Rechnung, hat die Münzen und
Wechselarten wie **Bologna,** wo man nachschlagen
kann

Je-

Jedoch hat allhier der Scudo de Cambio nur 4 Lire oder 80 Soldi à 12 Denari.

Das Ellenmaaß alhier ist zweyerley, zu Seide und Wolle. Erstes ist 6 pro Cent circa kleiner und zweytes ¼ pro Cent circa größer als die Berliner Elle, folglich thun

100 Bracci in Wolle thun 100⅘ Berliner Ellen.
100 Berliner Ellen ꞏ 105 Bracci in Seiden.

Das Handels-Gewicht ist 38¹⁄₁₆ pro Cent circa leichter denn Berliner, also:

100 ℔ aus Berlin thun 13¹⁄₁₆ ℔ in Ferrara.

Florentz.

Die Hauptstadt in dem Großherzogthume gleiches Nahmens, in Italien gelegen und dem Großherzog von Toscana oder Florentz zuständig, hält Buch und Rechnung entweder in

Scudi d'oro à 20 Soldi d'oro à 12 Denari d'oro ob. auch in
Ducati à 20 Soldi à 12 Denari oder auch in
Lire à 20 Soldi à 12 Denari.

Desgleichen werden alhier gewisse Waaren in Pezze da otta Reali zu 5¾ Lire berechnet, und man theilet auch diese

Pezzi à 20 Soldi à 12 Denari.

Es sind also alhier viererley Soldis und Denaris zu bemerken.

Die Verhältnisse aber von allen diesen Münzen ist folgende:

Scu-

Scudi d'oro.

$1\frac{1}{14}$
1 — Scudi Cour. od. Ducat. fiorini, auch Piaſtre.

$1\frac{7}{23}$
$1\frac{3}{23}$
1 — Pezza da otta Reali.

$1\frac{7}{13}$
7
$5\frac{4}{1}$
1 — Lire.

20
$18\frac{1}{3}$
$15\frac{1}{3}$
$2\frac{2}{3}$
1 — Soldi d'oro.

$21\frac{3}{7}$
20
$16\frac{2}{3}$
$2\frac{6}{7}$
$1\frac{1}{14}$
1 — Soldi Corrent.

$26\frac{2}{3}$
$24\frac{2}{3}$
20
$3\frac{1}{3}$
$1\frac{11}{3}$
$1\frac{7}{23}$
$1\frac{3}{23}$
1 — Soldi Pezzi.

150
140
115
20
$7\frac{1}{2}$
7
$5\frac{4}{1}$
1 — Soldi Lire oder Piccoli.

240
224
184
32
12
$11\frac{5}{1}$
$9\frac{5}{1}$
$1\frac{1}{4}$
1 — Denari d'oro.

$267\frac{1}{7}$
240
$197\frac{1}{7}$
$34\frac{2}{7}$
12
$12\frac{6}{7}$
$9\frac{5}{1}$
$1\frac{1}{14}$
1 — Denari Corrent.

$313\frac{1}{3}$
$292\frac{2}{3}$
240
$41\frac{1}{3}$
$15\frac{2}{3}$
$14\frac{2}{3}$
12
$2\frac{2}{3}$
$1\frac{7}{23}$
$1\frac{3}{23}$
1 — Denari Pezzi.

1800
1680
1380
240
90
84
69
12
$7\frac{1}{2}$
7
$5\frac{4}{1}$ — Denari Lire oder Piccoli.

Die andern hieſigen Münzen verhalten ſich folgender geſtalt.

1 Teſto

Teſtone hat	Lire.	Giuly ob. Paoli	Crazie.	Soldi di Lira.	Denari di Lira.
1	2	3	24	40	480
	1	1½	12	20	240
		1	8	13⅓	160
			1	1⅔	20
				1	12

Hieraus entſtehet die Vergleichung, daß

14 Scudi, Soldi und   15 Scudi, Soldi und De-
  Denari d'oro gleich ſind   nari current.
  23 detti — Cour. $=$ 28 Pezzi —
  4 Pezzi   — $=$ 23 Lire —

Alhier iſt die Valuta moneta buona, ſie verſtehet
ſich, daß 23 Lire moneta buona gleich ſind 24 Lire
moneta longa in Livorno,

Denn die Pezza, ſo alhier 5¾ Lire gilt, thut in Livorno 6 Lire.

Von würklich geprägten Münzen ſind alhier

im Golde.

Ganze und halbe Doppie à 23 und 11½ Lire.
Rovponi d'oro   à 40 Lire.
Zecchini gigliati à 13⅓ Lire, 20 Paoli oder 160 Cra-
zie das Stück auch zuweilen etwas höher.

in Silber.

Piaſtre oder Ducati à 7 Lire mit circa 6 pro Cent
  Agio.

alte Tallari della Torre, o Torri oder Lanternine à
  6 Lire, 9 Paoli oder 72 Crazie mit 4 pro Cent
  circa Agio.

Pezze della Roſa oder Livornine à 5¾ Lire oder 69
  Crazie mit 3 pro Cent circa Agio.

halbe und viertel Detti oder doppelte und ganze Piaſtri-
ni à 34 Crazie 3 Dinari di Lire und 17 Crazie 4
Dinari.

Fran-

Francesconi à 10 Paoli und
halbe Detti Francescini genannt à 5 Paoli.
Testoni à 3 Paoli.
Cavalati à 2 Paoli.
Lire   à 1⅔ Paoli.
ganze, halbe und viertel Paoli, à 8, 4 und 2 Crazie.
Crazie à 5 Quatrini oder 20 Denari.
Soldi à 3 Detti   oder 12 Detti.
Quatrini Stück zu 4 Denari di Lira.

Florenz wechselt mit folgenden Plätzen, denn

nach	giebt es in seinem eignen Gelde,	und empfängt davor,
Amsterdam	1 Pezza.	*88 pf. vls. Bco.
Augspurg	*100 Pezzi.	178 fl. Corrent.
Bisenzone	*147 Sc. d'oro.	100 Sc. Marche.
Bologna	1 Ducati.	106 Bolognini.
oder	1 Pezza.	*87 Bolognini.
Bolzano	1 Scudi d'oro.	*104 Xer Giro.
	*65 Soldi corr.	1 fl. Mon. longa.
Cadix	100 Pezze.	*124 Pesos.
Genua	1 Pezze.	*116 Soldi Fuori Bo
Hamburg	1 Pezza.	*83 pf. vls. Bco.
Lyon	1 dito.	*95 Sols.
Lissabon	1 dito.	*756 Rees.
London	1 dito.	*48 pf. Sterl.
Livorno	*115 Soldi corr.	1 Pezza.
Madrit	100 Pezza.	*124 Pesos.
Messina Palermo }	1 Pezza.	*11 Tari 10 Grani.
Milano	1 dito.	*127 S. corr.
Neapolis	100 dito.	*114 Duc del Regn.
Paris	1 dito.	*95 Sols.
Rom	100 Francesconi à 10 P. }	*105 Scudi Rom.
oder	50 Zechini gigliati. }	

F 5

	giebt	empfängt,
oder	1 Pezza	*12 2 Stücke von ¾ Bajocci.
Venedig	79 Scudi d'oro.	100 Ducati di Bco.
oder	100 Pezzi	*98 Detti.
Wien	*64 Soldi corr.	1 fl. Wien. Cour.

Nota. Die Preise so mit * bezeichnet, sind veränderlich.

Der *Uso* alhier verstehet sich bey Briefen aus Florentz
auf Lissabon, London 3 Monath nach dato.
auf Amsterdam, Cadix, Madrit, Hamburg, 2 Monath oder 60 Tage nach dato.
auf ganz Frankreich 30 Tage nach dato.
auf Meßina und Palermo aber 1 Mon. nach Sicht.
auf Augspurg 15 Tage nach der Acceptation.
auf Wien 14 Tage Sicht.
auf Bologna, Genua, Livorno, Milano, etliche Tage Sicht.
auf Napoli, Rom, Venedig, etliche Tage Sicht und
dato.

Die Briefe aber, so von Venedig und Rom auf
Florenz gezogen werden, acceptiret man alle Sonnabend, und zahlet sie 2 Wochen den Sonnabend darauf,
also ist der *Uso inclusive* des Acceptions-Tags 15
Tage.

Die von Bologna werden ebenfals so acceptiret,
doch den gleich folgenden Sonnabend bezahlt, folgends
ist der *Uso* hier 8 Tage.

Die übrigen Briefe haben den *Uso* wie Livorno,
wo man nachsehen kann.

Respect-Tage sind hier nicht verordnet, denn alle
Briefe müssen bey der Verfall-Zeit vor Abgang der
Post entweder bezahlet oder protestiret werden.

Das

Das Ellenmaaß alhier bestehet in Canen à 4 Brazzen oder 8 Palmen.

1 Brazze hat 2 Palmi.

Nach diesen Maaß werden Seidene und Wolle-ne Waaren gemessen, indessen ist es nicht gleich, denn die Bracce zu Wollen ist 13 pro Cent circa, und die zu Seiden 14⅖ pro Cent circa kürzer, als die Berliner Elle, es thun also:

100 Berliner Ellen { 113 Bracci zu Wollen
                    { 114⅖ Detti zu Seiden.

Die meisten der seidenen Waaren werden alhier nach dem Gewicht verkauft.

Das Handels- Gold- Silber- und Seiden-Gewicht, hat aber folgende Eintheilung. Doch ist ersteres 3 pro Cent schwerer als das andere, und 34 pro Cent circa leichter denn Berliner Ge-wicht.

1 ℔ hat 12 Oncie 288 Denari 6912 Grani
1   24   576
1   24

100 ℔ Berl. thun 134 ℔ Florentin. Handelsgew.

Frankfurt am Mayn.

Ein freye Reichsstadt in Franken gelegen, hält nebst Darmstadt, Hanau und Maynz Buch und Rechnung theils in

Rthler à 90 Kreuzer à 4 Pfenningen oder in Gulden à 60 Kreuzer à 4 Pfenningen.

Es haben alhier die Münzen folgende Verhältniß:

Sp. thl.	Rtl.	fl.	Kopfst.	Batz.	Kaysgr.	Alb.	Xer	Pf.
1	1⅓	2	6	30	40	60	120	480
	1	1½	4½	22½	30	45	90	360
		1	3	15	20	30	60	240
			1	5	6⅔	10	20	80
				1	1⅓	2	4	16
					1	1½	3	12
						1	2	8
							1	4

Es vergleichen sich also:

3 Spec. Thaler mit 4 Rthaler
2 Rthlr.　　　　　 3 fl.
3 Batzen　　　　　 4 Kaysergr.

Seit den 1ten Junii 1765 ist alhier Courent nach den 20 fl. oder Conventions-Fuß ausgemünzt worden, wovon unter den 3ten Febr. 1766 bekant gemacht ist, daß solches zu unten folgenden Preisen nur angenommen werden soll.

1) Bey denen hiesigen Stadtämtern und öffentlichen Abgaben.

2) Bey allen künftigen Capital-Anlagen.

3) Bey den **Wechselgeschäften**.

4) Bey den Capitalien, welche seit den 4. März 1765 ohne besondere Bestimmung der Rückzahlungsart, ausgelehnet worden.

5) Bey Bezahlung aller vom 1. Junii 1765 herkommenden Schulden.

Die **wurklich** geprägten **Münzsorten** dieser Stadt bestehen und gelten nach den 20 fl. Fuß.

in Gold,

Ducaten　　　 zu 2 Rthl. 70 Xer od. 4 fl. 10 Xer.

in

in Silber,

Alte Species-Rthl. zu	, ,	2 fl. 13 Xer
halbe detti ,	, , ,	1 , 6¼ ,
ganze Conv.Spec.Rtl ,	, ,	2 , — ,
halbe detti ,	, , ,	1 , — ,
halbe Gulden ,	, , ,	— , 30 ,

ganze, halbe und viertel Kopfstück zu 20, 10 und
. 5 Xer einzelne Xer und Heller-Stücken.

Im gemeinen Handel und Wandel hergegen ist der
24 fl. Fuß zugelassen worden, und darinnen die Münzsorten von 25. Febr. 1766 an, folgender Gestalt mit
bestimmet, nehmlich:

. Von fremden Münzsorten sind folgende festge-
gesetzt.

in Gold,

	nach den 20 fl. od. Convent. Fuß.		nach den 24 fl. Fuß.	
	Rtl. Xer od.	fl. Xer	fl.	Xer
Souverains ,	8 17 ,	12 17	14	44
Carolins unverrufne	6 12 ,	9 12	11	—
Franz. Schild Ld'or ⎫ Sonnen Ld'or ⎭	5 80 ,	8 50	10	36 à 35
Alte Franz. Ld'or	4 80 ,	7 20 ⎤	8	50
Spän. Pistolen	4 78 ,	7 18 ⎥		
Preuß. Frd'or ⎫ Braunf. Carld'or ⎭	4 77 ,	7 17 ⎦	·8	45
Maxd'or Bayersche	4 8 ,	6 8	7	20
K. K. Chremnitz. Duc.	2 71 ,	4 11	5	1
Kays. Preuß. Zürch. Duc.	2 70 ,	4 10	5	—
Holländ. Braunschw.				
Päbstl. Ducaten	2 69 ,	4 9	4	58
Rußische Ducaten	2 66 ,	4 6	4	55 ,
Reichs Gesetzmäß. G. Guld. ,	,		3	40

in

in Silber,

Franz. Laubthaler	1	46	2	16	2	43
Alte Kayserl. und Reichs Spec. Thlr.					2	40
ditto Gulden					1	20
Conventions Spec. Thlr.					2	24
ditto Gulden					1	12

Frankfurt wechselt mit folgenden Plätzen, denn

nach	giebt es in seinem eignen Gelde,	und empfängt davor,
Amsterdam Banco	140 Rthl.	100 Rthl. Banco
Amsterd. Cour.	133 Rthl.	100 Rthl. Cour.
Antwerpen	130 Rthl.	100 Rthl. Permis.
Augspurg	100 Rthl.	100 Rthl. Cour.
Basel und Geneve	124 Rthl.	100 Rthl. Spec.
Brüssel	130 Rthl.	100 Rthl. Permis.
Cölln am Rhein.	90 Rthl.	100 Rthl. Spec.
oder	93 Rthl.	100 Rthl. Cour.
Hamburg	140 Rthl.	100 Rthl. Bo
Leipzig	101 Rthl.	100 Rtl.Conv.Geld.
Lyon und Paris	76 Rthl.	100 Ecus.
London	134 Batzen.	1 Liv. Sterl.
Nürnberg	100½ Rthl.	100 Rthl. Cour.
Prag und Wien	100¾ Rthl.	100 Rthl. Cour.
Rotterdam	133 Rthl.	100 Rthl.Cuur.
Strasburg	100 Rthl.	136 Ecus.
Venedig	124 Rthl.	100 Ducati Bo.

Das Uso ist in Frankfurt 15 Tage nach der Acceptation, Sonn- und Festtage darunter mit begriffen.

Briefe so nicht eigen ausgestellet, oder auf etliche
Tage

Tage Sicht, oder à *Vista* lauten, haben alhier 4 *Respect*-Tage.

Alhier werden jährlich 2 grosse **Messen** gehalten, deren jede 14 Tage bis 3 Wochen lang dauret, als:

1) **Oster-Messe** den Oster-Dienstag, die
2) **Herbst-Messe** fält im Septemb. am Sonntag vor Mariä Geburth, wenn dieses Fest auf Montag, Dienstag oder Mittewoche fält; fält es aber später, als Donnerstag, Freytag und Sonnabend, so fängt die Messe den Sonntag darauf an, wenn es aber selbst auf einen Sonntag fält, so gehet die Messe gleich an.

Man acceptiret die Briefe von Montag der ersten bis Dienstag Vormittag um 9 Uhr der andern Woche, was da nicht acceptiret ist, muß protestiret werden, und

Am Sonnabend der andern oder Zahlwoche um die Börsenzeit, müssen selbige bezahlt seyn. Ansonst man zwischen 2 Uhr Nachmittag bis zu Sonnen Untergang protestiren lassen muß.

Wer Wechselbriefe in die dritte Woche zahlbar ziehen will, wo eigentlich die Aßignationes bezahlet werden, muß es ausdrücklich melden, ohne dieses werden sie für Wechsel in der zweyten Woche zahlbar gehalten.

Man bedienet sich alhier bey **Messung** der Franz. Waaren gemeiniglich.

Der Pariser Aune, welche 78 pro Cent circa **länger**, und bey den Holländischen der Brabanter Elle, die $3\frac{5}{8}$ pro Cent **länger**, und der Frankfurther Elle, so $23\frac{5}{8}$ pro Cent **kürzer** denn die Berliner Elle ist.

100 Pariser Aunes	thun	178	Berliner Ellen.
100 Brabant. Ellen	—	$103\frac{5}{8}$	Berliner Ellen.
100 Berliner Ellen	—	$123\frac{5}{8}$	Frankfurter Ellen.

Das

Das Centnergewicht allhier ist 8 pro Cent schwerer als das Pfundgewicht, denn der Centner von 100 ℔ wiegt allhier 108 einzelne ℔. wofür man so gleich mit den guten Gewicht 109 ℔ giebt, übrigens so hat:

℔ hat	Marck	Loth	Quintel	Pfennige	Heller
1	2	32	128	512	1024
	1	16	64	256	512
		1	4	16	32
			1	4	8
				1	2

und es vergleichen sich da das Centnergewicht $8\frac{4}{5}\frac{1}{2}$ pro Cent schwerer als Berliner.

100 ℔ Centnergewicht thun $108\frac{4}{5}\frac{1}{2}$ ℔ in Berl.

Das Gold- und Silbergewicht ist das Cöllnische, und man probiret das Gold wie in ganz Deutschland die m℥ à 24 Karath à 12 Grän, und das Silber die m℥ à 16 Loth à 18 Grän fein.

Frankfurt an der Oder.

In der Mittelmark Brandenburg gelegen, ist nur wegen derer 3 Messen zu bemerken, so allhier jährlich gehalten werden, nemlich

1) Reminiscere-Messe fängt an den Montag nach diesen Tag.

2) Margarethen-Messe fängt an den Montag nach diesen Tag.

3) Martini-Messe fängt an den Montag nach diesen Tag.

Jede Messe dauret 8 Tage, während diesen Messen führet man die Rechnungen wie Berlin vor Errichtung der Banque.

Genf

Genf oder Geneve.

Die Hauptstadt der kleinen Republique gleiches Nahmens, in der Schweitz gelegen.

Hält Buch und Rechnung theils in

Livres à 20 Sols à 12 Deniers Cour. theils in

Gulden à 12 Sols à 4 Quart od. 12 Deniers Genfer Valuta, wiewohl die Rechnung in Gulden nur die Regierung und kleine Krämer führen.

Die Münzen haben alhier zu einander folgende **Verhältniß**

Thl. od. Ecu	Liv.	fl.	Sols	Genfer Sols	Quart	Deniers	Genfer Deniers
1	3	10½	60	126	504	720	1512
	1	3⅓	20	42	168	240	504
		1	$5\frac{5}{7}$	12	48	$6\frac{4}{7}$	144
			1	$2\frac{1}{10}$	$8\frac{4}{7}$	12	$25\frac{1}{5}$
				1	4	$4\frac{16}{21}$	12
					1	$1\frac{4}{21}$	3
						1	$2\frac{13}{21}$

Es vergleichen sich also:

2 Thaler oder Ecu mit 21 Genfer fl.

7 Genfer fl.   2 Livres.

Die würklichen Münzsorten von Genf, so einen festen Werth haben, sind:

in Gold,

	Liv. Sols Ct. od.	fl. Sols Genf. Val.
Alte Pistolen zu	11 10	40 3
Neue dito von 1752	10 —	35 —

in Silber,

Bajoires	3 15	13 1½
Ecus Patagon	3 —	10 6

G   Liv.

	Liv. Sols Ct. od. fl. Sols Genf. Val.
detti Quarts zu	, 15 ; ; 2 , 7½ ; ;
Stücke	; 10 ; ; 1 9 ; ;
detti	; 5 ; ; ; 10½ ; ;

Von fremden Münzen rouliren alhier und gelten m. o. w.

im Golde.

	Liv. Sols Cour.
Port. Dobros à $\frac{54}{C}$ rees	à 25 ; ;
Noailles Louisd'or	à 21 2 ;
Malthes. X Louisd'or und JL	à 16 16 ;
Neue ober. Schild Ld'or	à 14 13 ;
Englische Guinees	à 14 13 ;
Sonnen Louisd'or	à 14 1 ;
Spanische Pistolen	à 11 11 ;
Alte Franz. Louisd'or	à 11 10 ;
Mirlitons	à 11 5 ;
Venetianische Zechinen	à 6 12 ;
Holl. Ducaten	à 6 10 ;

in Silber.

Genovinen	à 4 10 ;
Neue Ecus d'Argent di Savoja	à 4 5 ;
Palmfronthaler	à 3 14 ;
Neue Franz. Laubthaler	à 3 14 ;
Römische Ducatonnen	à 3 15 ;
Alte Franz. Louisblanc	à 3 6 ;
Navarrathaler	à 2 18 ;
JL Thaler	à 2 16 ;

Genf wechselt mit folgenden Plätzen, denn

nach	giebt es in seinem eignen Gelde,	und empfängt davor,
Amsterdam	1 Ecu	*92 pf. vls. Bo.
Augspurg	100 Ecus	*128 Rthl. Cor.

Ba

nach	giebt,	empfängt,
Basel	*99 Ecus	100 Ecus.
Frankfurt	100 dito	*124 Rtl. Conv. Geld.
Genua	*96 dito	100 Pezza Cor. auf 8 Tage Sicht.
Leipzig Messe	*11 L. 13 S.	1 Stück Ld'or auf die Messen.
Livorno	*95 dito	100 Pezza à 8 Tage nach Sicht.
London	1 dito	*51 pf. Sterl. à 2 Uso.
Lyon und Paris	100 dito	*164 Ecus auf die Payem. auf Sicht u. à Uso.
Milano	*97 dito	640 Lire Cour. à 8 Tage nach Sicht.
Nürnberg	100 dito	*125 Rtl. Cor. à 14 Tage Sicht.
Turin	1 Ecus	*86 Soldi Piem.

Nota. Die mit * bezeichneten Preise sind steigend und fallend.

Vom *Uso.*

Man traßiret gemeiniglich aus Genf auf Paris, à Uso, oder 1. 2. 3 Tage nach Sicht.

Auf Lyon, auf Sicht, oder ins Payement.

Auf Nürnberg, Augspurg und Frankfurt 14 Tage nach Sicht.

Auch nach Frankfurt und Leipzig in die dasigen Messen.

Auf Amsterdam und London 2 Monath nach Dato.

Auf

Auf **Turin, Genua, Livorno** und **Milano** 8 Tage Sicht.

Das *Uso* bey Briefen aus Holland, England und Frankreich wird für 1 Monath von 30 Tagen, aus Deutschland und Italien aber für 15 Tage nach Sicht gerechnet.

Respect-**Tage** sind alhier 5 Sonn- und Festtage ausgeschlossen.

Zu Genf hat A. 1729. **Daniel Picot** eine Banque oder Cassa zu Bezahlung der Wechselbriefe errichtet, einige der vornehmsten Kaufleute bestellen einen sichern Mann zum allgemeinen Schatzmeister dieser Banque, wofür sie ihm $\frac{1}{3}$ pro Mille für Provision zu erkannt haben.

Man bedienet sich alhier zweyerley **Ellenmaaß,** denn mit der

Franz. Aune werden seidene Stoffen, Tücher und große Parteyen Leinewand gemessen.

100 **Franz.** Aunes thun 178$\frac{1}{4}$ **Berliner Ellen,** mit der

Genever Aune oder Elle aber misset man die Leinewand bey Kleinigkeiten.

100 **Genfer** Aunes thun 171$\frac{1}{4}$ **Berliner Ellen.**

Das **Handelsgewicht** ist wieder zweyerley, groß und klein oder Seidengewicht.

5 ℔ von **Genfer** großen Gewicht thun 6 ℔ klein oder Seidengewicht, desgleichen

100 ℔ **Genfer** groß Gewicht thun 117$\frac{1}{4}$ ℔ circa in Berlin und

102$\frac{1}{5}$ ℔ **Genfer** Seidengewicht thun 100 ℔ in Berlin.

Ge=

Genua.

Die Hauptstadt der Republic gleiches Nahmens in Italien.

Hält Buch und Rechnung in

Lire à 20 Soldi di Lira à 12 Denari di Lira.

Ehe man die Verhältniße beschreibet, so die hiesigen Rechnungsmünzen haben, ist zu wissen nöthig, daß allhier folgende dreyerley Valuten bey berechneten Geldern gewöhnlich, nemlich:

Da die hiesige St. Georgen-Banque nach den letzten Italiänischen Kriege dergestalt ist außer Ordnung gekommen, das sie A. 1746 wegen gänzlicher Entblößung mit Auszahlen anhalten muste, so hat man an deren Stelle allhier ordiniret

Valuta di permesso, ist circa 8⅔ pro Cent schlechter, als obige Banco-Valuta, und ist 15 pro Cent besser zu seyn gesetzt worden, als:

Valuta fuori di Banco, das ist: **außer der** Banco, wie man den auch diese Valuta-Courent, ingleichen piccola benennet, und ist solches die Währung, welche die Republic im Münz-Edict vom 3ten Januar 1755 verordnet, daß darinn die Waaren und gemeinen Zahlungen geschehen sollen, dieses fuori Banco ist circa 25 pro Cent **schlechter** als die ehemalige Banco-Valuta, und 15 pro Cent **fest schlechter** als die jetzige oben beschriebene Valuta di permesso.

Die Münzen nun, wornach man allhier übrigens rechnet, sind folgende, wovon zu merken, daß sie sich alle in 20 Soldi, à 12 Dinari eintheilen, daß aber die Soldis und Dinaris alle den Nahmen annehmen, so die Hauptmünzen selbst haben wovon sie herkom-

O 3   men,

men, weil sie alle so wie ihre Hauptmünzen verschiedenen Werth haben.

	Banco-Valuta permesso	beträgt 115 p. C	fuori Banco
	Lire Soldi		Lire Soldi
Der Scudo d'or gilt	9 8 —	⌠	10 16 2$\frac{2}{3}$
Der Scudo d'or marche beträgt	9 6 $\frac{72}{125}$	⌠	10 13 11$\frac{232}{625}$
Der Scudo d'argento gilt	7 12 —	⌠	8 14 9$\frac{3}{4}$
Der Pezza ob. Piastre gilt	5 — —	⌠	5 15 —
Der Scudo di Camboi gilt	4 — —	⌠	4 12 —

Nota. Wenn der Scudo d'argento zu Verkaufung der Silberbaren, oder zu Bezahlung des Zolls gebrauchet wird, so rechnet man ihn zu 4 Lire 10 Soldi Moneta di Cartulario oder di Numerato, welches eine fingirte Valuta ist.

Wenn derselbe aber zum Handel der Spanischen Matten, Mexicanen gebraucht wird, so wird er zu

7 Lire 4 Soldi Moneta di paghe, als einer eben wieder fingirtem Valuta gerechnet.

Vorbeschriebene Münzen vergleichen sich indessen folgender Gestalt.

100 Scudi d'or	thun	⌠ 101 Scudi d'or Marche oder ⌡ 188 Pezzi ob. Piast.
38 detti	—	47 Scudi d'argento
20 detti	—	47 Scudi di Camb.
5 detti	—	47 Lire Bo. perm.
1000 Scudi d'or Marche	—	1224 Scudi d'argento
100000 detti	—	186048 Pezzi oder Piastres oder
10000 detti	—	23256 Scudi di Cambio.
25 Scudi d'argento	—	38 Pezzi ob. Piast.

10 Scudi d'argento	thun	⎧ 19 Scudi di Camb. ob.
		⎩ 76 Lire Bo. permeſſo.
4 Pezzi ob. Piaſtres	—	⎧ 5 Scudi di Camb. ob.
		⎩ 23 Lire fuori Banco.
45 Lire di Cartulario ob. di numerato	⎫—	76 Lire Bo. permeſſo.
18 Lire di paghe	—	19 Lire Bo. permeſſo.

Die würcklichen Münzſorten der Republic ſind und gelten.

in Gold,

	inBanco permeſſo		in fuori Bco.	
	Liv.	Soldi	Liv.	Soldi
Doppien	18	16	23	12
halbe dito ob. Scudi d'or	9	8	11	16
Zecchini	10	$14\frac{1}{2}$	13	10

in Silber.

Scudi d'Argento ob. Genovinen	7	12	9	10
Halbe, Viertel und Achtel gelten nach Proportion leichte Genovinen ſo courſiren			9	
Scudi di Cambio oder di St. Giambatiſta	4		5	
halbe und Viertel gelten nach Proportion				
Giorgini			$21\frac{1}{3}$	26
Stücke von			10	$12\frac{1}{4}$
detti von			5	$6\frac{1}{4}$
Madanine boppelte				40
Ganze und halbe gelten nach Proportion.				
Caboletti				$6\frac{2}{3}$

in

in Kupfer.

Stücke von 4, 2, und 1 Soldi ⟩ Fuori Banco.
detti von 8 und 4 Dinari ⟩

Die fremden Münzen gelten allhier laut Edict von 1755 in fuori Banco.

in Gold.

	Denari	Grani schwer	Liv.	Soldi
Lisboninen von 6400 rees 13	—	—	50	16
Doppeite wenn sie wich-tig nach Proportion.				
Lisboninen von 6400 rees 12	20	—	50	8
ditto von 4800 dits 9	18	—	38	—
ditto , , , 9	15	—	37	12
Span. Pistolen ,	146⅔	—	23	12
Zechini di Firenze ,	76	—	13	10
ditto di Venezia ,	76	—	13	16
ditto di Roma ,	75	—	13	2

in Silber,

Span. Stücke von Achten ,	24⅛	—	6	10

Nota. Die Goldmünzen, so leichter als ihr Gewicht hier oben angegeben worden, verlieren auf jeden fehlen-den Gran wenn es Doppien oder Lisboninen 3 Soldi 8 Denari; sind es aber Zechinen 4 Soldi.

Genua wechselt mit folgenden Plätzen, denn

nach	giebt es in Cour. ob. fuori Bo.	und empfängt davor,
Amsterdam	1 Pezza	*88 pf. vls. Bo.
Augspurg	*65 Soldi	1 fl. Courent.
Cadix. Madrit	1 Scudo d'oro Marche	*620 Maraved.
Livorno	*114 Soldi	1 Pezza.
London	1 Pezza	*49 pf. Sterl.
Lyon	1 Pezza	*96 Sols.
Lissabon	1 Pezza	*745 Rees.

Mar-

	giebt,	empfängt,
Marseille	1 Pezza.	* 96 Sols
Milano	1 Scudi di Camb.	* 70 Soldi imp. od. 100 Soldi Cour.
Meſina und Palermo	} 1 Scudi Marche	* 42½ Carlini.
Neapolis	* 104 Soldi Cour.	1 Duc. del Regn.
Paris	1 Pezza	* 95 Sols.
Rom	* 128 Soldi	1 Scudi moneta de 10 Giuli.
Venedig	1 Scudi di Cambio	* 94 Soldi Bo.
Wien	* 64 Soldi	1 fl. Cour.

Nota. Die mit * gezeichneten Preiſe ſind ſteigend und fallend.

Der *Uſo* bey Briefen aus **Amſterdam, Spanien** und **Portugal** iſt 2 Monath oder 60 Tage nach Dato.

aus **Londen** 3 Monath nach Dato.

aus **Venedig** und **Rom** 14 Tage }
aus **Livorno** und **Milano** 8 Tage } nach Sicht.
aus **Napoli** 22 Tage

Außer obigen Uſo traßitet man alhier auch auf Spanien, Frankreich, Neapolis, Sicilien und Rom à Uſo von 2 Monath nach Dato.

auf Portugal und Spanien 3 Monath nach Dato.

auf Augſpurg und Wien 14 Tage nach Sicht.

auf Frankreich auch à 30 Tage nach Dato und in die Lioner Payements.

Es ſind zwar alhier 30 *Reſpect*-**Tage** verordnet, doch hat der Innhaber eines Briefs nicht nöthig ſo lange zu warten, ſondern kan den erſten Tag nach dem Verfalltag proteſtiren laſſen, indeſſen wartet man doch bis die andre Woche, wenn die Poſt abgehet.

Das **Ellenmaaß** in Genua iſt viererley:

G 5

Die

Die Canna grossa hat 10¼ Palmi und man misset mit selbiger die Florentiner und Flandrischen Tücher, wie auch einige Sorten Leinwand.

Die Leinewands-Canna hat 10 Palmi, und

Die Canna piccola, womit man wollene Tücher misset, hat 9 Palmi.

Die Braccio hat 2⅓ Palmi.

Das Genneser Ellenmaaß in Palmi ist 165¼ pro C. circa kürzer, denn das Berliner Ellenmaaß, folglich:

100 Berliner Ellen thun 265¾ Palmi in Genua.

Bey dem **Handels-Gewicht** rechnet man

1 Cantaro hat 100 Rotoli. 150 ℔ 1800 Oncie.

$$1 \qquad 1\tfrac{1}{2} \qquad 18$$
$$ \qquad 1 \qquad 12$$

Man wiegt aber alhier mit **fünferley Gewicht** die Waaren, nehmlich:

1) **Schwer Gewicht** ist bey dem Zoll gebräuchlich und 16⅛ pro Cent circa **schwerer**, denn Berliner Gewicht, folglich thun

100 Rottoli 116⅛ ℔ in Berlin.

2) *Caſſa* Gewicht, womit die Geld-Species gewogen werden, ist 5½ pro Cent circa **schwerer**, denn Berliner Gewicht, folglich thun

100 Rottoli 105½ ℔ in Berlin.

3) *Cantaro*-**Gewicht** womit die groben Waaren gewogen werden, ist 3½ pro Cent circa **schwerer**, denn Berliner Gewicht, folglich thun

100 Rotoli 103½ ℔ in Berlin.

4) groß Balanz ⎫ Gewicht, womit die rohe Seide gewo-
  oder   ⎬ gen wird, ist 36½ p.C. circa **leichter**,
Schwer Schaal ⎭ denn Berliner Gewicht, folglich:

          100 ℔

100 ℔ Berliner thun 136⅓ ℔ groß Balanz-Gewicht in Genua.

5) Leicht Schaal-Gewicht womit die feinen Waaren gewogen werden, ift 45⅓ pro Cent circa leichter, denn Berliner Gewicht, folglich thun

100 ℔ Berliner 145⅓ ℔ leicht Schaal-Gew. in Genua.

Das Gold- und Silber-Gewicht in Genua beſtehet in

1 ℔ hat 12 Oncie. 288 Denari 6912 Granie.
     1   24   576
              1   24

Das Gold wird probiret nach Carati und Ottavi.
1 ℔ fein à 24 Carati à 8 Ottavi.

Das ℔ Kaufgold gilt beſtändig 93⅓ Scudi d'oro à 9¾ Lire mit 9 pro Cent m. o. w. Agio in Banco permeſſo.

Das ℔ fein Gold gilt beſtändig 961 Lire 15 Soldi 4⅓ Denari mit denſelben Agio in Banco permeſſo.

Geſchiehet aber die Zahlung in fuori Banco, ſo werden noch 15 pro Cent Agio darauf geſchlagen.

72 ℔ fein Gold thun 79 ℔ Kaufgold.

Das Silber wird probiret nach Oncie und Denari.
1 ℔ fein à 12 Oncie à 24 Denari.

Das ℔ fein Silber gilt beſtändig 38 Lire 3 S. 8¾ Dinari mit 10 pro Cent m. o. w. in Moneta di numerato oder cartulario.

Die Oncia Spaniſcher-Matten und Pilaren gilt 5 Lire 6 Soldi m. o. w. in Moneta di paghe.

Ham-

Hamburg,

Eine freye Reichs- uud Handels-Stadt an der Elbe gelegen.

Hält Buch und Rechnung in Mark à 16 Schillingen à 12 Pfennigen Lübisch.

Man rechnet daselbst auch in Thalern und Pfunden Vlämischer Valute, und theilen sich alle diese Münzen nach folgenden **Verhältniß:**

Lvls.	Rthl.	m℔	ßvls.	ßlbs.	pf.vls.	pf.Lübisch.
1	2½	7½	20	120	240	1440
	1	3	8	48	96	576
		1	2⅔	16	32	192
			1	6	12	72
				1	2	12
					1	6

Den Wechselthaler, nach welchen alhier die Course mit Amsterdam geschlossen werden, rechnet man

2 Mark oder 32 Schill. Lübisch oder 64 pf. vls.

Desgleichen so rechnet man alhier auch noch

1 Schill. Lübisch zu 2 Sechsling od. 4 Dreyling und
1 Sechsling zu 2 Dreyling.

Es vergleichen sich aber

4 L. vls.   thun   { 10 Rthlr. oder
                  { 30 m℔

3 m℔   —   8 Schil. vls.

Man berechnet alhier viererley Valuta, als:

1) Species, worunter die schweren Constitutionsmäßigen Reichsthaler in Natura zu 3 m℔ Species verstanden werden. Wenn man sie in Banco einbringet, werden sie 1 pro mille, wenn man sie aber wieder herausnimt 1¼ pro mille besser
als

als Banco-Zahlung geachtet. Im Commercio außer der Banco aber sind selbige ¼ pro Cent mehr oder weniger besser als

2) Banco, worunter man dasjenige Geld verstehet, so sich auf Rechnung in den Banco-Büchern befindet, und wovon man abschreiben läßt, wenn man jemand bezahlen will, wie denn hingegen das zugeschrieben wird, was andere an uns bezahlen. Dieses Banco ist 133⅓ pro Cent circa besser als leicht Geld, und 120 pro Cent mehr oder weniger besser als

3) Courent; worunter dasjenige Geld verstanden wird, welches man bey täglichen Ausgaben in der Stadt sich bedienet, und ist dieses 12 pro Cent m. oder w. besser als

4) **Leicht Geld,** worinn man nachstehende Geld-Sorten nach folgenden niedrigen Preißen rechnet, als:

Pistolen, Louis, Frederic, Carl d'or	à 15 m℔
Ducaten	8¼
Goldgüldens	6
Species-Banco, Alberts und Louisdl. Thl.	4
Reichsgulden, neue Zweydrittel, halbe Lblanc	2
Einzelne Eindrittelstücke	1

Die **würklich geprägten Münzsorten** der Stadt sind:

in Gold,

Ganze, halbe und Viertel-Portugalöser, welches Schaustücke von 10, 5, und 2½ Ducaten sind, auch als Schaustücke bezahlet werden, und in Handlung nicht couriren.

Doppelte und einfache Ducaten, zu 12 und 6 m℔, mit 1 pro Cent m. oder w. besser, oder auch schlechter, als Banco.

in

in Silber,

Species Rthl. à 3 ℔, Species mit ⅛ pro Cent m. o. w. Avanco in Banco.

Ferner seit 1726 neu ausgeprägte Courent-Sorten, als Stücken von 2 und 1 ℔.

Stücken von 8, 4, 2, und 1 Schilling.

Sechslinge und Dreylinge zu 6 und 3 Pfeinigen.

Von allerhand fremden Münzsorten sind folgende die fürnehmsten, so coursiren, und es sind pro Cento besser als Banco m. o. w.

Allerhand Sorten neue Ducaten à 6 ℔ Bco.   6 p. C.

Nota. Es ereignet sich auch, daß solche schlechter denn Banco sind.

Es sind pro Cento m. o. w. **schlechter** als Banco.

Dänisch und Holstein: groß Courent.   19 p. C.

ditto 1 ß. Stücke. 6 Stück zu 5 ß.

gerechnet.   19½ :

Louis und Frd'or. vor voll oder zu 15 ℔. 33 :

Neue ⅔tel   vor voll oder zu 2 ℔.   22½ :

Neue Preuß. Cour. oder 8 gr. und 4 gr. St.   :

vor voll oder zu 1 und ½ ℔.   46 :

Es sind p. C. m. od. w. **schlechter** als Courrent.

Louis und Frd'or. vor voll oder zu 15 ℔. 11½ p. C.

Neue ⅔tel   vor voll oder zu 2 ℔   2¾ :

Neu Preuß. Cour. vor voll od. zu 1 und ½ ℔. 23 :

Es sind p. C m. od. w. **schlechter** als Neue ⅔tel vor voll od. zu 2 ℔.

Allerhand Sorten Ducaten vor voll od. zu 8¾ ℔. leicht Geld.   4¾ p. C.

Louis und Frd'or. vor voll zu 15 ℔. leicht Geld.   8½ :

Neue Preuß. Cour. vor voll zu 1 und ½ ℔. 20 :

Nach

Nach den Stück gelten m. od. w. in Banco in Courent

			mℓ.	ß.	mℓ.	ß.
Louis Fredric Carld'or Vollwichtige.			11	5	13	7¼
Neue Ducaten ⸻ ditto ⸻			⸻	⸻	7	10
Neue ⅛tel vor voll oder à 2 mℓ. ⸻			⸻	⸻	1	15
Silber in Barren 4 à 5 löthig.	29	2	⸻	⸻
dito ⸻ ⸻ ⸻ 6 à 7 löthig.	29	3	⸻	⸻
dito ⸻ ⸻ ⸻ 13 à 15 löthig.	29	9	⸻	⸻

Hamburg wechselt mit folgenden Plätzen, denn

nach	giebt es in seinem Banco-Gelde,	und empfängt davor,
Amsterdam	2 mℓ Banco	*32 Stv. Banco
oder	100 Rthl. B⁰.	*102 Rthl. H. C.
Augspurg	100 Rthl. dito	*142 Rthl. Cor.
Bourdeaux	*27 ß lübs. dito	1 Ecu
Breslau	44 ß. Banco.	*1 L. Banco.
Cadix	*95 Pf. vls.	1 Duc. de 375 m.
Coppenhagen	100 Rthl. B⁰.	*109 Rtl. in Cr.
oder	100 Rthl. dito	*122 Rthl. Cor.
Frankfurt	100 Rthl. dito	*144 Rtl. Wechſ. Geld.
Leipzig	100 Rthl. dito	*140 Rthl. Conv-Geld.
Liſſabon	*46 Pf. vls.	1 Cruſado
London	*36 ß. vls.	1 L. Sterl.
Naumburg	100 Rthl. B⁰.	*140 Rthl. Conv. Geld.
Nürnberg	100 Rthl. B⁰.	*142 Rthl. Cor.
Paris	*27 ß lbs.	1 Ecu
Prag	100 Rthl. B⁰.	*134 Rthl. Cor.
Venedig	*89 Pf. vls.	1 Duc. Banco
Wien	100 Rthl. B⁰.	*134 Rthl. Cor.

Nota. Die mit * gezeichneten Preiße sind veränderlich.

Vom

Vom Uſo.

Man traßiret allhier

Nach **Amſterdam** und **Coppenhagen** auf kurze Sicht. auch 2 Monat dato.

Nach **Bourdeaux** und **Paris** 1 à 2 Uſo oder 1 à 2 Monath, d. i. 30 und 60 Tage dato.

Nach **London** 2 Uſo ebenfals 60 Tage.

Nach **Cadix, Liſſabon** und **Venedig** aber 1 Uſo 2 Monath oder 60 Tage nach Dato.

Nach **Breslau** und **Prag** 6 Wochen Dato.

Nach **Augſpurg, Nürnberg** 33 Tage Dato.

Nach **Frankfurt, Leipzig** und **Naumburg** in die Meſſen, auch nach **Leipzig** kurze Sicht.

Der Uſo bey Briefen aus Deutſchland iſt 14 Tage Sicht mit den Acceptations-Tag.

Von **Frankreich** und **London** 1 Monat nach dato des Briefes.

Von **Portugal, Spanien** und **Venedig** 2 Monath nach dato des Briefes.

Allhier ſind 12 *Reſpect*-Tage verordnet incluſive des Verfalltags.

Die **hieſige** Banco iſt einer der fürnehmſten und A. 1619 errichtet. Man nimt in derſelben keine andere als alte Conſtitutions-mäßige ganze, halbe und Viertel Species Rthl. an. Sie müſſen 14 Loth 4 Grän fein die m℔ an Gehalt ſeyn, und das Stück 2 Loth Cöllniſch, oder wenigſtens ſo viel wiegen, als das zu dem Ende abgepaßte Gewicht der Banco beträgt. Jeden dieſer Spec. Rthl. rechnet nun die Banque zu 3 m℔ und thut dem Einbringer 1 pro Mille zu gut, dieſes wird die kleine Banco-Agio genannt. Will aber jemand Species aus der Banque hohlen, oder eine Forderung in Species an jemand mit Banco Zahlung leiſten, ſo muß er 1⅔ pro Mille berechnen, und dieſes

wird

wird der große Banco-Agio benennet. In diesen
Fall werden also vor 1000 ℳ in Spec. 1001 ℳ.
10 ß. in Banco-Valuta abgeschrieben.

Die Banco wird allhier außer Sonn- und Festtags
nur einmahl in Jahr auf 14 Tage geschloßen, man
fertiget in dieser Zeit die Bilanz und fängt die neuen
Bücher an.

Die Wechselbriefe so ultimo Decemb. oder etliche Tage vor den Schluß der Banque verfallen, müssen auch
vor Schließung der Banque bezahlt oder am ersten
Werktage nach ultimo December protestiret werden.

Ein Wechselbrief der währender Banco-Sperrung
verfält, hat nach Wiedereröfnung derselben nicht mehrere Respect-Tage zu genießen, als noch übrig seyn würden, wenn die Banco offen gewesen.

Wechselbriefe so an 1, 2, oder 3 Januar verfallen,
müssen längstens den 3ten Werkeltag nach Eröfnung der
Banque bezahlet, oder protestiret werden.

Die Hamburger und Brabanter Elle werden
allhier beyde gebraucht.
Erstere ist 16¾ pro Cent circa kürzer, und letztere
3¼ pro Cent circa länger denn die Berliner Elle.
Es thun folglich
    100 Brabanter Ellen — 103¼ Berliner Ellen.
    100 Berliner Ellen — 116¾ Hamburger Ellen.

Das Getreide an Weizen, Rocken und Erb-
sen wird nach Fässern und Himten gemessen.

Last hat	Wispel.	Scheffel od. Faß.	Himten.	Spint.
1	3	30 Sack.	60	120	480
	1	10	20	40	160
		1	2	4	16.
			1	2	8
				1	4
			H		1 Last

1 Laſt Gerſte und Haber hat 2 Wiſpel 20 Scheffel 60 Faß 120 Himten.

1 Stock Gerſte und Haber hat 3 Wiſpel 30 Scheffel 90 Faß 180 Himten.

Die flüßigen Sachen werden nach folgendem Maaß gemeſſen. als:

Bey den Wein hat

Fuder	Ahm	Anker	Viertel	Stübchen	Quartier	Oeſſel
1	6	24	120	240	960	1920
	1	4	20	40	160	320
		1	5	10	40	80
			1	2	8	16
				1	4	8
					1	2

1 Faß Wein wird zu 4 Orthoff oder 6 Tierzen gerechnet
1 Orthofft aus Bourdeaur zu 62 à 64 Stübchen.
1 Pipe Pedro Ximenis Wein zu 96 à 100 Stübchen.
1 Both Sect.   ;   ;   zu 120 à 130 Stübchen.
1 dito Malvaſir   ;   ;   zu 140 Stübchen.

Da der Brantewein ungleich Gefäß hat, ſo wird das Faß viſiret und 30 Viertels oder 60 Stübchen pro 1 Orthofft gerechnet.

Man wiegt in Hamburg.

Gold, Silber und Geld nach dem Cöllniſchen Marck Gewicht, davon unter Cölln die Eintheilung und Vergleichung zu ſuchen.

Das **Handelsgewicht** aber hat folgende Eintheilung, und iſt 3¾ pro Cent circa ſchwerer den Berliner.

                                                 1 Sch℔.

1 Sch℔ hat 2½ Centner 20 Lis℔ 280 ℔

    1   :   8   :   112   :

    1   :   14   :

Zur Fuhre rechnet man das Sch℔ zu 20 Lis℔ à 16 ℔ also 320 ℔.

1 Stein Flachs hat 20 ℔.

1 Stein Wolle oder Federn hat 10 ℔.

Die Eintheilung des kleinen Handelsgewicht ist wie unter Berlin.

100 ℔ Hamburger thun 103⅜ ℔ Berliner.

Was allhier unter 10 ℔ schwer erkauft wird, können die Krämer wegen des Ausschlags so die Käuffer verlangen, mit Cöllnischen Gewicht wiegen.

Königsberg.

Die Hauptstadt in Preußen, hält mit Memel Buch und Rechnung in

Gulden à 30 Gr. à 18 Pfen. Preuß. Courent.

Die Münzen haben allhier folgende Verhältniß:

Rthl.	Rfl.	Preuß. fl.	Sgr.	Preuß. gr.	Fl.	Pfenn. Pr.
1	1½	3	24	90	270	1620
	1	2	16	60	180	1080
		1	8	30	90	540
			1	3¾	11¼	67½
				1	3	18
					1	6

Von würcklich geprägten Münzen sind allhier.

H 2   Preuß.

Preuß. Tympfe zu 18 gr.
    - Sechser - 6 gr. Preuß. Cour,
    - Dütgens - 3 gr.
    einzelne Groschen- und Schillings-Stücke.

Die unter Berlin beschriebenen Münzsorten coursiren hier als Landesherrschaftliche Münzen am meisten, und gelten nebst folgenden fremden Münzsorten.

in Gold,

Fridrichs und Louisd'or   18 fl. — gr. m. o. w,
Ducaten   10 fl. 3 gr.

in Silber,

Banco-Thaler   5 fl. 3 gr.
Alberts-Thaler   4 fl. 28 gr.
Rubels 4½ fl. mit 2 p. C. Agio circa od. 4 fl. 8 gr. m.o.w.

Königsberg wechselt mit folgenden Plätzen, denn

nach	giebt es in seinem Preuß. Gelde,	und empfängt davor,
Amsterdam	*310 gr. Pr. à 31, 41, 60, 71 Tage dato	1 L. vls. Courent.
Berlin	*100½ L.	100 L. Berl. Banco,
Danzig	*100 fl. Preuß. à 2 u. 3 Tage Sicht	114 fl. Pohln.
Hamburg	*136 gr. Pr. à 3, 5, 6 Wochen dato	1 Rthl. Banco.

Nota. Die Preise so mit * bezeichnet, sind veränderlich.

Respect-Tage sind allhier 3 wie bey Berlin.

Das Ellenmaaß allhier ist 16 1/18 pro Cent circa kürzer denn das Berliner, folglich
   100 Berliner Ellen thun 116 1/6 Königsb. Ellen.

Vom Getreidemaaß, welches man auch zu Hanf- und Leinsaat gebrauchet, ist der neue Scheffel den Berl. gleich, und hält:

                                           1 Last

Last	Tonn.	neue Scheff.	alte Sch.	Viertel	Metzen.
1	24	$56\frac{1}{4}$	60	240	960
	1	$2\frac{11}{32}$	$2\frac{1}{2}$	10	40
		1	$1\frac{1}{15}$	$4\frac{4}{15}$	$16\frac{16}{15}$
			1	4	16
				1	4

Vom Handelsgewicht hat

Sch. ℔.	Centner	gr. Stein	kl. St.	Lis ℔	℔ Berl.
1	3	10	$16\frac{1}{2}$	20	330
	1	$3\frac{1}{3}$	$5\frac{1}{2}$	$6\frac{2}{3}$	110
		1	$1\frac{13}{20}$	2	33
			1	$1\frac{7}{33}$	20
				1	$16\frac{1}{2}$

Das Berliner Gewicht, welches man sich in Königsberg bedienet, differiret von dem ehemaligen Königsberger Gewicht 23 pro Cent circa.

Das Gold und Silber wird nach der Eintheilung wie in Danzig gewogen und probiret.

Leipzig

und das ganze Churfürstenthum Sachsen.

Hält Buch und Rechnung in

Rthaler à 24 Groschen à 12 Pfenningen.

Die allhier gebräuchlichen Münzsorten haben folgende Verhältniß:

Spec. Thaler	Thaler	Rfl.	Groschen	Pfenninge
1	$1\frac{1}{3}$	2	32	384
	1	$1\frac{1}{2}$	24	288
		1	16	192
			1	12

Desgleichen so rechnet man allhier

 Einen

Einen **Meißnischen Gülden** zu 21 gr. doch iſt
ſelbiger bey der Handlung ganz ohngangbar, und wird
nur bey Verkauffung von Grundſtücken in kleinen
Sächſiſchen Oertern gebrauchet.

Ein alt Schock zu 20 gr. u.) wird nur bey der Juſtice,
Ein neu Schock zu 60 gr.) als Strafgelder gebrauchet.

Es vergleichen ſich aber dieſe Münzen folgender
Geſtalt.

    3 Spec. Thlr. ſind 4 Thlr.
    2 Thaler — 3 Rfl.
    7 Thaler — 8 Meißn. Gülden
    5 Thaler — (6 alte) Schock.
                (2 neue)

Die würklich geprägten **Münzſorten** von
Churſachſen ſind:

in Gold,

Doppelte Auguſtd'or ſeit 1753. zu 10 Rthl.
Einfache dito   5
Halbe dito   2   12 gr.
Ducaten ſeit 1764. à 23 Karath
    8 Grän die rauhe Cölln. mk fein
    67 St. auf dieſelbe.   2   18 gr.

in Silber,

Spec. Thl. ſeit 1763. 10 St.) enthalten zu 1 Thl. 8 gr.
½ od. Guld.   20   ) 1 feine mk   16
⅓ od. 8 gr.St.   40   ) Cölluiſch.   8
⅙ od. 4   80   )   4
$\frac{1}{12}$ od. 2   2
$\frac{1}{24}$ od. 1   1
$\frac{1}{48}$ od. 6er   6 pf.
Dreyer   3
Pfennige   1

Dieſe drey letzten Sorten ſind Scheidemünze.

Von

Von fremden Münzsorten sollen höchstens vermöge des Münz=Edict vom 14. May 1763. gelten.

in Gold,

Reichs Constitutionsmäßige Kayserl. Königl. Ducaten 23 Karath 8 Grän fein
67 St. auf die rauhe Cölln. m͞ß und jedes St. 66 As wichtig.

				Rtl. gr. pf.
				2 20 3
Chremnitzer Duc. Florent. Gigliati Venetian. Zechin.	67 St. auf die m͞ß zu 66 As.			2 20 6
Holländ. Ducaten	67	= = =	66	2 20 =
Souverains	21¼	= = =	198	8 9 =
halbe nach Proport.	42⅛	= = =	99	4 4 6
alte Franz. dop. Ld'or	17¼	= = =	236	10 = 6
dito ganze dito	35	= = =	116	5 5 =
dito halbe dito	70½	= = =	58	2 12 =
Span. Quadrupel	8½	= = =	478	20 = =
Span. dopp. Pistol.	17⅓	= = =	234	10 = =
Span. einf dito	34½	= = =	118	5 = =
Span. halbe dito	69½	= = =	59	2 12 =
Braunf. 10 Rtl. St.	17¼	= = =	236	10 = =
dito 5 Rtl. St.	35	= = =	116	5 = =
dito halbe 2½ = 70½		= = =	58	2 12 =

Chur Cöllnische, Bayerische, Pfälzische, Marggräfl. Anspachisch, Würtenbergische, Hessendarmstädische, Fuldaische Carld'or, davon hält die rauhe m͞ß
24 St. und jedes St. wiegt 150 As 6 6 =
alle andere Carld'or sind ausgeschlossen.

halbe von obig. Cd'or	48	1 à	75	3 3 =
viertel von dito	96	1 à	37½	1 13 6
Chur Bayer. Maxd'or	36	1 à	57½	4 4 =
halbe dito	72	1 à	48¾	2 2 =

in

in Silber,

Conventionsmäßige den Sächsischen gleich ausgemünzte
Kayserl. Königl. Chur ‑ Bayerische, Fürstl. Salzburg.
Würzburg. Marggräfl. Anspachische, Herzogl. Wür‑
tenberg. Fürstl. Hohenlohische, Stadt ‑ Regenspurg,
Augspurg, Nürnberg, Weymar, Stolberg, Schwartz‑
burg, Sondershausen, Coburg, Saalfeld, Gotha,
Bamberg und Wirzburg Sp. Thlr.

	Rtl.	gr.	pf.
alte Franz. Louisbblan Thlr. davon 9 Stück circa auf die rauhe Cölln. m̃ gehen und jedes Stück 1 Loth 3 Quentch. vollkommen wiegen muß.	1	8	
Dergleichen von Obigen nach den Con‑ ventionsfuß gemäß seit 1760 geschla‑ gen, Gulden desgleichen von obi‑ gen halben Louisblanc ‑ Thl. davon 18 St. auf die m̃ gehen, und jedes St. 3½ Quentchen wiegen muß.		16	¼
Dergleichen von obigen nach dem Con‑ ventionsfuß geschlagenen ⅛tel Spec. oder ⅛ Gulden, dergleichen Anspachi‑ sche 30 Xer seit 1763.		8	¼
Desgleichen Conventions‑mäßig ausge‑ prägte 20 Xer oder Kopfstücke.		5	4
Dergleichen 10 Xer od. ¼ Kopfstücke.		2	8
Kayserl. und Kayserl. Königl. 17 Xer		4	6
Chur Sächsische nach den Leipziger Fuß bis zu 1750.		4	
Chur Fürstl. Braunschw. ⅛ Gulden.			
Chur Sächsische ₁⁄₁₂ nach den Leipziger Fuß bis zu 1750.		2	4
Dergleichen ₁⁄₂₄ nach dito Fuß bis dito		1	2
Beßer als Conventions‑mäßige Sorten sollen gelten.			
Chur Sächsische, Brandenb. und Braun‑ schweigische nach den Leipz. Fuß ausge‑ prägte richtige Spec. Thaler	1	11	6

Der

	Rthl.	gr.	pf.
Dergleichen Gulden oder $\frac{2}{3}$ Stücke	"	17	9
Dergleichen halbe Gulden oder $\frac{1}{3}$ Stücke	"	8	10
Alte Kayserthaler von Carl VII. und vorigen Kayser	1	10	"
Dergleichen $\frac{1}{2}$ Spec. Thlr. od. Gulden	"	17	"
Dergleichen $\frac{1}{4}$ dito oder halbe fl.	"	8	6
Franz. Laubthaler, davon 8 St. 1 Cölln. mk und jedes Stück 2. Loth wiegt	1	12	6
Dito halbe, davon 16 St. 1 mk und jedes St. 1 Loth wiegt	"	18	2

Geringer als Conventionsmäßige Sorten.

Chur-Sächsische seit 1750. in Dresden ausgemünzte $\frac{1}{3}$. $\frac{1}{6}$. $\frac{1}{12}$. sollen auf 100 Rtl. $7\frac{1}{2}$ gr. verliehren.

Indessen so coursiren auch die **fremden Münzsorten** bey der **Handlung** anjetzo folgender Gestalt:

Besser als Conventions-Wechsel-Zahlung sind m. od. w.

Wichtige Ducaten à 66 As	}	$1\frac{1}{4}$ pro Cent.
Breßlauer dito à $65\frac{1}{2}$ "	}	
Leichte dito à 65		$\frac{1}{4}$ pro Cent.
Souverinsd'or		8 Rtl. $5\frac{1}{4}$ gr. pro das Stück.

Schlechter als Conventions-Wechsel-Zahlung sind m. od. w.

Alte Franz. Louisd'or	}	$1\frac{3}{4}$ pro Cent.
Braunschweiger Carld'or	}	
Frd'or	}	
Carolins	à $6\frac{1}{4}$ Rthl.	$2\frac{1}{4}$ " "
Schild Ld'or		
Maxd'or	à $4\frac{1}{6}$ "	$2\frac{1}{2}$ " "
Laubthaler	à 1 " 12 gr.	
Conventionsmünze		$1\frac{1}{4}$ " "

Wechsel-Zahlung oder **Wechsel**-Courent ist anjetzo, nach oben erwehnten Münz-Edict, die Sächsisch nach dem Conventionsfuß ausgemünzten und alten un-

ter den Landesmünzen angezeigten Spec. Thlr ⅔ und
⅓ Stücken.

Leipzig wechselt mit folgenden Plätzen, denn

nach	giebt es in seinen Conv. Wechſ. Z.	und empfängt davor,
Amſterdam	* 140 Rthl.	100 Rthl. Bo.
oder	* 135 Rthl.	100 Rthl. Cour.
Augſpurg	* 99¼ Rthl.	100 Rthl. Cour.
Bolzano	* 98 Rthl.	100 Rthl. Mon. longa.
Breslau	* 29 gr.	1 Liv. Bo.
Franff. a. M.	93 Rthl.	100 Rthl. Wechſel geld.
Hamburg	131 Rthl.	100 Rthl. Bo.
London	5 Rthl. 18 gr.	1 Liv. Sterl.
Lyon und Paris	74 Rthl.	100 Ecus.
Nürnberg	99¼ Rthl.	100 Rthl. Cour.
Wien	99½ Rthl.	100 Rthl. Cour. per Caſſa.

Nota. Die mit * bezeichneten Preiſe ſind ſteigend und
fallend.

Ein *Uſo* in Leipzig iſt nach allen Plätzen 14 Tage nach
der Acceptation.

Reſpect-**Tage** ſind allhier nicht verſtattet.

Allhier werden jährlich 3 **große Meſſen** gehalten.

1) **Neu-Jahr-Meſſe** fängt den erſten Januar an,
wenn er nicht auf einen Sonntag fält, fält er aber
auf den Sonntag, ſo gehet die Meſſe den Montag
hernach an.

2) **Oſter-** oder **Jubilate-Meſſe,** fängt den Sonntag Jubilate an.

3) **M**b

3) **Michaelis-Messe**, fängt an den Sonntag nach diesem Fest, fält aber das Fest auf einen Sonntag selbst, so gehet die Messe den folgenden Sonntag an. Jede Messe währet 14 Tage.

Die Messen werden dieselben Tage Mittags wenn sie angehen eingelautet, und 8 Tage hierauf ausgelautet, also daß die wahre Messe eigentlich nur 8 Tage ist.

In den 4 erstern Tagen nach Einlautung der Messe wird die Acceptation der Wechselbriefe gesucht. In der Neu-Jahr-Messe kan man längstens bis den Tag vor Auslautung derselben warten, in der Oster- und Michaelis-Messe muß sie höchstens den Freytag Vormitags vor 10 Uhr geschehen, wenn sie sodenn nicht erfolgt, muß protestiret werden.

Von Auslautung jeder Messe bis den 5ten Tag hernach ist die Zahlzeit; es müssen demnach die Wechselbriefe in der Neu-Jahr-Messe den 12. Januar und in der Oster- und Michael-Messe den Donnerstag nach Auslautung der Messe bezahlet werden, wiedrifals muß man noch vor 10 Uhr Abends protestiren lassen, oder man verlieret sein Recht auf den Trallenten.

Wenn Wechsels 14 Tage, 3 Wochen oder dergleichen Zeiten nach der Messe zu bezahlen gestellet sind, so muß die Verfallzeit in der Oster- und Michaelis-Messe von den Montag nach der Zahl- oder andern Meßwoche, in der Neu-Jahr-Messe aber von 16. Januar an gerechnet werden.

Das **Ellenmaaß** allhier ist 18 pro Cent circa kürzer denn Berliner, indessen misset man auch allhier viele Waaren in ganzen nach der Franz. Aune und Brabanter Elle.

100 Berliner Ellen thun 118 Leipziger Ellen.

Das **Getreydemaaß** hat folgende Eintheilung:

Wi-

Wispel.	Malter.	Scheff.	Viertel.	große Metzen.		kl. Metz.
1	2	24	96	384	od. Kü-	768
	1	12	48	192	chen-	384
		1	4	16	Maaß	32
			1	4		8
				1		2

Das **Handelsgewicht** hat die Eintheilung wie in Berlin und ist $\frac{1}{8}$ pro C. circa **leichter** den Berlin. Gew.

Das hiesige Fleischergewicht ist aber schwerer, denn 21 ℔ Fleischergew. thun 22 ℔ Handelsgew. in Leipz. 1 Centn Berggew. wird in Sachs. zu 100 ℔ gerechnet.

Das **Gold** und **Silber** wird mit den Cöllnischen Markgewicht gewogen und probiret wie in Berlin.

Man zahlet pro 1 mk fein Gold 190 Rtl. C. M. } m. o. w.
pro 1 mk fein Silb. $13\frac{1}{2}$ dito }

Lille oder Ryssel in Franz. Flandern,

Hält Buch und Rechnung wie Antwerpen in Pfunden à 20 Schilling à 12 Grot Vlämisch oder in Gulden à 20 Stüver à 16 Pfenn. od. wie Frankr. in Livres à 20 Sols à 12 Deniers.

Alle diese Münzen haben folgendes **Verhältniß**:

Lvis.	Ecus.	fl.	Livre.	Gvls.	Str.	Sols t.	pf. vls.	Deniers	pf.
1	$2\frac{1}{2}$	6	$7\frac{1}{2}$	20	120	150	240	1800	1920
	1	$2\frac{2}{5}$	3	8	48	60	96	720	768
		1	$1\frac{1}{4}$	$3\frac{1}{3}$	20	25	40	300	320
			1	$2\frac{2}{3}$	16	20	32	240	256
				1	6	$7\frac{1}{2}$	12	90	96
					1	$1\frac{1}{4}$	2	15	16
						1	$1\frac{3}{5}$	12	$12\frac{4}{5}$
							1	$7\frac{1}{2}$	8
								1	$1\frac{1}{15}$

Es

Es vergleichen sich demnach.

2 L. vls. sind ⎰ 5 Ecus oder Rthl. oder
⎱ 15 Livres
5 Ecus , 12 fl.
4 fl. , 5 Livres.

Die hiesigen Münzen sind die Französischen, so unter Paris beschrieben; es wird auch allhier, wie in Frankreich andern fremden Münzsorten kein öffentlicher Cours vergönnet.

Lille wechselt mit folgenden Plätzen, denn

nach	giebt es in seinem Geld,	und empfängt fremdes,
Amsterdam	*180 fl.	100 fl. Bo.
oder	*170 fl.	100 fl. Cour.
Antwerpen	*172 fl.	100 fl. Wechs. Geld
oder	*148 fl.	100 fl. Cour.
London	*62½ ß. vls.	1 Liv. Sterl.
Paris	*96 pf. vls.	1 Ecu ob. 3 Liv.

Nota. Die mit * gezeichneten Preise sind steigend und fallend.

Der Uso bey Wechselbriefen wird nach den ordentlichen Tagen der Monathe gerechnet.

Die Wechselbriefe, sie mögen nach Sicht gestellet seyn oder nicht, haben allhier 6 Respect-Tage, und muß man bey nicht erfolgter Zahlung den 6ten Respect-Tag protestiren lassen. Sind aber die Briefe auf eine bestimmte Sicht gestellet, so genießen sie keine Respect-Tage.

Das hiesige Ellenmaaß ist 3½ pro Cent circa länger denn Berliner, folglich sind:

100 Ellen aus Lille 103¾ Berliner Ellen.

Man wiegt allhier Seide und Conchenille mit schwerern Gewicht als die übrigen Waaren. Das schwere Gewicht ist ¼½ pro Cent circa, und das leichte
Gw

Gewicht $9\frac{1}{16}$ pro Cent circa leichter denn Berliner Gewicht, folglich thun:

$$100 \text{ ℔ Berliner} \begin{pmatrix} 100\frac{1}{16} \text{ ℔ schwer} \\ 109\frac{1}{16} \text{ ℔ leicht} \end{pmatrix} \text{Gewicht in Ryssel.}$$

Lyon,

in dem Gouvernement gleiches Nahmens in Frankreich gelegen,

Hält Buch und Rechnung in

Livres à 20 Sols à 12 Deniers.

Die Münzsorten wornach man rechnet, und die auch allhier rouliren, so wohl, als Wechselarten, Uso, und Respect Tage sind unter Paris zu finden, doch ist allhier zu erwehnen, das der Franz. Ecu voll 3 Liv. oder 60 Sols Tournois auch oftmals zu 20 Sols d'or à 12 Deniers d'or berechnet wird.

Allhier werden jährlich 4 grosse Messen gehalten. als:

1) La foire des Rois od. die 3 Königs-Messe.) Nimmt ihren Anfang im Januar den Montag nach den 3 Kön. Tage.

2) La foire des Paques od. die Oster-Messe.) Fängt im April auf St. Nisiers-Tag an.

3) La foire d'Aout oder die August-Messe.) Fängt an den Dominique-Tag den 4. August.

4) La foire des Saints od. Allerheiligen-Mess.) Fängt an den St. Huberts-Tag den 3. Novemb.

Eine jede foire oder Messe hat ihr Payement oder Zahlzeit, nehmlich:

Das erste ist le Payement des Rois oder heil. 3 Könige, fängt an den ersten Mertz, und währet bis zu Ende.

Das

Das andere ist le Payement des Paques oder Ostern, fängt an den 2ten Junii, und währet bis zu Ende.

Das dritte ist le Payement d'Aout oder August, fängt an den ersten September, und währet bis zum Letzten.

Das vierte ist le Payement des Saints oder Aller=heiligen, fängt an den ersten Decemb. und wäh=ret bis zum Letzten.

In den 15 ersten Tagen jedes Payements geschie=het die Acceptation derer Wechselbriefe, welche nach der Stadt-Ordnung in Lyon den 2ten Junii 1667. in denen ersten 6 Tagen geschehen sollten.

Den 16ten Tag jedes Payements fangen die Vire-ments des parties an, welches man in andern Plätzen das Rescontro nennet, da man nämlich einen, dem man was bezahlen soll, an einen andern anweiset, von dem man zu empfangen hat. Diese Virements sollten nach obangezogenen Reglement den 7ten Tag im Payement anfangen.

Den letzten Tag des Monats muß, wenn nicht ge=zahlet worden, protestiret werden.

Die ersten 4 Tage vom folgenden Monath sind das was man le Comptant (das Baare) nennet. Näm=lich da bezahlt einer dem andern dasjenige vollends baar, was er ihm nicht hat vollkommen bey andern assigniren können.

Es ist bey denen Acceptationen in Lyon gebräuch=lich, daß man den Nahmen des Præsentanten, oder dessen der den Brief zur Acceptetion anträgt, mit in die Acceptation setzt.

Zum Exempel. Des Champs ist der Innhaber eines Wechsels, den Beaulobre acceptiren soll, so wird er ihn also acceptiren:

Ac-

Accepte à Monfieur Des Champs
le 8e. Février, 1767. und befiegeln. Peaufobre.
Auf diefe Art kann Des Champs den Wechfel nicht
mehr vernegociiren, fondern er muß felbft die Zahlung
davon empfangen.

Es ift auch noch eine andere Gewohnheit in **Lyon,**
daß man die Wechfelbriefe, fo nicht in die Payements
zahlbar lauten, nicht acceptiret, fondern nur das Wort
Vû nebft dem Dato darunterfetzt, ohne ordentlich ac-
cepté zu unterzeichnen.

Diefes dienet fchlechterdings nur um die Verfallzeit
bey denen Briefen, die auf fo oder fo viel Tage Sicht
geftellet find, zu beftimmen. Allein diefes Vû, macht
denjenigen nicht verbindlich, wenn er ihn auch unter-
zeichnete, weil es keine Acceptation ift.

Die Innhaber proteftirter Wechfelbriefe müffen fich
während folgender Zeit an ihre Traffenten oder Aus-
geber von Briefen erholen, als: Nach dem Dato des
protefts.

2 Monath wenn die Briefe aus Frankreich felbft kommen.

3 Monath wenn fie aus Itallen, Schweitz, Deutfch-
land, Holland, Flandern und England gezogen find.

6 Monath wenn fie aus Portugal, Spanien, Pohlen, Schweden und Dennemark herkommen.

Gefchiehet diefes nicht, fo verlieren die Innhaber ihr
Recht auf den Traffenten oder Indoffenten.

Alle Wechfelbriefe die in den Payements verfallen,
werden bey den Einwohnern in einem Jahre, bey den
Fremden aber in 3 Jahre nach der Verfallzeit für bezahlt gehalten. Nach diefer Zeit hat der Einhaber kein
Recht mehr an den Acceptanten, er müfte denn dar-
thun, ihm zu gehöriger Zeit mit allen Fleiß zur Zahlung angehalten zu haben.

Das

Das **Ellenmaaß** aune genant iſt 76 pro Cent circa länger denn die Berliner Elle, folglich:

100 aunes aus **Lyon** thun 176 Berlin. Ellen.

Man wiegt hier mit zweyerley Gewicht, wovon das **Stadtgewicht** 10¼ pro Cent circa und das **Seidengewicht** 1½½ pro Cent circa leichter denn Berliner Gewicht iſt, folglich thun

$$100 \text{ ℔ Berliner} = \begin{pmatrix} 101\frac{15}{16} \text{ ℔ Seiden} \\ 110\frac{1}{4} \text{ ℔ Stadt} \end{pmatrix} \text{Gew. in Lyon.}$$

Liſſabon und ganz Portugal

Hält Buch und Rechnung in Rees, wovon man die Tauſende (Millerees) durch eine ∅ abſondert, die 1000 Millerees aber durch einen oder zwey Puncte.

Zum Exempel:

```
34. 279 ∅ 925 Rees
56. 720 ∅ 384
07. 328 ∅ 426
00. 085 ∅ 848
```
```
98: 414 ∅ 583 Rees
```

ſind 98 Millionen, 414 Tauſende oder Millerees und 583 Rees, oder zuſammen 98414583 Rees.

Man läßt alſo nur den Punct und die ∅ aus einer Summe weg, ſo ſind es lauter Rees.

1000∅000 Rees heißt eine Conto de Rees.

Die Cruſado velho, deren man ſich allhier in Wechſeln und Rechnungen bedienet, wird zu 460 Rees gerechnet, bey Frachtgeldern aber berechnet man ſie zu 480 Rees.

J   Tonos

Toſton hat	Real	Vintem	Rees	Ceitis, Seittis
1	2½	5	100	600 ob. Seitiis.
	1	2	40	240
		1	20	120
			1	6

Die wůrklichen Műnzſorten dieſes Reichs ſind:

im Golde,

und werden alle Moed'or benennet, weil Moeda im Portugieſiſchen Műnze heißet.

Vor Anno 1722 ausgeprägte.

Dobraons	von 20000 gelten jetzo 24000 Rees
halbe dito	10000 — 12000 -
⅕ dito od. Lisboninen	4000 — 4800 -
1/10 dito od. halbe dito	2000 — 2400 -
1/20 dito od. Millerees	1000 — 1200 -
Cruſados	400 — 480 -

Nach 1722 ausgeprägte.

D'obras	zu 1 Onc. Gew. von 12800 -
½ dito	½ dito — 6400 -
¼ dito	¼ dito — 3200 -
⅛ dito od. Eſcudi	⅛ dito — 1600 -
1/16 dito od. halbe dito	1/16 dito — 800 -
1/32 dito od. Cruſad. velhos	1/32 dito — 400 -

in Silber.

Cruſados Novos	480 -
halbe dito	240 -
viertel dito	120 -
achtel dito	60 -
Teſtonen	100 -
halbe dito	50 -
Vintems	20 -

im Kupfer

Stücke zu 10, 5, 3 und 1½ Rees.

Von

Von fremden Münzen rouliren und gelten allhier die in Braſilien geprägten

Patacas die allda gelten 320 gelten allhier nur 240 Rees.
halbe dito , . 160 , , , 120 ,
viertel dito , , 80 , , , 60 ,

Spaniſche Patacas oder Stück von Achten gelten allhier 830 Rees m. od. w.

Liſſabon wechſelt mit folgenden Plätzen, denn

nach	giebt es in ſeinem eignen Gelde,	und empfängt davor,
Amſterdam	1 Cruſado	* 47 pf. vls. Bo.
Cadix und) Madrit)	* 2420 Rees	1 Dublon von 32 Real de Plata.
Genua	* 724 dito	1 Pezza von 5¾ Lire fuori Bo.
Hamburg	1 Cruſado	* 46 pf. vls Bo.
Livorno	* 748, Rees	1 Pezza d'otto.
Lion und Paris	* 460 dito	1 Ecu.
London	1000 dito	* 5 ß. 3 pf. Sterl.
Meßina) Palermo) oder	* 415 dito 1 Cruſado	1 Fl. von 12 Carl. * 11½ Carlini.
Rom	* 1360 Rees	1 Sc. di Stampa d'or.
oder	* 840 dito	1 Scudo Coúr.
Venedig	* 750 dito.	1 Duc. di Banco.

Im Wechſel iſt der Cruſado von 400 Rees. gebräuchlich.

Nota. Die mit * bezeichneten Preiſe ſind ſteigend und fallend.

Der Uſo wird allhier gerechnet. Bey Briefen.
aus Spanien 15 Tage nach Sicht.
aus London 30 Tage nach Sicht.
aus Holland und Deutſchland 2 Mon. nach Dato.
aus Frankreich 60 Tage nach Dato.
aus Italien und Irrland 3 Mon. nach Dato.

Briefe aus andern Europ. Ländern haben 6⎫
Aus dem Königreich aber, desgleichen aus ⎬ Respect-
Asia Africa und America haben 15⎭ Tage.

Das **Ellenmaaß** ist allhier zweyerley.

Das **Längste** Vara genant ist 64$\frac{3}{16}$ pro Cent circa länger denn die Berliner Elle, und hat 5 kleine Palmos.

Das **Kleine** aber Cavado hat 3 große Spannen oder Palmos craveiros und ist 1$\frac{1}{2}$ pro Cent circa länger denn die Berliner Elle, es thun also:

100 Varas — 164$\frac{3}{16}$⎫Berliner Ellen.
100 Cavados — 101$\frac{1}{2}$⎭

Das **Handelsgewicht** ist 2$\frac{1}{16}$ pro Cent circa leichter denn Berliner und verhält sich

Quintal hat	Arobas	℔ Marcos	Oncas
1	4	128 256	2048
	1	32 64	512
		1 2	16
		1	8

100 ℔ in Berlin — 102$\frac{1}{16}$ ℔ in Lissabon.

Von **Gold-** **Silber-** und **Geldgewicht** verhält sich:

Marco	Oncas	Outavas	Escrupulos	Grams
1	8	64	192	4608
	1	8	24	576
		1	3	72
			1	24

Die Feinheit des Goldes wird nach Quilates und Grams probiret.

1 m℔ à 24 Quilates à 4 Grams.

Die Outava geprägt Gold, ist 1 Escudo und gilt 1600 Rees.

Die Outava verarbeitetes Gold gilt 1480 Rees⎫
1 dito Staub-Gold — 1560 dito⎬m. ob. w.
⎭
- Die

Die Feinheit des Silbers probiret man nach Dinheiros und Grams.

1 mg fein à 12 Dinheiros à 24 Grams.

Die Onca fein Silber gilt 980 Rees m. od. w.

1 dito verarbeitetes dito von $10\frac{3}{4}$ Dinheiros fein gilt 830 Rees m. od. w.

1 mg Span. Stück von Achten gilt $17\frac{3}{4}$ Xados oder 7100 Rees m. od. w.

1000 Stück von Achten wiegen gemeiniglich $117\frac{1}{2}$ hiesige mg.

Alles gemünzte und ohngemünzte Gold und Silber, so aus dem Lande gehet, zahlet 2 pro Cent.

Diamanten und Edelsteine werden nach Quilates à 4 Grams gewogen. 1 Outavo hat $17\frac{27}{64}$ Quilates.

Livorno,

Eine See- und Handelsstadt unter Florentinischen Gebiethe in Italien gelegen.

Hält Buch und Rechnung entweder in

Pezzi da otto Reali à 20 Soldi à 12 Dinari di Pezza od. in

Lire à 20 Soldi à 12 Denari di Lira.

Die Münzen haben allhier folgende **Verhältniß:**

1 Pazza	Lire	Paoli	Soldi di Pezza	Crazie	Soldi di Lira	Dinari di Pezza	Quatrini	Dinari di Lira
1	6	9	20	72	120	240	360	1440
	1	$1\frac{1}{2}$	$3\frac{1}{3}$	12	20	40	60	240
		1	$2\frac{2}{9}$	8	$13\frac{1}{3}$	$26\frac{2}{3}$	40	160
			1	$3\frac{3}{5}$	6	12	18	72
				1	$1\frac{2}{3}$	$3\frac{1}{3}$	5	20
					1	2	3	12
						1	$1\frac{1}{2}$	6
							1	4

Außer diesen sind die unter Florenz beschriebenen Scudi d'or zu 7½ Lire 20 Soldi d'or 150 Soldi di Lira &c. und die

Scudi Courent, Ducati fiorini oder Piastre zu 7 Lire, 140 Soldi di Lira &c. und alles dortige Münz-verhältniß, die Pezzi d'otto Reali allein ausgenommen, auch hier zu gebrauchen.

Es vergleichen sich aber allhier

23 Scudi d'or mit 30 Pezzi.
23 Scudi Cour. ⸲ 28 Pezzi.

Allhier ist die Valuta, Moneta lunga genant 4 7/1 pro Cent schlechter als die Moneta bouna in Florenz, es vergleichen sich also:

24 in Moneta lunga mit 23 in Moneta bouna, und dieses entstehet daher, weil die Pezza so allhier 6 Lire gilt in Florenz nur zu 5¼ Lire gerechnet wird.

Die würklich geprägten Münzsorten, so unter Florenz beschrieben worden, gelten allhier.

in Gold,

	in Moneta buona			in Moneta lunga		
	Lire	Soldi	Din.	Pezzi	Soldi	Din.
1 Doppia	23	—	— u.	4	—	—
½ dito	11	12	— ⸲	2	—	—
1 Rouponi d'oro	40	—	— ⸲	6	19	1
1 Zechino gigliato	13	6	8 ⸲	2	6	4

in Silber,

	Lire	Soldi	Din.	Pezzi	Soldi	Din.
1 Francescono	6	13	4 ⸲	1	3	2
1 Francescino	3	6	8 ⸲	—	11	7
1 dopp. Piastrino	2	17	4 ⸲	—	10	—
1 einfacher dito	1	8	8 ⸲	—	5	—
1 Livorn. od. Pezze	5	15	— ⸲	1	—	—

Von

Von fremden Münzen gelten allhier

in Gold,	in Moneta lunga		
	Pezzi	Soldi	Din.
Venet. Zech. mit 5 Crazie m. o. w. Agio	2	6	4
Span. Piſtol. ∫ 1 dito ∫ ∫ ∫ -	4	—	—
Lisboninen à			
4800 Rees ∫ 34½ dito ∫ ∫ ∫ -	6	—	—
Zechini di Roma zu 13 Lire m. o. w.	in Moneta buona		

in Silber,

Span. Stück von 8ten
   6 L 8 S. 4 D.   m. o. w. | in dito

Neue Oeſtreich. Spec. Thaler
ſind 8 pro Cent m. od. w. beſſer | als Pezzi d'otto.

Livorno wechſelt mit folgenden Plätzen, denn

nach	giebt es in ſeinem eignen Gelde,	und empfängt davor frembes,
Amſterdam	1 Pezza d'otto	* 88 pf. vls. Bo.
Augſpurg	100 dito	* 178 fl. Cour.
Bologna	1 dito	* 89 Bolognini.
Cadix	100 dito	* 124 Peſ. d'otto
Florentz	1 dito	* 115 Soldi Cor.
Genua	1 dito	* 116 Soldi Cor.
Hamburg	1 dito	* 88 pf. vls. Bo.
Lyon	1 dito	* 95 Sols tourn.
Liſſabon	1 dito	* 748 Rees.
London	1 dito	* 48 pf. Sterl.
Madrid	100 dito	* 124 Peſ. d'otto.
Marſeille	1 dito	* 95 Sols tourn.
Milano	1 dito	* 127 Soldi Cor.
Meßina	1 dito	* 11⅘ Tari
Napoli	100 dito	* 115 Duc. del R.
Nove	* 190 dito *	100 Sc. Marche.
Palermo	1 dito	* 11⅘ Tari.

J 4   Paris

	giebt,	empfängt,
Paris	1 Pezza d'otto	* 95 Sols tourn.
Roma	1 dito	* 122 Soldi Rom.†
Turin	1 dito	* 85 Soldi Piem.
Venedig	100 dito	* 96 Duc. di Bo.
oder	* 102 dito	100 dito
Wien	64 Soldi Cour.	1 fl.Cour. p.Caſſa.

Nota. Die mit * bezeichneten Preiſe ſind ſteigend und fallend.

† Weil der Scudo moneta in Rom aus 10 Paoli beſtehet, ſo rechnet man ihn vor $133\frac{1}{3}$ Soldi oder 10 mahl $13\frac{1}{3}$ Soldi, eben ſo wie in Livorno 1 Paoli vor $13\frac{1}{3}$ Soldi gerechnet wird.

Denn wenn man dieſen Cours alſo, wie ihn *Senebier* in ſeinem Traité des Changes & des Arbitrages pag. 128. **Clausberg** in ſeiner demonſtrativen Rechenkunſt pag. 1090. **Scalla** in der deutſchen Ueberſetzung des Herrn Geh. Finanz-Krieges- und Domainen-Raths Graumann in Berlin, Licht des Kaufmanns und der daran befindlichen ausführlichen Nachricht von Münzen und Wechſel-Geldern pag. 29. erklären, nämlich

122 Pezze d'otto aus Livorno vor 100 Scudi moneta in Rom,

ſo müſſen nothwendig durch den Cours von Rom auf Livorno, welcher ohngefehr

$91\frac{1}{4}$ Scudi di Roma vor 100 Pezze d'otto in Livorno ſtehet, auch ohngefähr 120 à 122 Piaſtres oder Pezze d'otto in Livorno kommen.

Allein wenn man rechnet

	$91\frac{1}{4}$ Sc. thun	100 Pezze	was	100 Scudi
395.	in	40000		
109.	$\frac{7}{16}$	3500		
		215 mit 16		
		1290		
		3440		

ſo

so kommen noch nicht 110 geschweige 120 bis 122. und ohngefähr eben so viel findet man über andre Plätze, z. E. über Paris.

Denn in Rom ist der **Cours** auf **Paris** zwischen 104·105 Sols vor 1 Scudo in Rom. In Paris und Livorno aber 94·96 Sols vor Pezze d'otto.

Wenn man nun aus diesen beyden das Pary durch einen Satz der Kette suchet, so kommt bey den niedrigsten und höchsten Coursen doch nur 111½ in Circa zum Facit. Z. E.

Pezze d'otto vor 100 Scudi moneta
 1 Sc. mon. ist 105 Sols in **Paris**
 94 S. thun 1 Pezza in **Liv.**

$$94 \quad\quad 10500$$
$$\text{111 Pez. } \tfrac{11}{16} \quad\quad 110$$
$$160$$
$$66 \text{ mit } 16$$
$$346$$
$$1056$$
$$116$$
$$\text{Rest } 22$$

Und eben diese Egalité von 110 à 112 findet man über Amsterdam, Florenz, Napoli, Venedig und andere Plätze, die sowohl mit Livorno als Rom wechseln, da nun dieses eine Differenz von 9 à 10 pro Cent ausmachen würde, so ist diese Erklärung falsch.

Eben so wenig trift die andere Erklärung des oban- gezogenen *Senebier* in Ansehung der vor 1 Scudo mon. di Roma berechneten Livorner Soldi Cor. zu.

Denn wenn wir abermal durch den Cours von Rom auf Livorno berechnen, wie viel kommen

      Soldi

Soldi Cor. vor 1 Scudo Romano
wenn 91⅓ S. R. thun 100 Pezze in Liv.
und 1 P. ist 120 Soldi Cor.

$$365 \quad \text{in} \quad 48000$$

1150

131 ⅛ oder 550
⅛

185 mit 16
1110
2960

so kommen 131⅜ Soldi, da er doch höchstens nur 122½
in allen denen Cours-Zetteln aus Livorno gefunden
wird.

Da nun eben so viel und noch mehr Soldi zum
Facit kommen, wenn man die Egalité durch die Course
in Rom und Livorno nach Amsterdam, Paris, Florenz, Genua, Napoli, Milano, Venedig suchet;
diese Differenz aber wiederum zwischen 9 à 10 pro
Cent fällt; so ist auch diese Erklärung nicht richtig.

Vom Uso.

Ein Uso bey denen Briefen

aus **Amsterdam, Hamburg, Cadix** und **Ma-
drid** ist 2 Monath oder 60 Tage nach Dato des
Briefs.

aus **Florenz** 3. **Genua** und **Geneve** 8 Tage
nach Sicht.

aus **Venedig**⎫
aus **Napoli** ⎭ 20 Tage nach Dato.

aus **Novi** und **Turin** auf Sicht, oder 8. 15 Tage
nach Sicht.

aus **Bologna** haben ihren festen Tag, z. E. den
3. September oder à 3 Tage nach Sicht.

aus **Meßina** und **Palermo** sind 15 auch 40 Tage
nach Dato, oder 1. 2 Monath nach Sicht, oder
à Uso sind 2 Monath oder 60 Tage de Dato.

aus

aus **Liſſabon** und **London** 3 Monathe oder 90 Tage nach Dato.

aus **Rom** à Uſo 15 Tage nach Dato oder 10 Tage Sicht.

aus **Milano** 8 Tage nach Sicht.

aus **Paris**, **Lion** und **Marſeille** 30 Tage nach Dato

aus **Genua Milano** 8 Tage nach Sicht.

Da allhier alle Montage, Mittewoch, und Freytag, allgemeiner Zahltag iſt, ſo müſſen die Wechſelbriefe auf einen von dieſen Tagen bezahlet werden, wenn ihr Uſo abgelaufen, und haben alſo keine Reſpect-Tage, wenn auf dieſe Zahltage ein Feſtag fällt, ſo müſſen die Briefe den Werkeltag zuvor bezahlet werden.

Man zahlet allhier die Wechſelbriefe mit Zecchinen und Ruponi d'or, ſelbige wiegt man bey Partheyen und berechnet ſich das Unter- oder Uebergewichte.

Ein vollwichtiger Zecchino iſt 71) Livorner **Grani**
Ein Ruponi d'or aber iſt 213) ſchwer.

Das **Ellenmaaß** iſt wie in Florenz.

Das **Handelsgewicht** iſt in der kleinern Eintheilung eben wie zu Florenz, doch iſt es 1 pro Cent ſchwerer als das Gold- und Silbergewicht.

Von größern Gewichten rechnet man allhier:

1 Migliajo vor 1000 ℔ 1 Centinajo aber vor 100 ℔.

1 Cantaro iſt 160 ℔ und der gewöhnlichſte, wornach allerhand Waaren gewogen werden, man wiegt aber Zucker mit Cantaren zu 151 ℔.

Mehl, Allaun, Engl. Käſe mit Cantaren zu 150 ℔.

Limonienſaft und 1 Baril Brandw. mit dito 120 ℔.

1 Kotolo hat 3 ℔.

Da

Da das hiesige **Handelsgewicht** 36⅖ pro Cent circa **schwerer** denn Berliner ist, vergleichen sich folglich.

100 ℔ aus Berlin mit 136⅖ ℔ in Livorno.

Das **Gold** und **Silbergewicht** hat dieselbe Eintheilung und Vergleichung wie in Florenz.

Die Feinheit des Goldes probiret man.

1 ℔ fein Gold zu 24 Carati à 8 Ottavi.

Die Oncia fein Gold gilt allhier circa 107 Lire in Moneta buona.

Die Feinheit des Silbers probiret man.

1 ℔ fein Silber zu 12 Oncie a 24 Denari.

Das ℔ fein Silber gilt allhier circa 88 Lire in Moneta Buona.

Das ℔ Span. Stück von Achten gilt 14½ Pezze da otto Reali circa.

12 2/18 Stück von Achten wiegen circa 1 ℔ Silb. Gew.

London
und ganz England,

Hält Buch und Rechnung in

Pfunden à 20 Schilling à 12 Pence Sterling.

Die Münzen haben allhier folgende **Verhältnis:**

Liv. hat	Marks	Angels	Nobles	Schill	Pence	Sterl.
I	1½	2	3	20	240	s
	I	1⅓	2	13⅓	160	s
		I	1½	10	120	s
			I	6⅔	80	s
				I	12	s

Die

Die würklichen Münzen sind:

in Gold,

Fünffache Guinees von	⸗	5 L.	5 ß.	⸗	pf.
Doppelte dito	⸗ ⸗	2 ⸗	2 ⸗	⸗	⸗
Ganze dito	⸗ ⸗	1 ⸗	1 ⸗	⸗	⸗
Halbe dito	⸗ ⸗	⸗ ⸗ 10 ⸗	6	⸗	
Viertel dito	⸗ ⸗ ⸗	⸗ ⸗ ⸗	5 ⸗	3	⸗

in Silber,

Ganze Cronen von	⸗ ⸗ ⸗	⸗ 5 ⸗	⸗	⸗
Halbe dito	⸗ ⸗	⸗ ⸗ 2 ⸗	6	⸗
Ganze Schillinge	⸗ ⸗	⸗ ⸗ 1 ⸗	⸗	⸗
Halbe dito	⸗ ⸗	⸗ ⸗ ⸗ ⸗	6	⸗

Stück von 4. 3. 2. und 1 Groats, Pence oder pf. Sterling.

in Kupfer,

Hapenys von	⸗	$\frac{1}{2}$ pf. Sterl.
und Farthings ⸗	⸗	$\frac{1}{4}$ pf. dito.

Von fremden Münzen siehet man allda sonderlich die Portugiesischen Gold-Münzen, als:

ganze Dobraens von	24 Mille rees.	6 Liv.	15 ß.	⸗	pf.
halbe dito	⸗ 12 ⸗	⸗	3 ⸗	7 ⸗	6 ⸗
dito	⸗ 12800	⸗	3 ⸗	12 ⸗	⸗

$\frac{1}{2}$, $\frac{1}{4}$, $\frac{1}{8}$, $\frac{1}{16}$ und $\frac{1}{32}$tel dito gelten nach Proportion. ‑

Lisbonin. od. Moed or von 4800 rees	1 ⸗	⸗	7 ⸗	⸗
halbe dito	⸗ 2400 ⸗	⸗ ⸗	13 ⸗	6 ⸗
viertel dito	⸗ 1200 ⸗	⸗ ⸗	6 ⸗	9 ⸗

London wechselt mit folgenden Plätzen, denn

nach)	giebt es in seinem eignen Gelde,	und empfängt davor fremdes,
Amſterdam	1 L. Sterling	*36 ß 6 pf.vls.Bo.
Antwerpen	1 L. dito	*36 ß 10 pf. Permis-Geld.
Bourdeaux	*31 pf. Sterl.	1 Ecu.
Cadix	*39 pf. dito	1 Pefos d'otto.
Dublin	100 L. dito	* 109 Liv. Sterl. Dubl.
Bilbao	*39 pf. dito	1 Pefos d'otto.
Genua	*49 pf. dito	1 Pezze von 115 Soldi fuori Bo.
Hamburg	1 Liv. dito	*36 ß 1 pf.vls.Bo.
Liſſabon	*5 ß 2½ pf. dito	1000 Rees.
Livorno	*48 pf. dito	1 Pezza d'otto.
Madrid	*39 pf. dito	1 Pefos d'otto.
Napoli	*42½ pf. dito	1 Duc. del Regn.
Paris	*31 pf. dito	1 Ecu.
Port a Port	*5 ß 2½ pf. dito	1000 Rees.
Rotterdam	1 Liv. dito	*36 ß 6 pf.vls.Bo.
Venedig	*49½ pf. dito	1 Duc. di Banco.

Nota. Die mit * bezeichneten Preiſe ſind veränderlich.

Ein *Uſo* bey denen Briefen ſo auf London,

aus Antwerpen, Amſterdam, Baſel, Hamburg, Deutſchland, Lille und Paris traſſirt werden, iſt 30 Tage nach Dato.

aus Sanien und Portugal 60 Tage.

aus Italien aber 90 Tage nach Dato.

Die Briefe ſo nicht à Viſta geſtellet, haben allhier nach den Verfalltag nach 3 Reſpect-Tage, am 3ten

R

Reſpect-Tag aber müſſen ſelbige bezahlet werden, fals
dieſer Tag aber ein Sonntag, iſt ſo muß man am 2ten
proteſtiren laſſen.

Die Londner Banque iſt 1694 errichtet, und hat
ſehr großen Credit. Privatperſonen legen allhier ihre
Gelder ein, und nehmen ſie wieder heraus wenn ſie
wollen. Die Banque zahlet zwar vor einliegende Gelder keine Intreſſen, ſie nimt aber auch nichts vor Be-
wahrung derſelben. Sie zahlet wieder, theils in baren
Gelde, theils durch Ab- und Zuſchreiben, theils durch
Banco Noten, ſo gleich dem baren Gelde rouliren und
ohne die geringſte Abkürzung bezahlet werden. Die
Banque nützet ihr Geld dadurch, daß ſie entweder dem
Staate Geld leihet, oder Wechſelbriefe und Obliga-
tiones diſcontiret und mit Gold und Silber handelt.
Der Profit der Banque wird unter die proprietors getheilet, welches diejenigen Creditores ſind, ſo zu erſt
den Fond dieſer Banque gemacht haben, und deren
Antheil in Actien vertheilet iſt.

Vom Ellenmaaß, iſt

die Ells zu Leinwand 71¼ pro C. circa⎤ länger als
die Yarde 37 pro Cent circa, und ⎬die Berliner
die Gode zu Boy und Fries 5⁷⁄₁₂ p.C. circa⎦ Elle.

folglich thun 100 Ells zu Leinwand 171¼ ⎤ Berli-
          100 Yards   137 ⎬ner El-
          100 Godes zu Boy u. Fries 105⅞ ⎦ len.

Das Maaß zu Korn, Mehl, Salz und
Steinkohlen, vertheilet ſich alſo:

                                        1 Laſt

										Unit
									1	Laſt
									2	Weys
							10	5	1	Quarters
						20	10	2		Combs
				40	20	4	2	1		Strickes
			80	40	8	4	2	1		Buſchels
		320	160	32	16	8	4	1		Pecks
	640	320	64	32	16	8	2	1		Gallons
1280	640	128	64	32	16	4	2	1		Pottles
2560	1280	256	128	64	32	8	4	2	1	Quarts
5120	2560	512	256	128	64	16	8	4	2	Pints

Notes in the table: *1 Wey ob. 5 Tun*; *1 ob. Cro-nock 1*

11 Quarters circa — $61\frac{1}{5}$ Berliner Scheffel.

1 Tenn Steinkohlen hat 2 Keels ob. 16 Chaldrons Neucaſtelliſches Maaß.

1 Keels hat 8 Chaldrons und thut $9\frac{1}{4}$ Laſt circa Hamb.

In

In den Revier der Themſe miſſet man

1 Score Seinkohlen zu 21 Chaldrons oder 84 Vatts.
           1 ditto ⸗ zu 4 ditto.

Das Maaß, womit **Wein** und **Bier** gemeſſen wird, vergleichet ſich:
   77 Gallons Bier thun 94 Gallons Wein.
   31⅓ ditto — — 128 Quart in Berlin.

Das Handelsgewicht, womit man allhier alle Specereyen, Eßwaaren, Hanf, Flachs, Unſchlitt, Eiſen, Stahl, Bley, Wachs, Wolle, und allerhand Güther, ſo verderben können, wieget, heiſt Avoir du pois Gewicht, hat folgende Eintheilung, und iſt 3¾ pro Cent circa leichter denn Berliner Gewicht.

Tun hat	Hundreds	Quarters	℔	Ounces	Drams
1	20	80	2240	35840	573440
	1	4	112	1792	28672
		1	28	448	7168
			1	16	256
				1	16

1 Tun oder **Fudder Bley** hat 19½ Hundreds in Rollen aber 20 Hundreds, zu Neucaſtel 21 Hundreds, und zu Stockton 22 Hundreds. à 112 ℔.

Laſt Wolle hat	Sacks	Weys	Tods	Stones	Cloves	℔
1	12	24	156	312	624	4368
	1	2	13	26	52	364
		1	6½	13	26	182
			1	2	4	28
				1	2	14
					1	7

1 Pack Wolle iſt 240 ℔.

100 ℔ Berliner thun 103¾ ℔ Avoir du pois.

                                      Wenn

Wenn aber Berlin aus Londen Waare bekomt, wobey sich ein Unterschied der Thara findet; z. E. rohe Zucker so rendiren

100 ℔ Berliner — 110 bis 111 ℔ Englisch.

Von Cardemom, Engl. Pfeffer und Pimento, wo aber die gewöhnliche Thara noch 4 ℔ von 104 ℔ pro Trett abgezogen wird, rendiren

100 ℔ Berliner — 100 à 101 ℔ Englisch.

Da die rohe Persianische und Türkische Seiden nach den ℔ von 24 Ounces gewogen wird, welches man Königs-Gewicht benennet, dieses ℔ König Gewicht aber 1¼ ℔ Avoir du pois Gewicht enthält, und 45⅘ pro Cent circa schwerer denn Berliner Gewicht ist, so vergleichen sich

100 ℔ **Seidengewicht aus Londen** mit 145¼ ℔ in Berlin.

Das Gold, Silber, Geld, Perlen, Edelsteine, Brod, Getreide, und allerhand Liqueurs werden nach Troy Gewicht gewogen, welches 25⅘ pro Cent circa **leichter** denn Berliner ist, und sich also eintheilet:

℔ hat	Ounces	Pennyweights	Grains	Mites
1	12	240	5760	115200
	1	20	480	9600
		1	24	480
			1	20

100 ℔ Berliner Gewicht thut 125½ ℔ Troy-Gew.

Die Feinheit des Goldes wird nach Carats und Grains probiret.

1 ℔ fein Gold à 24 Carats à 4 Grains à 4 Quarts

Die Feinheit des Silbers probiret man

1 ℔ fein Silber à 12 Ounces à 20 Penny weights.

Lit-

Lübeck im Holſteinſchen gelegen.

Hält Buch und Rechnung in
mß à 16 Schillinge à 12 pf. Lübiſch Cour.

Die übrigen Münzen, wornach man rechnet, ſind
wie in Hamburg.

Die würklichen geprägten Münzen dieſer
Stadt ſind:

In Golde: Einfache und doppelte Ducaten zu 7⅞
und 14⅝ mß Cour. m. o. w.

In Silber: Species zu 3 mß 11 ß. Cour. m. o. w.
Das Stadt-Geld beſtehet in couranten Reichs-
Thalern zu 3 mß oder 48 Schillingen Lübiſch;
desgleichen in 2, und 1 mß, auch in 8. 4. 2. und
1 Schilling 6. und 3 pf. Stücken.

Von fremden Münzen haben allhier Cours,
auf den Fuß wie in Hamburg.

In Golde: Alte Louis d'or.
Spaniſche Piſtolen.
Preußiſche Fried. d'or.
Braunſchweiger Carl d'or.
Allerhand Ducaten.

In Silber: Allerhand ganze, halbe und Viertel
Species-Thaler.
Alte Louisblanc.
Alberts- und X Thaler.
Däniſche Cronen.
Däniſch Corrent.
Feine ⅔ und ⅓.
Grobe ⅔ und ⅓.
Schwediſche 2. 1. und ½ Carolinen.

K 2   Schwe-

: Schwedische 10 und 5 Oer Stücke.
4 und 2 gute Groschen Stücke.
Rubels.

Alle diese Münzsorten werden entweder Stückweise, oder pro Cento mit Gewinn oder Verlust gegen Lübecker Stadt- und Corrent-Geld ausgegeben oder verwechselt.

In Ansehung derer Preiße oder Course hierzu richtet man sich nach denen Hamburger Preißen und Coursen, wie denn auch das Hamburger Corrent, ingleichen das Hollsteinische Courant-Geld dem Stadt-Gelde in gewöhnlichen Ausgaben völlig gleich, welches auch von Dänischen Courant-Münzen, jede halb so hoch, als sie in Dänemark gelten, zu verstehen ist.

Allein im Umsatz oder Verwechselungen, muß eine gegen die andere etwas weniges Agio geben.

Man **wechselt** von hier sehr selten à drittura, nach andern Plätzen, außer nach **Amsterdam** in Corrent, und giebt 112 Rthaler Lübecker Corr. m. o. w. vor 100 Rthaler Holländisch Corrent.

Sonst gehet alles über **Hamburg**, und bezahlt man zu Lübeck 118 m℥ m. o. w. in Hollsteinischen und Dänischen 6 ß Stücken à 5 ß gerechnet, vor 100 m℥ Hamburger Banco, oder auch 100½ Rthl. Lübeckisches Cour. von 100 Rthl. Hamburg. Cour.

Wenn von andern Orten auf **Lübeck** trossiret wird, so werden die Briefe in **Hamburg** durch die Banco zu bezahlen gestellet, zu welcher Bezahlung **Lübeck** sodann in **Hamburg** die nöthigen Anstalten macht. Die Briefe haben allhier 10 Respect-Tage.

Das **Ellenmaaß** allhier ist 15$\frac{11}{12}$ pro Cent circa kürzer denn Berliner, und es vergleichen sich:
100 Berliner Ellen thun 115$\frac{11}{12}$ Lübecker Ellen.

Das

Das **Handelsgewicht** ist ⅛ pro Cent circa **leichter** als Hamburger und 3⅛ pro Cent circa **schwerer** den Berliner.

Gold und Silber wird nach den Cöllnischen Mark gewicht gewogen.

Lüneburg.

Die Hauptstadt des Herzogthums gleiches Nahmens.

Hält anjetzo Buch und Rechnung entweder in Thaler à 24 gute Groschen à 12 Pfennigen oder auch in Thaler à 36 Mariengr. à 8 Pfennigen.

Die hiesigen Münzen haben folgende **Verhältniß:**

Thaler	Ggr.	Schw. G.	Mgr.	G.	Mathier	Witte	Pf.	Scherffen
1	24	32	36	48	72	96	288	768
	1	1⅓	1½	2	3	4	12	32
		1	1⅛	1½	2¼	3	9	24
			1	1⅓	2	2⅔	8	21⅓
				1	1½	2	6	16
					1	1⅓	4	10⅔
						1	3	8
							1	2⅔

Die **würklich geprägten Münzsorten,** sind die Hanöyrischen und sollen zufolge Verordnung der Regierung gelten,

im Golde,

Georgs d'or	:	zu 4 Thaler 24 Mgr.
Ducaten	:	: 2 : 24 :
Gold-Gulden	:	: 2 : — :

in Silber.

Species Rthlr.	zu 1 Rthl.	12	Mgr.
feine grobe ½tel	⸗ ⸗ ⸗	24	⸗
¼tel	⸗ ⸗ ⸗	12	⸗
⅛tel	⸗ ⸗ ⸗	6	⸗

Stücke zu 3, 2, 1½ und 1 Mgr.

Von fremden Münzen sollen gelten

in Gold,

Franz. Schild⸗Ld'or	zu 5 Rtl.	24 Mgr.	⸗ pf.
alte Franz. Ld'or, Span. Pistol. ⎫			
Braunschw. Carld'or & Frd'or ⎬	⸗ 4 ⸗	24	⸗ ⸗ ⸗
Dänische 12 mℊ Stücke	⸗ 2 ⸗	4	⸗ 4 ⸗

in Silber,

Franz. Laubthaler	⸗ 1 ⸗	13	⸗ 2 ⸗
alte Franz. Louisblanc	⸗ 1 ⸗	9	⸗ ⸗ ⸗
Holländ. Ducatons	⸗ 1 ⸗	20	⸗ 3 ⸗
Holländ. Guldens	⸗ ⸗ ⸗	17	⸗ 6 ⸗

Da Lüneburg wenig Wechselgeschäfte unternimt, so sind hier auch keine bekante Wechselarten, fält aber ja darinne etwas vor, so wechselt es auf die Art wie Braunschweig.

Das Ellenmaaß ist 14½ pro Cent circa kürzer denn Berliner, und vergleichet sich also:

100 Berliner Ellen — 114½ Lüneburger Ellen.

Das Handelsgewicht aber hat die Eintheilung wie das Hamburgische, jedoch ist es 3⅞ pro Cent circa schwerer denn Berliner, weshalben

100 ℔ aus Lüneburg 103⅞ ℔ in Berlin sind.

Lüt⸗

Lüttich und Mastricht,

im Westphälischen Kreise gelegen.

Hält Buch und Rechnung, in

- Gulden à 20 Stüver à 16 Pfennige od. à 4 Ortjes, so
man auch Liards oder Aidans benennet.

Die hiesigen Münzen haben folgende Verhältniß:

1 Thaler ob.) hat	fl.	Schill.	Stv.	Ortjes	pf. Lütticher
Patacon)	4	8	80	320	1280 ₰
	1	2	20	80	320 ₰
		1	10	40	160 ₰
			1	4	16 ₰
				1	4 ₰

Von würklich geprägten Münzen sind allhier

in Gold,

Ducaten   zu 8½ fl. oder 17 Schilling.
Florins d'or   zu 5 fl. oder 10 ß.

in Silber,

Patacons   zu 4 fl. 2½ Stüber oder 8¼ ß.
Schillinge   zu - 10 Stüber.
Blamieser oder ½ ß. zu 5 Stüber.

Von fremden Münzen sind Anno 1751. folgende verstattet:

in Gold,

Severins	₰	₰	zu 25 fl. 10 Stv.
Engl. Guin. oder Schild-Ld'or	₰	19 fl. —
Alte Louis d'or	₰	₰	15 fl. 10 Stv.
Spanische Pistole	₰	₰	15 fl. 5 Stv.
Ducaten	₰	₰	8 fl. 10 Stv.

in

in Silber,

Ducatons		zu 5 fl. 5 Stv.
6 Liv. Thaler, Ecus neufs		4 fl. 15 Stv.
Alte Louisblancs		4 fl. 5 Stv.
Span. und Holländ. Patacons		4 fl. 2½ Stv.

Lüttich	und giebt in seinem	und empfängt
wechſelt	eignen Gelde,	davor fremdes,
Amſterdam	*161 fl. Lüttiger	100 fl. Holl. C.
Brabaud	etwa * 1 pro Cent Danno.	
Paris	*47½ Stuber.	1 Ecu von 3 Liv.

Nota. Einige nennen den Gulden auch Livre und theilen ihn in 20 Sols und 12 Deniers.

Das **Ellenmaaß** iſt 21 pro Cent circa **kürzer** denn Berliner, folglich vergleichen ſich

100 Berliner Ellen — 121 Lütticher Ellen.

Das **Handelsgewicht** aber iſt 1⅔ pro Cent circa **ſchwerer** denn Berliner, folglich ſind

100 ℔ aus Lüttich gleich 101½ ℔ in Berlin.

———————— ✦ ————————

Madrit,

die Haupt- und Reſidenz-Stadt von ganz Spanien in neu Caſtilien gelegen.

Hält Buch und Rechnung in

Reales de plata à 16 Quartos oder à 34 Maravedis de plata.

Die Finanz-Rechnungen aber werden in

Eſcudos de Vellon à 10 Reales à 34 Maravedis de Vellon geführet.

Man hat in Spanien zweyerley Valuten worinne die Gelder berechnet werden, nehmlich:

1) Me-

1) Moneta de plata, ist **Silbermünze** und allezeit $88\frac{4}{17}$ pro Cent besser als

2) Moneta de Vellon, oder **Kupfermünze**, und es vergleichen sich beständig

17 in Moneta de plata mit 32 in Moneta de Vellon.

oder 100 Reales de Vellon mit $53\frac{1}{8}$ Reales de plata.

Desgleichen sind in Spanien fünferley besondere **Münzwährung** in Gebrauch, welche man wissen muß. Nehmlich)

1) **Die Castilianische**, worunter Madrit gehöret, selbige bringet die Spanischen **Rechnungsmünzen** unter folgende **Verhältniß:**

							1	Dublon antiguo de plata
4							1	Pesos antiguos de plata
32	8						1	Reales de plata genant doble antigue
$60\frac{4}{17}$	$15\frac{1}{17}$	$1\frac{15}{17}$					1	Reales de Vellon
512	128	16	$8\frac{1}{2}$				1	Quartos
1024	256	32	17	2			1	Ochavos
1088	272	34	$18\frac{1}{16}$	$2\frac{1}{8}$	$1\frac{1}{16}$		1	Maravedis de plata doble
2048	512	64	34	4	2	$1\frac{15}{17}$	1	Maravedis de Vellon
20480	5120	640	340	40	20	$18\frac{14}{17}$	10	Dineros.

Fev

Ferner rechnet man

1 Ducato in Waaren-Preisen zu 11 Reales oder 374 Maravedis, welche Eintheilung sowohl in Moneta de plata als de Vellon statt hat.

1 Ducado de Cambio oder Wechsel-Ducat, welcher auch Ducato de plata doble genant wird, zu 11 Reales 1 Maravedis oder 375 Maravedis de plata doble, und man theilet solchen gemeiniglich in 20 Sueldos à 12 Dineros.

1 Escudo de plata rechnet man zu 15) Reales de
1 Escudo de Vellon aber , , 10) Vellon.

Aus diesen Verhältnissen entstehen also folgende Vergleichungen.

85 Dublones sind gleich 512 Escudos ⎫
17 ditto — 1024 Reales ⎪
3179 Ducatos de Cambio 6000 Ducatos ⎪
289 dittos — (600 Escudos ⎬ de Vel-
           (6000 Reales ⎭ lon.
17 dittos — 12000 Maravedis ⎪
85 Pesos de plata — 128 Escudos ⎪
17 dittos — 256 Reales ⎭
34 Ducados de Cambio 375 Reales de plata.

2) In Arragonischer Münzwährung, worunter Saragossa als die Hauptstadt gehöret, wo man nach Libras à 20 Sueldos à 16 Dineros de Plata rechnet, betragen vorherstehende Spanische Rechnungsmünzen als:

	Libras o.	Sueldos ob.	Dineros
1 Doblon antiguo de plata	$3\frac{1}{5}$;	64 ;	1024
1 Ducado de Cambio	— ;	$22\frac{1}{17}$;	$352\frac{16}{17}$
1 Ducado de Vellon	— ;	$11\frac{11}{16}$;	187
1 Peso antiguo de plata	$\frac{4}{5}$;	16 ;	256
1 Real de plata	— ;	2 ;	32
1 Real de Vellon	— ;	$1\frac{1}{16}$;	17

Es

Es vergleichen sich demnach.

5 Doblones mit 16 Libras
17 Ducados de Cambio — 375 Sueldos ⎱ Arragoni-
16 Ducados de Vellon — 187 ditto ⎰ scher Wäh-
5 Pesos — 4 Libras rung.
16 Reales de Vellon — 17 Sueldos

Nota. Was die würklich geprägten Spani-schen Münzsorten in Arragonischer Währung betragen, wird unten bey denen würklichen Spanischen Münzsorten gesagt werden.

3) Die **Catalonische Münzwährung** ist unter Barcelona erkläret worden.

4) Die **Navarrische Münzwährung** hat folgende Verhältniß in ihren Rechnungsmünzen. als:

Ducado de Navarra	Libras de Navarra	Reales de Navarra	Tarjas de Navarra	Grofos de Navarra	Ochavos de Navarra	Maravedis de Navarra	Cornados de Navarra
1 hat	$6\frac{1}{4}$	$10\frac{2}{3}$	49	$65\frac{1}{2}$	196	392	784
	1	$1\frac{2}{3}$	$7\frac{1}{2}$	10	30	60	120
		1	$4\frac{1}{2}$	6	18	36	72
			1	$1\frac{1}{3}$	4	8	16
				1	3	6	12
					1	2	4
						1	2

Nota. Die Maravedis und Cornades de Navarra sind reell, die übrigen aber alles eingebildete Münzen, der Navar-Real ist der unter den Castilianischen Rechnungsmünzen beschriebene Real de plata oder doble antiguo.

Die Spanisch-Castilianischen Rechnungs-münzen betragen in Navarrischer Währung in Maravedis ob. **Cornades de Nav.**

der Doblon antiguo
de plata   1152   ⌇   2304 - -

der Ducado de Cambio   397$\frac{1}{7}$ ⌇   794$\frac{2}{7}$ - -

der Ducado de Vellon   210$\frac{3}{8}$ ⌇   420$\frac{3}{4}$ - -

der Peso antiguo de plata   288   ⌇   576   - -

der Real de plata oder
doble antiguo   36   ⌇   72   - -

der Real de Vellon   19$\frac{1}{4}$ ⌇   38$\frac{1}{2}$ - -

Es vergleichen sich aber allhier:

49 Doblonen   mit 144 Ducados ⎫
34 Ducados de Cambio — 225 Libras ⎪ Navar-
160 Ducados de Vellon — 561 dittos ⎬ rische
5 Pesos antiguos   — 24 dittos ⎪ Wäh-
2 Reales de plata   — 9 Tarjas ⎪ rung.
64 Reales de Vellon. — 153 dittos ⎭

Nota. Was die **würklich geprägten Spani-**
schen Münzen in Navarrischer Währung gelten, wird unten bey denen würklichen Spanischen
Münzsorten gesagt werden.

5) Die **Valencianische Münzwährung** ist unter
der Stadt Valencia beschrieben.

Nach der Castilianischen Währung richten sich die
Städte, Bilbao, Cadix, Sevilla, Madrit und Mal-
laga in denen meisten Stücken.

Nach Catalonischer Währung, Barcelona und die
Insel Majorca.

Nach Valencianischer Währung aber, Alicante und
Valencia.

Die ⎧Arragonische und⎫ Währung ist bey denen
     ⎩Navarrische   ⎭ Plätzen gebräuchlich, so
darunter gehören, die aber keine sonderliche Handlung,
wie die in diesen Werk beschriebenen Plätze treiben.

Die

Die würklich geprägten Spanischen Münzsorten sind folgende, und gelten seit 1737.

	in Mon. de Plata		in Mon. de Vel.	
	Castillianischer Währung.			
in Gold,	Real	Quart	Real	Marav.
1 Doblon de 8 Escudos				
oder Quadruple	160	—	301	6
1 ditto de 4 ditto	80	—	150	20
1 ditto sencillo de 2 ditto	40	—	75	10
1 Medio Doblon oder				
Escudo de oro	20	—	37	22
1 Peso duro de oro	10	10	20	—
in Silber,				
1 Peso duro oder fuerte	10	10	20	—
1 medio Peso duro od.				
Escudo de Vellon	5	5	10	—
1 Peseta Mexicana od.				
⅕ Peso duro	2	10½	5	—
1 dito provincial	2	2	4	—
1 Real de plata Mexica-				
no od. ⅛ Peso duro	1	5¼	2	17
1 Real de plata provincial	1	1	2	—
1 medio Real de plata				
Mexicano od. 1/16 Peso	—	10⅝	1	8½
1 medio Real de plata				
provincial	—	8½	1	—
in Kupfer,				
Doppelte Quartos zu	—	2	—	8
Einfache ditto	—	1	—	4
Ochavos Stücke	—	—	—	2
Stücke	—	—	—	1
Blancas	—	—	—	½

Nota. Die Spanischen Münzen werden seit 1730.
rund gemacht, und mit einer Presse geprägt.

Die

Die Vergleichung dieser würklichen Münzen gegen die Ducados de Cambio, wornach man rechnet, ist folgende.

75 Doblones sencillos　thun 272 ⎫
300 Pesos duros od. fuertes ⎬ ⎫ Ducados de
1500 Pesetas ． ⎬ — 289 ⎬ Cambio.
3000 Reales provinciales ⎭ ⎭

Vorherstehende würklich geprägte Spanische Münzsorten betragen

	in Arragonischer Währung.		in Navarrischer Währung.	
	Libras	—	Tarjas	—
1 Quadrupel de 8 Escudos de oro	16	—	720	—
1 halbe ditto de 4 dito	8	—	360	—
1 Dublon sencillo de 2 dittoPistole genant	4	—	180	—
1 halbe ditto od.Escudo de oro	2	—	90	—
	Sueldos			
1 Peso duro de oro oder fuerte	—	$21\frac{1}{4}$	$47\frac{13}{16}$	—
1 halber ditto od.Escu- de Vellon	—	$10\frac{5}{8}$	$23\frac{29}{32}$	—
1 Peseta Mexicana	—	$5\frac{5}{16}$	$11\frac{61}{64}$	—
1 ditto provincial	—	$4\frac{1}{4}$	$9\frac{9}{16}$	—
1 Real de plataMexic.	—	$2\frac{21}{32}$	$5\frac{125}{128}$	—
1 ditto provincial	—	$2\frac{1}{8}$	$4\frac{23}{32}$	—
1 medio Real de plata Mexican	—	$1\frac{21}{64}$	$2\frac{253}{256}$	—
1 ditto ditto provincial	—	$1\frac{1}{16}$	$2\frac{23}{64}$	—
	Dineros		Cornad.	
1Pieza de a dosQuartos od. doppelte Quartos	—	4	—	9
1 einfacher Quarto	—	2	—	$4\frac{1}{3}$
1 Ochavo	—	1	—	4
1 Maravedi de Vel- lon Stück	—	$\frac{1}{4}$	—	2
1 Blanca	—	$\frac{1}{4}$	—	1

Der

Der Betrag der **würklichen Spanischen Münzsorten** in

Castilianischer Währung, ist hier oben unter den würklichen Münzen von Spanien in

Catalonischer Währung, unter Barcelona, in

Valencianischer Währung aber unter Valencia beschrieben worden.

Fremde Münzen haben in Spanien keinen Cours.

Spanien wechselt mit folgenden Plätzen, denn

nach	giebt es in seinem eignen Gelde,	und empfängt davor frembes,
Amsterdam	1 Ducado de Cambio	*98 pf. vls. Bo.
Antwerpen	1 Ducado ditto	*100 pf. Permis-Geld.
Frankreich	1 Peso de 8 Reali	*78 Sols.
oder auch	1 Doblon de 32 Real	*15 Liv. 12 Sols.
Genua	*120 Pesos de 8 Real.	100 Pezze von 5¾ Lire fuori Bco.
oder auch	1 Doblon efectivo	*23 Lire 15 Soldi fuori Banco.
Hamburg	1 Ducado de Cambio	94 pf. vls. Banco.
Lissabon	1 Peso de 8 Real	*600 rees.
oder auch	1 Doblon de 32 Real	*2400 rees.
Livorno	*122 Pesos de 8 Roal.	100 Pezze d'otto Reali.
Londen	1 Peso de 8 Real.	*40 pf. Sterl.

Nota. Wenn die Spanischen Handlungsplätze auf einander selbst wechseln, so geschiehet es mit ⅛ pro Cent Gewinn oder Verlust, z. Exempel.

Ma

Madrit giebt 100 Ducadi de Cambio pro * 100⅓ Ducadi de Cambio in Alicante, oder

. Cadix giebt * 100⅓ Reales pro 100 Reales in Barcellona à Uso von 8 Tagen Sicht, auch auf einen bestimmten Tag.

Die mit * bezeichneten Course sind veränderlich.

Unter einen Uso verstehet man in Spanien überhaupt bey Briefen

aus Paris, Marseille, Londen, Genua und Livorno 60 Tage nach Dato.

aus Amsterdam und Hamburg 2 Mon. nach Dato.
aus Rom 3 Mon. nach Dato.

In Cadix aber bedeutet der Uso fast durchgehends 2 Monath nach Dato, ausgenommen bey Briefen aus Frankreich, wo er nur 1 Monath auch zuweilen 6 Wochen ist.

In Barcelono ist der Uso 60 Tage nach Dato des Briefes.

Respect-Tage sind

In Madrit bey Briefen aus Alicante, Barcelona, Cadix, Cartagena, Sevilla und Valence 8. aus Bilbao 19. aus Paris, Amsterdam Londen, Genua 14. aus Rom aber keinen.

In Cadix haben ein- und ausländische Briefe noch 6 Respect-Tage nach den Verfalltag, und

In Sevilla haben ausländische Briefe aber 14 Respect-Tage.

Das Ellenmaaß, womit in Spanien allerhand Waaren ohne Unterschied gemessen werden, ist die Castilianische Vara, so 27 ⅛ pro Cent circa länger als die Berliner Elle ist.

100 Varas thun 127¼ Berliner Ellen.

Wenn die Spanischen Plätze ein ander Ellenmaaß haben, so ist es unter ihren eigenen Tittul beschrieben.

Das allgemeine **Handelsgewicht** von ganz Spanien ist das Castilianische, welches folgende Verhältniß in seiner Eintheilung hat, und $1\frac{11}{26}$ pro Cent circa **leichter** denn Berliner ist.

Quintal macho.	Quintal	Arrobas	Libras	Marcos	Oncas	Drachmas	Adarmes
1	1¼	6	150	300	2400	19200	38400
	1	4	100	200	1600	12800	25600
		1	25	50	400	3200	6400
			1	2	16	128	256
				1	8	64	128
					1	8	16
						1	2

100 ℔ Berliner — 101$\frac{11}{26}$ ℔ Castilianisch.

Die übrigen Verhältnisse und Vergleichung derer Gewichte sind unter jeden Ort beschrieben.

Das Spanische Gold- und Silbergewicht hat folgende Eintheilung, als: **Goldgewicht.**

Marco de Castilia	Castellanos	Tomines	Granos
1	50	400	4800
	1	8	96
		1	12

Die Feinheit des Goldes probiret man

Den Castellano fein zu 24 Quilates à 4 Gran. und 8tel oder

1 ditto ; ; 96 Granos oder 768 Theil.

Der Castelano Kauf- oder Probe-Gild von 22¼ Quilates fein gilt circa 27 Reales de Plata in ob. w.

660 Castellanos wiegen 13 ℳ Cöllnisch.

ℒ

Sil

Silbergewicht theilt sich:

Marco de Castillo	Oncas	Ochavas	Adarmes	Tomines	Granos
1	8	64	128	384	4608
	1	8	16	48	576
		1	2	6	72
			1	3	36
				1	12

Die Feinheit des Silbers probiret man

1 m̄ fein Silber à 12 Dineros à 24 Granos, oder zu 288 Granos.

Die m̄ fein Silber gilt 98 Reales de plata m. o. w.

Die m̄ verarbeitetes Silber von 9 Denier fein gilt 74 Reales de plata m. od. w.

25 Tomines oder Granos in Goldgewicht thun 24 Tomines oder Granos Silbergewicht.

1 Quadrupel.
1 Peso duro)wiegen 15 Adarmes oder 540 Granos.

Die Edelgesteine wiegt man allhier

1 Onca de Castilla 140 Quilates 560 Granos.

Majorca,

eine Spanische Insul. Hält Buch und Rechnung in

Pesos à 8 Reales à 34 Maravedis, oder in

Libras à 20 Sueldos à 12 Dineros Catalonischer Währung wie Barcelona, wo man nachschlagen kan.

Das

Das Ellenmaaß heißt allhier Cane und ist 157⅟₂ pro Cent circa länger denn das Berliner, folglich)

100 Canen thun 257⅟₁₈ Berliner Ellen.

Zum Handelsgewicht bedienet man sich allhier, zweyerley, Cantaren oder Quintalen.

Der eine Majorca oder Majorina genant, hat 104 Rotoli oder ℔.

Der andere Barbareſo genant, hat 100 Rotoli oder ℔, dieſe ℔ ſind 11½ pro Cent circa leichter denn Berliner Gewicht, folglich thun

100 ℔ Berliner — 111½ ℔ od. Rottoli in Majorca.

Malaga,

eine Spaniſche Handelsſtadt in Granada an dem Mittelländiſchen Meere gelegen.

Hält Buch und Rechnung nach der unter Madrit beſchriebenen Caſtilianiſchen Währung in

Reales de Vellon zu 34 Maravedis de Vellon.

Außer denen unter Madrit beſchriebenen Spaniſchen Rechnungsmünzen Caſtilianiſcher Währung, rechnet man noch allhier nach folgenden beſondern Münzen, nehmlich:

1 Real de Vellon zu 68 Blancas oder 136 Cornades.
1 Blanca zu 2 Cornades.

Desgleichen rechnen die meiſten hieſigen Häuſer bey Stellung der Facturen, den Peſo antiguo de plata nur zu 15 Reales de Vellon.

Den Ducado de Cambio, welcher eigentlich 705⅟₁₇ Maravedis de Vellon gilt, nur zu 703⅟₄ Maravedis de Vellon.

Den

Den Real de plata doble antiguo genant, nur zu 63¼ Maravedis de Vellon.

Der Ducado wird in Frachtrechnung zu 12 Reali de plata gerechnet, um 8 ſolcher Reales mit 15 Reales de Vellon vergleichen.

Der Ducado del Rey ù del Norte ſo hier gebräuch‑ lich, wird zu 11 Real 1 Maravedis oder 375 Marave‑ dis de Vellon berechnet.

Wenn die Münzen alſo ſolchergeſtalt berechnet werden, ſo muß man ſtatt der unter Madrit ſtehenden **Vergleichung** der Caſtillianiſchen Rechnungsmün‑ zen, folgende annehmen, nehmlich.

8 Ducados de Cambio thun 5625 Marav. de Vellon
272 Ducados Dittos — 5625 Reales dittos
  1 Doblon antiguo — 60 dittos dittos
  1 Peſo antiguo de plata — 15 dittos dittos
  8 Reales de Plata — 15 dittos dittos

Die übrigen **Rechnungs‑** und **würflichen Münzen, Wechſelarten,** *Uſo* und *Reſpect‑*Tage von Spanien findet man unter Madrit.

Das **Ellenmaaß** iſt ebenfals, wie bey Madrit, die Caſtilianiſche Vara.

Auch wird, wie unter Madrit beſchrieben, mit den Caſtilianiſchen **Gewicht** allhier gewogen.

1 Carga Roſinen iſt allhier 2 Körbe oder 7 Arroben.
                   1 Korb aber 3½ Arroben.
1 Roſinen‑Fäßgen von 4 Arroben, hat eigentlich 7 Arroben, und
1 ditto von 2 ditto hat eigentlich 3½ Arroben.

4 Bo‑

4 Bothe Seckt, oder Oel,
5 Pipen Pedro Ximenes Wein ob. Oel
20 Kisten Citronen
22 Fäßgen lange Mandeln oder Rosi-
nen von 8 Arroben
32 Fäßgen Rosinen von 6 Arroben
44 Fäßgen ditto von 4 ditto
88 Fäßgen ditto von 2 ditto
50 Körbe ditto

} werden für
1 Last in
der Fracht ge-
rechnet.

Malta,

eine Insul im Mittelländischen Meere gelegen, und dem Johanniter Ritter-Orden zuständig.

Hält Buch und Rechnung in

Scudi à 12 Tari à 20 Grani.

Das Verhältniß der Münzen ist allhier.

Scudo hat Tari Carlini Grani Piccoli.

Scudo	Tari	Carlini	Grani	Piccoli
1	12	24	240	1440
	1	2	20	120
		1	10	60
			1	6

Man hat allhier zur Valuta Silber- und Kupfergeld, davon ersteres beständig 50 pro Cent besser ist als letzteres also das:

100 Scudi Silbergeld thun 150 Scudi in Kupfergeld.

An würklich geprägten hiesigen Münzen sind:

in Silber,

Stücken von 8, 6, 4, und 1½ Tari. Desgleichen Stücken von 15, 10, 5, und 1 Grani, und Pietats von ½ Grano.

L 3 Von

Von fremden Münzsorten aber gilt
in Silbermünz. in Kupfermünz

		in Silbermünz	in Kupfermünz
1 Spanische Pistole		56 Tari oder	84 Tari
1 Zechino oder Ducad		32 - ,	48 -
1 Span. Stück von Achten		16 - ,	24 -
1 Livornina		$15\frac{1}{2}$ - ,	$23\frac{1}{2}$ -

Doch sind diese Preise steigend und fallend.

Das hiesige Ellenmaaß ist $235\frac{4}{5}$ pro Cent circa länger denn Berliner, folglich

100 Canes — $335\frac{1}{2}$ Berliner Ellen.

Von Gewicht hat der Quintal oder Cantaro 100 Rotoli welche den $64\frac{2}{8}$ pro Cent circa schwerer denn Berliner Gewicht sind, folglich

100 Rotoli aus Malta — $164\frac{2}{8}$ ℔ in Berlin.

❖

Marseille,

ine Handelsstadt am Meer, in dem Gouvernement Provence von Frankreich gelegen.

Hält Buch und Rechnung in

Livres à 20 Sols à 12 Deniers Tournois.

Der Ecu, wornach man allhier Gallnüsse, Baumwolle und Baumwollen Garn kauft, wird zu 64 Sols oder 768 Deniers gerechnet, da doch der ordentliche Franz. Ecu wornach man die Wechsel schließt zu 3 Livres, 60 Sols, oder 720 Deniers gerechnet wird.

Die würkliche geprägten Französischen Münzen sind unter Paris zu suchen.

Von fremden Münzsorten gelten allhier m. od. w.

Die habe Dobra von 6400 rees	42 Liv.	—	Sols.
Die Lisbounine von 4800 rees	31 -	10	-

Die

Die Spanische Pistole	19 Liv.	10 Sols.
Die Zechino oder Sequin	11 -	3 -
1 Mk Span. Stück von Achten gilt	49 -	2 -

1000 Stück wiegen circa 110 Mk 1 Once 2 Gros poids de Marc.

Die **Wechselarten**, *Uso* und *Respect*-**Tage** von ganz Frankreich sind unter Paris beschrieben.

Das **Ellenmaaß**, so allhier Canne heist, wird in 8 Palmes getheilet, und ist $200\frac{15}{16}$ pro Cent circa **länger** denn die Berliner. Die Leinwand-Aune aber ist $75\frac{3}{8}$ pro Cent circa **länger** denn die Berliner Elle.

100 Canes — $300\frac{15}{16}$ Berliner Ellen. 100 Aunes in Leinwand — $175\frac{3}{8}$ Berliner Ellen.

Das **Handelsgewicht**, so allhier gebräuchlich, wird poids du pais oder de table genant, und hat mit dem unter Paris beschriebenen poids de Marc gleiche Eintheilung, ist aber $16\frac{11}{16}$ pro Cent circa **leichter** denn Berliner Gewicht.

72 ℔ poids du pais thun 59 ℔ poids de marc.
100 ℔ Berliner — $116\frac{11}{16}$ ℔ in Marseille.

Gold, **Silber** und **Geld** wird nach dem unter Paris beschriebenen poids de marc gewogen.

Meßina,

Palermo und ganz Sicilien.

Hält Buch und Rechnung in
Oncie à 30 Tari à 20 Grani à 6 Piccoli.

Die Münzen haben folgende Verhältniß.

Oncia	Scudo	Florini	Taro	Carlino	Pontis	Grani	Piccoli
1	2¼	5	30	60	450	600	3600
	1	2	12	24	180	240	1440
		1	6	12	90	120	720
			1	2	15	20	120
				1	7½	10	60
					1	1⅓	8
						1	6

Die würklich geprägten Sicilianischen Münzsorten sind.

in Gold,

Die Once zu 30 Tari.

in Silber,

ganze, halbe, drittel, viertel, sechstel und zwölftel Scudi zu 12, 6, 4, 3, 2 und 1 Tari.
Carlini Stücken zu 10 Grani.

Von fremden Münzen gelten allhier:

in Gold,

halbe Dobras von 6400 rees	96 Tari.
Lisboninen von 4800 rees	72 -
Spanische Pistolen	45 -
alte Ld'or von Gewicht der Span. Pistolen)	
alte Doppias di Savoya	44 -
Venetianische Zecchini	26 -
Florentinisch detti	25 -

in Silber,

Genovinen	18 -
Spanische Stück von Achten)	
Französische Louisblanc	12 -

Si·

Sicilien wechſelt mit folgenden Plätzen, denn

nach	giebt es in ſeinem eignen Gelde,	und empfängt davor frembes,
Amſterdam	*98 Grani	1 fl Holl. Banco.
Florenz	* 30 Carlini	1 Scudo d'oro.
Genua	*41 Carlini	1 Scudo d'oro marche.
oder	39 Grani	1 Lira fuori diB.
Lyon	*48 Grani	1 Ecu. von 3 Liv.
Liſſabon	*24 Oncie	100 Ecus.
oder	1 Florin	*420 Rees.
Livorno	*11½ Tari	1 Pezza d'otto.
London	*54 Tari	1 L. Sterl.
oder	1 Oncia	⎰134 pf. Sterl. ⎱*11½ ß Sterl.
Napoli	*10 Tari	1 Duc. del Regn.
oder	100 Scudi	*120 Duc. dito.
Novi	43 Carlini	1 Scud. Marche.
Paris	*46 Grani	1 Livre.
Rom	12½ Tari	1 Scudo mon.
Venedig .	*7½ Tari	1 Duc. Cour.
oder	*11 dito	1 Duc. Banco.

Palermo und Meßina wechſeln mit ½ pro Cent Ge‑
winn oder Verluſt.

Vom Uſo.

Zu Meßina ſind die Briefe, ſo auf Livorno
und Genua traſſiret werden, nach Sicht, oder nach
Dato, oder à Uſo von 1, 2 Monath,

Die auf Rom, Venedig und Neapolis à 8
und 15 Tage nach Sicht.

Meßina und Palermo traſſiren wechſelsweiſe ei‑
ne auf die andere à Uſo, ſo 4 Tage nach Sicht iſt.

Aber ein Wechſel, ſo außer dem Reiche Sicilien
à Uſo traſſirt wird, iſt den 20. Tag nach der Accep‑
tation erſt zahlbar, und alſo 1 Uſo, 20 Tage.

L 5　　　　　　　　　　Re‑

Respect-Tage sind allhier nicht verordnet.

Das Ellenmaaß heist allhier Canna, theilet sich in 8 Palmi, und ist 190⅔ pro Cent circa länger denn die Berliner Elle, folglich sind:

100 Cannes — 290⅔ Berliner Ellen.

Man hat allhier dreyerley Gewicht zum wiegen, welches folgendes Verhältniß in seiner Eintheilung hat.

Cantaro peso grosso	Cantaro peso sottile	Rotoli grossi	Rotoli sottile	Libres	Oncie
1	1$\frac{1}{10}$	100	110	275	3300
	1	90$\frac{10}{11}$	100	250	3000
		1	1$\frac{1}{10}$	2$\frac{3}{4}$	33
			1	2$\frac{1}{2}$	30
				1	12

100 ℔ Berliner — 147½ ℔ in Meßina.

Milano oder Mailand.

Die Hauptstadt in dem Herzogthume gleiches Nahmens, in Italien gelegen.

Hält Buch und Rechnung in
Lire à 20 Soldi à 12 Dinari.

Man bedienet sich in Wechseln nach einigen Plätzen eines Fingirten

Scudo di Cambio auch Scudo imperiale genant } dieser wird zu 5 Lire 17 Soldi oder 117 Soldi imperiali à 12 Dinari imperiali gerechnet, desgleichen

Des Scudo Corrente welcher zu 5 Lire 15 Soldi oder 115 Soldi Corrente à 12 Denari Corrente gerechnet wird.

Die

Die berechnete Valuta allhier ist entweder imperiale oder corrente. Ihr Unterscheid verursachet der Filippo- oder Philipps-Thaler, was dieser nehmlich in Valuta imperiale und in Valuta corrente gilt.

In Valuta imperiale hat selber allezeit festen Preiß von 5 Lire 6 Soldi oder 106 Soldi imperiale.

In Courent hingegen ist selbiger etliche mahl erhöhet worden, dessen letzte Erhöhung ist von 1750, welche 1755 abermahl bestätiget wurde, nach selbiger gilt er anjetzo 7½ Lire oder 150 Soldi Courent.

Es vergleichen sich demnach anjetzo.
106 Lire od. Soldi imperiali mit 150 Lire od. Soldi Corr.
desgl. 212 Scudi imper. ⸗ 1755 Lire Corrent.
1219 Scudi imper. ⸗ 1755 Scudi Corrent.
4 Scudi Corrent ⸗ 23 Lire Corrent.
15 Lire Corrent ⸗ 212 Soldi imperial.

Die würklichen geprägten hiesigen Münzen sind seit 1755 gesetzt.

in Gold,

		Lire	Soldi	Corr.
Doppie oder Doble 130 Grani schwer zu 25		5	-	

in Silber,

		Lire	Soldi	
Ducatoni	26 Den. schwer zu	8	12	
Filippi	22¾ Den. ⸗ ⸗	7	10	
Lire à 20 }				
Parbajolle à 2½ } Soldi Corrent.				
Stücke à 1 }				

Von fremden Münzsorten sind seit 1755 gesetzt.

in Golde,

		Lire	Soldi	Corr.
Spanische Doblon von 132 Grani wenn sie gepreßt oder geprägt		25	10	
Ditto mit 2 Säulen		25	—	

alte

		Lire	Soldi	Corr.
alte Franz. Ld'or von 132 Grani		25	10	·
Mirlitons	· 128 -	24	12½	·
Schild- und Sonnen-Ld'or				
von 160 Grani		31	—	·
Ld'or mit Math. X	von 8 Denier	37	2½	·
ditto Noailles	· 10 Den.	46	2½	·
Gen. Doblas	· 132 Gran	25	7½	·
Florentin. Doblas	· 132 ditto	25	15	·
Röm. ditto von 1721 ⎞				
Savoj. alte Doblas ⎠	· 130 ditto	25	—	·
Mantuan. ditto	· 130 ditto	25	5	·
Lisboninen	· 8¼ Den.	41	—	·
Portug. Dobras von 23 Den. 10 Gran		110	—	·
Ven. od. Florent. Zecchin. · 68 ditto		14	10	·
Savoj. Zecchini ⎞				
Kremnitzer Ducaten ⎠	· 68 ditto	14	7½	·
Wiener und Holl. Ducaten · 68 ditto		14	5	·
in Silber,				
Genovinen	von 31⅗ Den.	10	5	·
Savoj. od. Mantu.				
Ducatons	· 26 ditto Gran	8	9	·
Venetianische ditto ·	25 ditto 20	8	8	·
Flor. od. Burg. ditto ·	26 ditto —	8	7½	·
Deutsche ditto ·	26 ditto —	8	5	·
Röm. ditto von 1721 ·	26 ditto —	8	2½	·
Franz. Palm-Kron Tlr. ·	25 ditto —	7	16	·
Neue Piemont. Scudi ·	24 ditto 10	7	12½	·
Franz. Laub-Thaler ·	24 ditto 2	7	11	·
Benet. Guistini ·	22¼ ditto —	7	7½	·
Livornini della Torre,				
o Torri ·	22 ditto 4½	6	19	·
Detti della Rose ·	21¼ ditto —	6	12½	·
alte Franz. Louisblanc ·	22 ditto 4	6	19	·
Span. geprägte Piastre				
mit Cast. Wap. ·	22 ditto —	6	17½	·
halbe ditto ·	11 ditto —	3	8½	·

Span.

Span. Piaſtre mit		Den.	Gran	Lire	Soldi	Corr.
Säulen u. Kugeln von	22	—		6	16	.
halbe ditto	‚	11	—		3	8	.
Franz. Navarra-Thlr.	‚	19	22	6	5	.
Bologn. Scudi	‚	19	20	6	4	.
Franz. JL Thaler	‚	19	4	6	—	.
Gennes. Scudi di S. Gio. Battista	‚	17	—	5	6	.
Römiſche Teſtonen bis 1721.	‚	7	6	2	5	.
Ditto Paoli	‚	2	10	—	15	.
halbe ditto	‚	1	5	—	7½	.
alte Savoj. Liras	‚	4	20	1	10	.

Von vorherſtehenden Münzen ſollen Cours haben

in Gold,

Die Piſtolen bis 4 Gran Abgang vom Gewicht, wenn vor jeden fehlenden Gran 4 Soldi vergüthet wird.

Die Zecchini und Ongari bis 3 Gran, mit 4⅛ Soldi pro jeden Gran. Was darüber zu leicht iſt, ſoll keinen Cours haben.

Die Silbermünzen ſind gangbar bis 2 Denari Mangel an Gewicht, und bey Span. Piaſter muß vor jeden fehlenden Denari 6⅛ Soldi. Bey Röm. Savoj. Gennes. Franz. Burgund. Deutſch- und Bologn. Münzen 6⅘. Bey Milanes Venet. Florent. Mantuan. Münzen aber 6⅛ Soldi auf jeden fehlenden Denari vergütet werden.

Indeſſen werden noch die meiſten von vorherſtehen-Münzen in Handel und Wandel viel höher ausgege-ben, als die Verordnungen beſagen.

Mailand wechſelt mit folgenden Plätzen, denn

nach	giebt es in ſeinem eignen Gelde,	und empfängt davor,
Amſterdam	*58 Soldi corr.	1 fl. Banco.
Antwerpen	*57 Soldi corr.	1 fl. Permis.

Aug.

Augſpurg	*71 Soldi corr.	1 fl. Corr.	
	oder 68 Soldi corr.	1 fl. in Dopp. à 7½ fl.	
Biſenzone	*184 Soldi imp.	1 Sc. Marche.	
Bolʒano	*64 Soldi imp.	1 fl. Giro.	
Genua	*72 Soldi imp.	4 Lire 12 Soldi fuori Banco.	
	oder *87⅔ Soldi corr.	4 Lire corr.	
	† oder *12½ pro Cent Verluſt.		
Lion und Paris	*56 Soldi imp.	1 Ecu.	
Livorno	*127 Soldi corr.	1 Pezza.	
London	*33 Lire 8 Soldi corr.	1 L. Sterl.	
Napoli	*112 Soldi corr.	1 Duc. del Regn.	
Novi	*184 Soldi imp.	1 Scudo march.	
Rom	*140 Soldi corr.	1 Scudo mon.	
Venedig	1 Scudo imp.	*156 S. Banco.	
	oder *84 Soldi corr.	1 Duc. in Piccoci.	
Wien	*70 Soldi corr.	1 fl. Cor. p. Caſſa.	

Nota. Die mit * beʒeichneten Preiſe ſind veränderlich.

† Die 12½ pro Cent mehr oder weniger Verluſt haben dieſen Verſtand: Man rechnet die 12½ von 100 ab, bleiben 87½. Dieſe 87½ ſind Milaneſer Lire oder Soldi correnti vor 80 Lire oder Soldi corr. oder fuori di Banco in Genua. Folglich iſt es ein Cours, ob im Milaneſer Cours-Zettel ſtehet 87½, oder 12½.

Vom Uſo.

Die Briefe, ſo auf Milano traſſiret werden, haben folgende Uſo.

Aus Bergamo und Venedig, 1 Uſo 20 Tage nach Dato.

Aus

Aus Amsterdam, Cadix und Madrit 1 Uso 2.
Monath oder 60 Tage nach Dato.

Aus Basel und Geneve, 8 oder 15 Tage nach
Sicht.

Aus Bologna, Bolzano, Napoli, Rom und
Zürich sind auf einen festen Tag.

Aus Bologna und Rom aber auch à Uso 15 Tage nach Sicht.

Eben so ist 1 Uso bey Florenz und Livorno 15,
Tage nach Sicht.

Aus Genua, Piacenza und Turin à Uso, 8 Tage nach Sicht,

Aus Turin auch, und aus Novi auf Sicht, oder
8 und 15 Tage Sicht.

Aus Augspurg, St. Gallen und Wien 14 Tage
nach Sicht.

Aus London 3 Mon. nach Dato.

Milano hat keine bestimmte Respect-Tage, jedoch kan
der Presentant dem Acceptanten einige Tage Aufschub
geben, in welchen Fall er den Wechsel dem Notarius
der Kaufmanns-Kammer presentiren muß, welcher
den Datum wenn er ihm gesehen darauf schreibet.

Das Ellenmaaß allhier heist Braccio und ist zu
Wollenwaaren anders als zu Seidenwaaren,
die Wollen-Bracce ist 1¾ pro Cent circa länger, die
Seiden Bracce aber 24¾ pro Cent circa kürzer
denn die Berliner Elle.

100 Wollen Bracci) — 101¾ Berliner Ellen.
und 100 Berliner Ellen) — 124¾ Seiden Bracci.

Bey den Handelsgewicht sind abermahl zweyerley ℔ oder Libre denn 1 ℔ peso grosso hat 28, 1 ℔
peso sottile aber 12 Oncie. Es ist aber peso grosso
63¼ pro Cent circa schwerer und peso sottile 42¼
pro Cent circa leichter denn Berliner Gewicht.

Es

Es vergleichen sich also:

3 ℔ peso grosso mit   7 ℔ peso sottile und
100 ℔ ditto.   thun 163¼ ℔ Berliner.
100 ℔ Berliner   — 142$\frac{15}{16}$ ℔ peso sotti.

Das Gold- und Silbergewicht vertheilet sich

1 mℊ	8 Oncie	192 Denari	4608 Grani
1 —	24 —	576 —	
	1 —	24 —	

Man probiret allhier.

1 mℊ fein Gold à 24 Carati à 24 Parti fein.
1 mℊ fein Silber à 12 Denari à 24 Grani fein.
Die Oncia fein Gold gilt 121 Lire Corrent m. o. w. und
Die Oncia fein Silber - 8 Lire 3 Soldi Corr. m. o. w.

Montpellier nebst Cette,

beyde liegen im Gouvernement Languedoc, an der See
in Frankreich gelegen.
Halten Buch und Rechnung, }
Haben alle Münzen, Wech- } wie ganz Frankreich, wo-
selarten Uso und Respect- } von man Paris nach-
Tage, } sehen kan.

Das Ellenmaaß heist allhier Canne wird in 9
Palmos vertheilet, und ist 201$\frac{7}{16}$ pro Cent länger
denn die Berliner Elle; deßhalben thun
100 Cannes — 301$\frac{7}{16}$ Berliner Ellen.

Den Wein so von hier gezogen wird, misset man mit

1 Muid hat	18 Septiers	24 Barals	576 Pots
1 —	1$\frac{1}{3}$ —	32 —	
	1 —	24 —	

Den Muscat-Wein verkauft man nach Muids, so 3
Orthoft beträgt.
Den Vin de Rhone aber nach Barals, wovon das
Faß 5 bis 5½ Barals enthält.

Bran-

Branteweine werden mit den Fäſſern gewogen und zu 1 Quintal à 100 ℔ verkauft. Das Faß hält circa 70 Viertels, weil es gemeiniglich 1400 ℔ ſchwer, und man rechnet alſo 20 à 21 ℔ auf 1 Velte oder Viertel.

128 Quart in Berlin — $\begin{cases} 137\frac{1}{2} \text{ Pots zu Wein.} \\ 124\frac{1}{4} \text{ Pots zu Oehl.} \end{cases}$

Das hieſige **Handelsgewicht** iſt 15¼ pro Cent **leichter** denn Berliner, und beſtehet in

1 Quintal zu 6⅘ Quarts oder 100 ℔.

1 dito hat 15 ›

100 ℔ aus Berlin thun 115½ ℔ in Montpellier.

Moſcau ſiehe Archangel.

Nancy.

Die Hauptſtadt in Lothringen, anjetzo an Frankreich gehörig, hat alle Franz. Münzen ſo unter Paris beſchrieben worden, jedoch iſt hier zu bemerken, das die Lothringer Valuta 29½ pro Cent ſchlechter als Franz. Tourn. Valuta iſt, denn Ld'or von 24 Liv. tourn. gilt allhier 31 Liv. Lothr. Valuta, und alſo die andern Münzen nach Proportion.

Nantes,

in Franzöſiſchen Bretagne gelegen. Hat ebenfals alles wie unter Paris beſchrieben.

Das **Ellenmaaß** allhier heiſt Aune und iſt 77⅞ pro Cent circa **länger** denn die Berliner Elle, man vergleichet alſo:

100 Aunes aus Nantes mit 177⅞ Berliner Ellen.

M   Das

Das Gewicht allhier ist poids de Marc, dessen Eintheilung und Vergleichung man ebenfals unter Paris findet.

Napoli. oder Neapel.

Die Hauptstadt des Königreichs gleiches Nahmens in Italien gelegen. Hält Buch und Rechnung in

Ducadi di Regno à 10 Carlini à 10 Grani oder in
Ducadi   à 100 Grani oder auch in
Ducadi à 5 Tari à 20 Grani.

Die hiesigen Münzen haben folgende Verhältniß:

Ducado di Regno	Tari	Carlini	Cinquini	Grani	Tornesi	Quartini	Piccioli	Cavalli
1	5	10	40	100	200	300	600	1200
	1	2	8	20	40	60	120	240
		1	4	10	20	30	60	120
			1	2½	5	7½	15	30
				1	2	3	6	12
					1	1½	3	6
						1	2	4
							1	2

Von würklich geprägten Münzen sind allhier
in Gold,

Doppien   von 46 Carlini
Sicil. Onzen   30

in Silber,

Duccati di Regno   10
halbe ditto   5
Sicil. Scudi   12
halbe ditto   6

Tar

Tari Stücke. von 2 Carlini
Stücke von 26, und 13 Grani.
Carlini und Grani Stücke einzeln.

Von fremden Münzsorten gelten allhier m. o. w.

Portug. halbe Dobras von 6400 rees	98¼	Carlini
Lisboninen ⸗ 4800	74	⸗
Span. Pistolen oder franz. alte Louis d'or	45½	⸗
Venet. Zecchini sind gesetzt	26½	⸗
Florent. Ditto ⸗ ⸗	26	⸗
Röm. Ditto ⸗ ⸗	25	⸗

Napoli wechselt mit folgenden Plätzen, denn

nach	giebt es in seinen Ducati del R.	und empfängt davor fremdes,
Amsterdam	1 Duc. del Regn.	*70 pf. vls. Bo.
Aquila		
Bari		100 Ducati del
Cossenza	*98 dito	Regno in die-
Lecce und		sen Plätzen.
Salerno		
Bologna	1 dito	*76 Bolognini.
Bolzano	1 dito	*69 Xer Giro od.
		*90 Xer m. long.
Florenz	*154 dito	100 Scudi d'oro
Genua	100 dito	*90 Pezzi à 115
Lyon	*75 dito	100 Ecus
oder	*25 Grani.	1 Livre
Livorno	*114 Ducati.	100 Pezze
London	1 dito	*42 pf. Sterl.
Madrid und Cadix	1 dito	*294 Maraved de plat.
Meßina und Palermo	1 dito oder *119 dito.	*199 Grani. 100 Scudi von 12 Tari.

M 2

	giebt,	empfängt,
Milano	1 dito	* 112 Soldi cor.
Novi	*225 dito	100 Sc. marche
Rom	*125 dito	100 Sc. mon.
Venedig	*116 dito	100 Duc. di Bo.

Nota. Die mit * bezeichneten Preise sind steigend und fallend.

In denen jetzigen Neapolitanischen Cours-Zetteln stehen nur die Plätze Venedig, Livorno, Genua, Roma, Bari, Lecce, Meßina und Palermo.

Vom *Uso* ist zu bemerken, daß man von hieraus trassiret.

auf die Neapolitanischen Plätze à Uso von 15 Tagen.

auf Genua à Uso von 22 Tagen nach Sicht.

auf Livorno und Rom à Uso von 20 Tage nach dato.

auf Venedig à Uso von 15 Tage nach der Acceptation. Hingegen bedeutet allhier der Uso bey Briefen

aus Rom 8 Tage nach Sicht.

aus Florenz 20 Tage nach dato oder 15 Tage nach Sicht.

aus Venedig 15 Tage nach der Acceptation.

aus Genua und Livorno 22 Tage nach Sicht.

aus Spanien 2 Monath nach dato des Briefs.

3 Respect Tage sind allhier verordnet.

Man hat allhier verschiedene Banquen, worunter die fürnehmsten 1) Banco dello Spirito Santo. 2) di Poveri. 3) della Pieta. 4) di St. Eligio. 5) di St. Giacomo.

Alle Banquiers Kaufleute und Particuliers geben ihren Fond oder Anlage, in eine dieser Banquen, welche ihnen an bequemsten dünket, zur Verwahrung, die Banque giebt ihnen dafür ein Blatt weiß Papier, welches mit dem B°. Siegel gestempelt und worauf

auf die Summe der Ducati und Grani bemerket, so
ein jeder eingelegt hat. Dieses Blat, Madre-fede genannt, ist gleichsam eine Conto-Courent zwischen
der Banque und dem auf dessen Nahmen es gestellet.

Alle Wechsel-Briefe, und andere Schulden, so mehr
als 10 Ducati betragen, müssen in einer der gedachten
Banquen bezahlet werden, worzu der Sonnabend jeder Woche bestimmet ist, es wären den à Vista gestellte Briefe, welche nach ihrer presentation bezahlet
werden.

Die Banquiers und Kaufleute, so zahlen sollen, geben ihren Creditoren Polices oder Assignationes auf
die Banquen, worinn Meldung geschicht, warum
man solche ausgegeben hat. Denn wenn es z. E. ein
Wechsel ist, so giebt man den Ort, den Trassenten,
die Ordre, die Indossenten und die Verfallzeit an.

Die Banque bezahlet sodann erwehnte Polices,
wobey die Acceptanten ihre nun bezahlten Wechsel
vom Presentanten erhalten, und ihre Policen der
Banque ohne Quittung und Unterschrift überliefern.
Die Banque welche die an ihr ausgestellten Polices
unterschreibt, debitiret zu gleicher Zeit den Aussteller
davon auf dem Blatt Madre-fede, indem sie dem so
die Police übergiebt davor creditiret oder ihm baar
Geld giebt.

Wenn eine Madre-fede angefüllet, so stellet die Banque eine neue, über den zu fordern habenden Saldo aus,
welches 1 Grano kostet.

Das Ellenmaaß allhier heist Canna und theilet
sich in 8 Palmi, wovon die Palmi $32\frac{7}{18}$ pro Cent
circa kürzer, denn die Berliner Elle ist.

100 Berliner Ellen thun also $132\frac{7}{18}$ Palmi.

Das Handelsgewicht allhier ist schwer und
leichte, und verhält sich folgender gestalt:

M 3   Can-

Cantaro groſſo. Cantaro piccolo. Rotoli. Libre.

I	1⅟₇₇	ICO	280
	I	53⅔	150
		I	2⅘

100 ℔ Berliner thun circa 146⅟₁₆ Libras de Napoli.

Das Gold und Silber ſoll mit denſelben Libre gewogen werden, und man vertheilet.

1 Libre in 12 Oncie oder 96 Ottave.
I , oder 8

Naumburg,

In Thüringen unter Sachſen gehörig, hält Buch und Rechnung und hat alle Münzen wie **Leipzig.**

In der hieſigen **Petri Pauli Meſſe,** welche den 29 Junii eingelautet wird, und 8 Tage währet, wechſelt es auch ebenfals wie Leipzig.

Man præſentiret und acceptiret die Wechſelbriefe die 2 erſten Tage.

Man ſcontriret den 3. und 4. Julii, Vormittags von 11 bis 12 und Nachmittags von 4 bis 5 Uhr.

Die baare Zahlungen geſchehen den 5 Julii bis Mittags 1 Uhr längſtens, als ſo lange auch die Proteſte gelten, welche denn mit erſter Poſt abgeſandt werden müſſen.

Aſſignationes müſſen denſelben Tag Abends um 8 Uhr bezahlet ſeyn.

Novi oder Nove.

Iſt ein Platz im Staat von Genua, welcher nicht eigentlich unter die Wechſel-Plätze zu rechnen, außer in Abſicht auf die Meſſen der Republick Genua, welche

bald

bald allhier, bald in Rapallo, bald in Seſtri del Le-
vante und zu Santa Marguerita, einen kleinen Hafen
nahe bey Genua, gehalten werden. Es mag nun in
denen Cours Zetteln Novi oder Biſenzone ſtehen, ſo
iſt das einerley, und will eben ſo viel ſagen, als in die
Genueſer Meſſe.

Die vier hieſigen Meſſen ſind Anno 1621. von
Biſenzone in die vorbenannten Genueſ. Plätze verlegt
worden, die Meſſen ſelbſt heiſſen.

La fiera d'Apparitione ⎫ In ſelbiger nehmen die Accep-
Die **Erſchienungs-** ⎬ tationes. Den erſten und die
Meſſe. ⎭ Handlungen den 3ten Februar
ihren Anfang.

La fiera di Pasqua ⎫ In ſelbiger fangen die Acceptatio-
Die **Oſter-Meſſe.** ⎬ nes den 2ten und die Handlungen
⎭ den 4ten May an.

La fiera d'Agoſto ⎫ Wo der Anfang der Acceptation
Die **Auguſt-** ⎬ den erſten und die Handlungen
Meſſe. ⎭ den 3. Auguſt iſt.

La fiera di Santi. ⎫ Wo die Acceptation den 2ten die
Die **Allerheili-** ⎬ Handlungen aber den 4. November
gen-Meſſe. ⎭ angefangen.

Wenn die Acceptations- und Handlungstage auf
verordnete Feyertage fallen, alsdenn ſind ſie auf den
erſt folgenden Werkeltag verlegt.

Jede Meſſe dauert von den erſt beſtimten Accepions-
Tag an zu rechnen noch 8 bis 10 Tage lang, in welcher
Zeit viele Millionen in Wechſelbriefen jedoch wenig
Waaren negociiret werden, denn dieſe Meſſen ſind ei-
gentlich nur zum Wechſeln angeleget.

Die in die hieſigen Meſſen gezogenen Wechſelbriefe
dürfen höchſtens nur ein Endoſſement haben, anſonſt
ſie nicht bezahlet, ſondern proteſtiret werden müſſen.

Jn

In denen hiesigen Messen hält man Buch und Rechnung in

fingirten Scudi d'oro marche à 20 Soldi à 12 Denari.

Dieser Scudi d'oro marche wurde sonst vor 1 Scudi d'oro oder eine halbe Doppie mit 1 pro Cent Unterschied also gerechnet, daß

101 Scudi d'oro marchi gleich war 100 Scudi d'oro, desgleichen rechnete man auch 100 Scudi d'oro gleich mit 122⅞ Scudi d'Argento, und die vergleichen sich.

101 Scudi d'oro marchi —
$\begin{cases} 122\frac{7}{8} \text{ Scudi d'Argento.} \\ 188 \text{ Pezze.} \\ 940 \text{ Lire di Banco und} \end{cases}$

1919 Scudi d'oro marche — 2350 Scudi d'Argento.

Anjetzo aber da man auch die Wechsel in Moneta fuori Banco bezahlt, so werden 100 Scudi d'oro marchi gleich 122⅞ Scudi d'Argento, zu 7 Lire 12 Soldi mit 15 pro Cent darauf in Lire fuori di Banco reduciret, und da vergleichen sich.

100000 Scudi d'oro marchi mit 1069776 Lire fuori Banco.

Die allhier roulirenden Münzen findet man unter Genua.

Zur Zeit besagte Messen wechselt man mit folgenden Plätzen, denn

nach	giebt man in solchen Sc. d'oro Marche,	und empfängt davor fremdes,
Amsterdam	1 Sc. Marche	*164 pf. vls. Bo.
Ancona	100 dito	166 Scudi mon.
Antwerpen	1 dito	168 pf. vls. Perm.
Augspurg	100 dito	176 Rthl. Giro.
Barcellona	1 dito	62 Sueld'os.
Bergamo	100 dito	246 Sc. de 7 Lire.
Bologna	100 dito	185 Sc. di Cambio.
Bolzano	1 dito	152 Xer Giro.

Ca:

	giebt,	enpfängt,
Cadix	1 Sc. Marche	620 Maravedis.
Florenz	100 dito	142 Scudi d'oro.
Frankfurt	1 dito	212 Kreuzer M.
Genua	100 dito	123 Sc. d'Arg.
Hamburg	1 dito	159 pf. vls. Banco.
Lyon	100 dito	296 Ecus.
Livorno	100 dito	185 Pez. d'otto.
London	1 dito	92 pf. Sterl.
Lucca	100 dito	155 Sc. de 7½ L.
Milano	1 dito	162 Soldi imp.
Napoli	100 dito	215 Duc. del R.
Nürnberg	100 dito	236 Rthl. Corr.
Meßina und Palermo	1 dito	42½ Carlini oder 22½ Tari.
Rom	100 dito	109 Scudi di Stampa.
St. Gallen	1 dito	181 Xer Spec.
Venedig	100 dito	185 Duc. Banco.
Wien	100 dito	232 Rthl. Corr.

Die Messen haben allhier durchaus die feste, und die fremden Plätze die veränderliche Valuta.

Der *Uso* ist nach Verordnung der Republic Genua bey Briefen.

nach Genua, Milano und Bergamo 20 Tage Dato.

nach Florenz, Rom, Venedig, Lucca, Bologna 25 Tage.

nach Napoli, Valenca, Barcellona und Saragossa 30 Tage.

nach Antwerpen, Cölln, Lecce und Bari 35 Tage.

nach Palermo, Meßina und Alcala 45 Tage.

nach Sevilla, Lisbona 2 Monath Dato, den Datum mit darunter begriffen.

M 5 Ke-

Respect-Tage sind allhier nicht, und außer denen Messen wird auch nicht gewechselt.

Nürnberg,

eine freye Reichs- und Handelsstadt in Franken gelegen.

Hält Buch und Rechnung, theils in
Gulden à 60 Kreuzer à 4 Pfenninge, theils in
Gulden à 20 Schillig od. Kaysergr. à 12 Pfenninge.

Die Münzen haben allhier folgende Verhältniß:

Spec. Thlr.	Thaler	Gulden	Kopfstücke	Batzen	Schillinge	Kreuzer	Pfenninge
1	$1\frac{1}{3}$	2	6	30	40	120	480
	1	$1\frac{1}{2}$	$4\frac{1}{2}$	$22\frac{1}{2}$	30	90	360
		1	3	15	20	60	240
			1	5	$6\frac{2}{3}$	20	80
				1	$1\frac{1}{3}$	4	16
					1	3	12
						1	4

Es vergleichen sich demnach 3 Spec. Thl. mit 4 Rthl.
2 Rthl. mit 3 fl. od. 9 Kopfst.
und 3 Batz. mit 4 ßl. od. Kaysgr.

Die Gelder welche man allhier berechnet, sind:

Banco welches auch ⟩ Es bestehet dieses in denen
Courent benennet wird ⟩ Münzen welche in der hiesigen
Banco angenommen werden, und worinne zu gewissen Preisen die meisten Wechselzahlungen geschehen.

Moneta d'oro sind die Carolins d'or zu 10 fl. gerechnet, die zu diesen Werth 10 pro Cent m. od. w. schlechter denn Banco oder Courent sind,

Me.

Moneta bianca oder Münze, bestehet aus den neuen 30, 15, 12, 6, 4 und 2 Xer Stücken die 20 pro Cent m. od. w. schlechter den Courent oder Banco ist.

Von würklichen geprägten Münzsorten dieser Stadt sind:

in Gold,

Ducaten und Goldgulden.

in Silber,

Ganze, halbe und Viertel alte Spec. Thaler, desgleichen Species - Thaler nach denn Conventions-Fuß à 2 fl. Courent, desgl.

Stücken von 15, 12, $7\frac{1}{2}$, 6, 5, 4, 3, $2\frac{1}{2}$, 2 und 1 Xer Münze.

Von andern und hier roulirenden fremden Münzsorten gilt m. od. w.

in Gold,

Der Carolin d'or 9 fl. 10 Xer Cour. od. 11 fl. Münzen.
Der Schild-Ld'or 8 fl. 52 s - s 10 fl. 36 Xer.
Der alte Frz. Ld'or 7 fl. 20 s - s 8 fl. 50 s
Die Span. Doppie 7 fl. 18 s - s 8 fl. 45 s
Der Ducat 4 fl. 10 s - s 5 fl. — s
Der Goldgulden 3 fl. 4 s - s 3 fl. 40 s

in Silber,

Der Frz. Laubthl. 2 fl. 17 s - s 2 fl. 45 s
Der X od. Alb. Thl. 1 fl. 56 s - s 2 fl. 26 s

Desgleichen so verlieren allhier pro Cento m. od. w. gegen Banco oder Courent.

Carolinen à 10 fl. 10 pro Cent.
Schild d'or à $9\frac{3}{4}$ fl. 7 pro Cent.
Span. Dopp. à $7\frac{1}{4}$ fl. 4 pro Cent.
Franz. Laubthlr. à $2\frac{3}{4}$ fl. 5 pro Cent.
Kayserl. 7 und 17 Xet $\frac{1}{2}$ pro Cent.

Nürnberg wechselt mit folgenden Plätzen, denn gibt es in seinem Corrent, und empfängt fremdes,

nach)	gibt es in seinem Corrent,	und empfängt fremdes,
Amsterdam	* 140 Rthl.	100 Rthl. Bo.
ober	* 136 dito.	100 Rthl. Corr.
Augspurg	* 101 dito.	100 Rthl. Corr.
ober	* 94⅓ dito.	100 Rtl. in Dop.
ober	* 89 dito.	100 Rthl. Münz
Breslau	* 119. Xer.	1 L. Banco.
Botzen	* 99 Rthl. oder fl.	100 Rthl. oder fl. mon. long.
Frankfurt	* 100 Rthl.	100 Rthl. Con.G.
Hamburg	* 140 dito.	100 Rthl. Banco.
Lyon und Paris	* 75 dito.	100 Ecus.
London	* 8 fl. 36 Xer.	1 L. Sterl.
Leipz. u. Naumb.	* 101⅓ Rthl.	100 Rthl. Corr. in Conv. Geld.
Prag und Wien	* 98⅔ Rthl. oder flor,	100 Rthl. oder fl. Cor. p. Cassa.
Venedig	* 124 Rthl.	100 Duc. Banco.

Nürnberg hat also zu allen Plätzen die ohnbeständige Valuta.

Das Uso ist wie in **Augspurg** und sind 6 Respect-Tage, Sonn- und Festtage mit darunter gerechnet. Dafern aber der letzte Respect-Tag auf einen Tag fällt, da man nicht in Banco schreibet, muß die Zuschreibung den Tag vorher geschehen.

Falls auch Wechselbriefe vor den jährlichen 2 Banco Schließungen, welche zu Ende Aprillis und Octobris geschehen, verfallen, so müssen solche entweder den Tag vor der Schließung abgeschrieben, oder prostetiret werden, die Respect-Tage mögen verflossen seyn oder nicht. Die Briefe auf Sicht lautend, müssen binnen 24 Stunden bezahlt werden.

Die

Die Nürnberger Banco ist 1621. errichtet worden, und nahm ehedessen vor Banco-Geld nichts anders als alte und schwere Silbermünzen an, weil aber selbige in Deutschland durchaus sind seltsam worden, so besteht anjetzo deren Annahme in Coursirenden Sorten, an Carolins, alte franz. Louis d'or, Span. Duppien, wie auch in denen nach Conventions-Fuß ausgeprägten Species-Thalern zu 2 fl. Obtge Goldmünzen nimmt die Banco nach den Werth an, wie sie die Course in Banco oder Courent setzen, und creditiret den Einbringer dafür auf seinen Conto.

„ Alle Wechselbriefe und Assignationes von 50 fl. und darüber, sie mögen auf Münzen oder Courent, auch außer der Banco pro Cassa zu zahlen lauten, desgleichen alle Waarenposten so nicht unter 200 fl. müssen durch die Banque bezahlet werden.

Ein jeder der sein Geld baar wieder aus der Banque nehmen will, kann es bekommen, wenn es nicht unter 50 fl.

Vor jede Summa so einen in Credito zugeschrieben wird, desgleichen vor jede Summa so einer baar aus der Banque nimmt muß er allemahl 3 X. Courent von 100 fl. die Juden aber doppelt so viel zahlen.

Das Ellenmaaß ist $1\frac{7}{12}$ pro Cent circa kürzer denn die Berliner Elle, und es vergleichen sich demnach

100 Berliner Ellen mit $101\frac{7}{12}$ Nürnberger Ellen.

Das Handelsgewicht ist $8\frac{1}{12}$ pro Cent circa schwerer den Berliner und es thut,

1 Sch. ℔ 3 Centner oder 300℔ à 2 m℔ oder à 32 Loth.

1 , , 100

100 ℔ Nürnberger thun $108\frac{1}{12}$ ℔ Berliner.

Gold, Silber und Geld wird nach Nürnberger m℔ gewogen.

1 m℔ hat

1 m℔ hat 8 Unzen 16 Loth 64 Quentlein 256 pf.

　　　　1　⸰　2　⸰　8　⸰　　　32 ⸰

　　　　　　1　⸰　4　⸰　　　16 ⸰

　　　　　　　　1　⸰　　　4 ⸰

Das Gold probiret man 1 m℔ fein à 24 Karath à 12 Grän oder à 288 Grän und koſtet ſelbige 280 fl. Cour. m. o. w.

Das Silber probiret man 1 m℔ fein zu 16 Loth à 4 Quent. à 4 pf. oder zu 256 pf. ſelbige gilt 20 fl. Cour. m. o. w.

Palermo ſiehe Meßina.

Paris
und ganz Frankreich.

Hält Buch und Rechnung in
Livres à 20 Sols à 12 Deniers tournois.

Die Münzen wornach man in Frankreich rechnet, haben folgende Verhältniß:

Ecu		Liv.	Sols d'or	Sols tourn.	Denier d'or	Deniers tournois
1 hat		3	20	60	240	720
		1	6⅔	20	80	240
			1	3	12	36
				1	4	12
					1	3

Nota die Deniers d'or werden auch Liards genennet.

　　　　　　　　　　　　　Die

Die würklich geprägten Münzsorten von
Frankreich sind anjetzo,

in Gold,

doppelte Louis d'or zu 48 ⎱ Livres und sind diese 3
einfache ditto zu 24 ⎰ Sorten unter dem Nah-
halbe ditto zu 12 . ⎰ men Schild Louis d'or in
⎰ Deutschland bekannt.

1.

in Silber.

doppelte Ecus zu 6 ⎱ Livres sind in Deutschland unter
einfache ditto zu 3 ⎰ dem Nahmen Laubthaler bekannt.
Stücken zu 24, 12, 6, 2, 1½ und 1 Sols tournois.

in Kupfer.

doppelte und einfache Liards zu 6 und 3 Deniers
tournois.

> *Nota* denen in Deutschland und fast ganz Europa
> bekandten alten franz. Louis d'ors und Louisblanc
> ist in Frankreich selbst kein Cours vergönnet, son-
> dern müssen in die Münzhäuser abgeliefert wer-
> den, wo man annimmt.

Die m̃ alte Louisd'or à 22 Car. fein gerechnet
701 Liv, 7 S. 6 den tourn.

Die m̃ alte Louisblanc à 11 Den. fein gerechnet
48 Liv. 9 S. 3 Den. tourn.

Von fremden Münzen werden in denen franz.
Münzhäußern folgende nach der Mark franz. angenommen und bezahlet:

in Gold,

allerhand Sorten Ducaten, und Ve- Liv. S. Den tourn.
netian. Zecchinen zu 23 7/16 Car.
fein gerechnet. 747 4 —
Span. Pistolen Engl. Guinees und
Portugies. Millerees zu 22 Car.
fein gerechnet. 701 7 6

Port.

Port. Crufados und Fland. Severins Liv. S. den tourn.

zu 21⅞ Car. fein gerechnet   697   7   8

Neue Piftolen von Peru zu 21⅜

- Car. fein.   689   8   4

In Silber,

Fein Silber von 12 Den. fein   52 17   4

Fein Lüneb. 3tel zu 11 Den. 16 Gr.

fein gerechnet.   51   7 11

Holl. und Cölln. Ducatons auch Ge-

novinen zu 11 Den. 2 Gr. fein

gerechnet   48 16   7

alle Span. Stück von Achten und Engl.

Kronen zu 11 Den. fein gerechnet. 48   9   3

Neue Piaftre von Mexico zu 10 Den.

21⅓ Gr. fein   47 19 11

Deutfche Spec. Thaler zu 10 Den. 8

Gr. fein   45 10   5

Fland. Pattagons, holl. Thaler zu 10

Den. 5 Gr. fein.   44 19   5

Grobe deutfche ⅓tel zu 8 Den. 21 Gr.

fein.   39   1 11

Außer diefen aber verkauft man in Paris.

Die Once Ducaten   zu 98 Liv. 10 Sols ⎫

Die Once Port. Goldmünz. ⟋ 91 - — · ⎪

Die Once Span. ditto   ⟋ 90 - — · ⎬ m. o. w.

Die m⅓ Span. Piaftre   ⟋ 50 - — · ⎭

Frankreich wechfelt mit folgenden Plätzen, denn

Lyon nach	giebt in feinem eignen Gelde,	und empfängt davor frembes;
Amfterdam	1 Ecu d'or	*56 pf. vls. Banco.
Augfpurg	*53 Sols tourn.	1 fl. Cour.
Cadix	*75 Sols dito	1 Pefos de plata.
Genua	*96 Sols dito	1 Pezza d'otto de 5¼ Lire.
Livorno	*95 Sols dito	1 Pezza d'otto.
London	— 1 Ecu d'or	*31 pf. Sterl.

Ma⸗

	giebt,	empfängt,
Madrit	*75 Sols tourn.	1 Pesos de plata.
Marseille und Paris	*¼ pro Cent profit oder Verlust.	neml. 99½ vor 100 oder 100½ vor 100
Wien	*52 Sols tourn.	1 fl. Corrent.

Marseille

wechselt nach andern Plätzen eben so wie **Lyon.**

Paris nach	giebt in seinem eignen Gelde,	und empfängt fremdes,
Amsterdam	1 Ecu	*56 pf. vls. Banco.
Antwerpen	1 Ecu	*57 pf. vls. Perm.
Cadir	*15 Liv. 5 Sols t.	32 Reali oder 1 Duplon.
Genua	*96 Sols tourn.	1 Pezza d'otto.
Hamburg	*177 Livres oder Ecu	100 mℓ od. Rthl. Banco.
Lyon	*¼ pro C. Gewinn od. Verlust wie oben.	
Livorno	*95 Sols tourn.	1 Pezza d'otto.
London	1 Ecu	*31 pf. Sterl.
Madrit	*15 Liv. 8 Sols	32 Reali oder 1 Duplon.

Bourdeaux

wechselt nach andern Plätzen, wie **Paris,** oder mit

Hamburg	1 Ecu	*27 ß lübs.

Montpellier und Rouen

wechseln mit **Paris,** oder nach)

Genua	*160 Ecus de 3 L.	100 Pezze d'otto
Livorno	*159 Ecus dito	100 Pezze d'otto

Rochelle und Nantes

wechseln ebenfalls wie **Paris** oder nach)

N   Am

Amsterdam	*210 Liv. tourn.	100 fl. Banco.
Antwerpen	*206 Liv. dito	100 fl. Permis.
London	*235 Liv. dito	10 L. Sterl.

Ob man zwar in denen it̄igen Lyoner und Pariser Cours-Zetteln keine andere Plätze, als diejenigen findet, so ich angegeben und erkläret habe; so will ich doch noch einige erklären, welche ehedem im Gange gewesen, auch wohl noch, obgleich selten vorkommen.

Lyon und Paris

	giebt,	empfängt,
Bologna	1 Ecu	*154 Bolognini.
Botzen		1 fl. oder 60 Xer
Frankfurt	*52 Sols tourn.	in diesen Plä-
Nürnberg		tzen.
Frankfurt	*126 Ecu	100 Thl. Wechsel-Geld.
Florenz	100 Ecus	*48 Scudi d'oro.
Genf	*167 Ecus oder Livres	100 Ecus oder Liv. Corr.
Leipzig	*132 Ecus	100 Thl. Conv. G.
Lissabon	1 Ecu	*460 rees.
Milano	1 Ecu	*55 Soldi imper.
Napoli	*142 Ecus	100 Ducati di Regno.
Nove	*320 Ecus	100 Scudi d'oro marche.
Rom	100 Ecus	*37 Scudi di Stpa. d'oro.
St. Gallen	1 Ecu	*62 Xer Spec.
Turin	1 Ecu	*51 Soldi Piem.
Venedig	100 Ecus	*61 Ducati Bo.

Nota. Die mit * gezeichneten Preise sind steigend und fallend.

Der

Der *Uſo* in Frankreich iſt bey Briefen
aus **Spanien** und **Portugall** 60⎞ Tage nach Dato
aus andern Plätzen aber nur   30⎠ des Briefes.

Reſpect-**Tage** ſind in Frankreich Zehen nach den
Verfalltag, und iſt dieſer nicht mit darinne begriffen;
die Briefe aber ſo auf Sicht geſtellet, genießen ſelbige
nicht, ſondern müſſen binnen 24 Stunden bezahlet
oder proteſtiret werden,

Man hat in **Paris** dreyerley **Ellenmaaß**,
nehmlich: die Aune zu Seidenwaaren, die Aune zu
Tuch, und die Aune zu Leinwand, erſtere iſt 78$\frac{2}{3}$,
zweyte 78, und letztere 77$\frac{1}{8}$ pro Cent circa länger
denn die Berliner Elle, folglich:

> 100 Aunes zu **Seiden**   thun 178$\frac{2}{3}$⎞
> 100 Aunes ‚ **Tuch**   ‚ 178   ⎬ Berl. Ellen.
> 100 Aunes ‚ **Leinewand** ‚ 177$\frac{1}{8}$⎠

Das **Ellenmaaß** anderer Plätze Frankreichs iſt
bey denen Plätzen ſelbſt angezeigt.

Das **Handelsgewicht** allhier poids de Marc genant, ſo an vielen Franzöſiſchen Oertern gebräuchlich,
iſt 4$\frac{1}{7}$ pro Cent ſchwerer denn Berliner, und hat
folgende **Verhältniß** in der **Eintheilung.**

Das **größere** iſt:

1 Charge hat 3 Quintales oder 300 Livres
      1 dito   hat 100 Livres oder ℔.

Von **kleinern** hat:

Livre	Marc	Onces	Gros oder Drachme	Deniers od. Carats	Grains	Carobes
1	2	16	128	384	9216	221184
	1	8	64	192	4608	110592
		1	8	24	576	13824
			1	3	72	1728
				1	24	576
					1	24
						auch⎠

auch theilet man

| | demi | | demi | | demi |
Livre	Livres	Quarterons	Quarterons	Onces	Onces
1	2	4	8	16	32
	1	2	4	8	16
		1	2	4	8
			1	2	4
				1	2

100 ℔ pieds de Marc aus Paris — 104$\frac{7}{16}$ ℔ in Berl.

Das Gold- und Silbergewicht, auch *Trois-Gewicht* genant, hat folgende Eintheilung, wovon zu bemerken, daß 1 Marc eben so viel als $\frac{1}{2}$ Livre oder ℔ poids de Marc ist.

Marc	Onces	Gros oder Draehmes	Eftelins	Deniers	Mailles	Felins	Grains
1	8	64	160	192	320	640	4608
	1	8	20	24	40	80	576
		1	2$\frac{1}{2}$	3	5	10	72
			1	1$\frac{1}{5}$	2	4	28$\frac{4}{5}$
				1	1$\frac{2}{3}$	3$\frac{1}{3}$	24
					1	2	14$\frac{2}{5}$
						1	7$\frac{1}{5}$

Die Feinheit des Goldes und Silbers probiret man.

1 m℥ fein Gold à 24 Carats à 32 Theile

1 m℥ fein Silber à 12 Deniers à 24 Grains.

Die Edelgesteine wiegt man

1 Once zu 144 Carats oder 576 Grans

1 dito zu 4 dito.

Prag siehe Wien.

Re-

Reval,

in Liefland gelegen und an Rußland gehörig.

Hält Buch und Rechnung in

Rubel à 10 Grieven à 10 Kopeken, desgleichen auch in Reichsthalern à 80 Kopeken oder à 64 Witten.

Die hiesigen Münzen haben folgende **Verhältniß** zu einander:

Rubel	Rthl.	Cour. Rtl.	Schwed. Carolin	Grieven	Witten	Kopeken
1	$1\frac{1}{4}$	$1\frac{7}{13}$	4	10	80	100
	1	$1\frac{3}{13}$	$3\frac{1}{5}$	8	64	80
		1	$2\frac{3}{5}$	$6\frac{1}{2}$	52	65
			1	$2\frac{1}{2}$	20	25
				1	8	10
					1	$1\frac{1}{4}$

Hieraus vergleichen sich:

  4 Rubel   sind   5 Reichsthaler

 13 Rthl.   —   16 Cour. Rthl.

  5 Cour. Thl. —   13 Schwed. Carolinen.

Die **würklichen Münzsorten**, so hier rouliren, sind die Rußischen so unter **Archangel** beschrieben sind, auch ist allhier eben so wohl der alte Calender wie in Archangel und ganz Rußland.

Reval wechselt mit folgenden Plätzen, denn

nach	giebt es in seiner eigenen Geld,	und empfängt davor fremdes,
Amsterdam	114 Kop. m. o. w	pro 1 Thlr. Cour.
Hamburg	120 ditto	pro 1 Thlr. Bo.
Lübeck	99 ditto	pro 1 Thlr. Cour.

Das

Das Ellenmaaß ist 24¼ pro Cent circa kürzer denn Berliner, folglich vergleichen sich,

100 Ellen aus Berlin thun 124¼ Ellen in Reval, und 4 Ellen aus Reval — 3 Ruf. Arßinen.

Das Handelsgewicht, ist 8½ pro Cent circa leichter denn Berliner, und vertheilet sich:

1 Sch.℔ 3⅓ Centner 20 Lies℔ oder 400℔.
1 : 6 : : 120 :
1 : : 20 :

19 ℔ aus Reval thun 20 ℔ Rußisch.
100 ℔ Berliner thun 108½ ℔ in Reval.

Riga.

Die Hauptstadt Lieflandes, ebenfals an Rußland gehörig, hält Buch und Rechnung in,

Reichs- oder Albertsthaler à 90 Groschen oder auch in Gulden à 30 Groschen.

Das Verhältniß hiesiger Münzen ist folgendes:

Rthlr. hat	fl.	m℔	m℔ ferdings	ferdings	Gr.
1	3	15	30	60	90
	1	5	10	20	30
		1	2	4	6
			1	2	3
				1	1½

Alberts-Valuta allhier, sind Holländische Alberts, oder Courent, desgleichen Löwenthaler, in welcher man die Waaren bey Partheyen verhandelt und die Wechsel bezahlet.

Rigaisch Courent aber ist die allhier coursirende Ferdings Münze, welche 36 à 40 pro Cent circa schlechter den Alberts-Valuta ist.

Die Münzsorten, so allhier rouliren, sind folgende und gelten m. od. w.

Aller-

Allerhand Sorten Rthlr. Gr. Alberts oder mℨ ferdings
Ducaten zu · 2 10 · ⸗ ⸗ 85 ⸗
Albertsthaler gantze 1 ⸗ ⸗ ⸗ 40 ⸗
½ und ¼tel ditto
nach proportion
Lauen. oder Holl.
Löwenthaler 75 ⸗ ⸗ 34 ⸗

Rußisch Geld ist 14 pro Cent m. od. w. schlechter den Albertsthaler, oder man rechnet 114 Kopecken m. od. w. pro 1 Albertsthaler, und es gilt in Courent.

1 Rubel 36 mℨ ferdings.
1 Poltinick · 20 ⸗
1 Polupoltinick 10 ⸗
1 Grive 4 ⸗
1 Piat. Kopeck. 2 ⸗
und 5 Poluschken ½ ⸗

Pohlnisch Courent rechnet man 116 Gr. Pohl. m. od. w. pro 1 Albertsthaler, und es gilt m. od. w. in Courent.

1 Timpf 6 mℨ ferdings.
1 Szostack 2 ⸗
1 Trojack 1 ⸗
1 Polturack ½ ⸗

Riga wechselt mit folgenden Plätzen denn.

nach	giebt es in seinen Albertsthaler	und empfängt devor:
Amsterdam	100 Albertsthlr.	103 Rthlr. Cour. m. od. w.
Danzig	1 ditto	145 Gr. Pohl. m. od. w.
Hamburg	103 ditto m. o. w.	100 Rthlr. Banco
oder	100 ditto	103 Rthlr. Banco, m. od. w.

Lübeck wie Hamburg, auch in Hamburg zahlbar.
Königsberg 1 Alb. Thaler, 126 Gr. Pohl. Preuß. m. o. w.

Riga bedienet sich ebenfals des alten oder Inlianschen Calenders, und wenn es trassiret, so geschiehet es gemeiniglich nach Amsterdam à 36, 41 oder 65 Tage nach dato, nach Hamburg aber à 60 Tage nach dato.

Das hiesige Ellenmaaß ist circa 21⅕ pro Cent kürzer denn Berliner, folglich vergleichen sich

13 Rigische Ellen mit 10 Rußischen Arschinen und 100 Berliner Ellen mit 121½ Rigaische Ellen.

Das Handelsgewicht hat folgende Verhältniß, und ist 12⅟₁₆ pro Cent circa leichter denn Berliner.

Last	hat	Sch ℔	Lof.	L. ℔	℔ à 2 m℥
1		12	48	240	4800
		1	4	20	400
			1	5	100
				1	20

100 ℔ Berliner thun 112⅟₁₆ ℔ in Riga.

Gold und Silber wird gewogen nach m℥ Gewicht, welches ½ ℔ Rigisch betragen soll.

Die m℥ fein Gold wird à 24 Karath à 12 Grän.

Die m℥ fein Silber aber à 16 Loth à 18 Grän fein im probiren gerechnet.

Rochelle.

Hält Buch und Rechnung, hat alle Münzen wie ganz Frankreich, wo man unter Paris nachsehen kann.

Die Wechselarten, Uso, Respect-Tage finden sich ebenfals unter Paris.

Das Ellenmaaß ist 77½ pro Cent circa länger denn Berliner, und es vergleichen sich also

100 Annes thun 177½ Ellen in Berlin.

Das hiesige Gewicht ist das unter Paris beschriebene poids de marc.

Rom,

Rom,

die Haupt- und Residenzstadt des Pabsts.

Hält Buch und Rechnung in

Scudi Moneta auch Romani genant à 10 Paoli, à
10 Bojocchi oder in

Scudi Moneta auch Romani genant à 100 Bojocchi
Corenti gerechnet.

Diese Eintheilungen sind einerley, denn man hat
gleiche Zahlen, ob man sagt

123456 Bojocchi, oder

1234 Scudi 5 Paoli 6 Bojocchi, oder

1234 Scudi 56 Bajocchi.

Das Verhältniß der hiesigen Münzen ist folgendes:

Scudo Romano od. Moneta	Testoni	Paoli od. Giuli	Bajocchi	Quatrini	Mezzi Quatrini
1	3⅓	10	100	500	1000
	1	3	30	150	300
		1	10	50	100
			1	5	10
				1	2

Der Ducato d'oro di Camera ist nur in der Pabst-
lichen Dataria gebräuchlich, und wird zu 16 Paoli oder
Giuli gerechnet.

Zu Schließung der Wechsel nach verschiedenen
Plätzen bedienet man sich:

Den Scudo di Stampa d'oro, so singiret und zu 15 Paoli
150 Bajocchi 750 Quatrini oder 1500 Mezzi
Quatrini mit einen festen Agio von 23 oder 25
Mezzi Quatrini gerechnet wird, und diese Agio
verstehet sich folgender Gestalt:

N 5   Der

Der Remittent so in Rom Briefe kauft, zahlet vor jeden Scudi di Stampa d'oro 1523 Mezzi Quatrini. Wenn aber ein frember Wechsel in Rom bezahlet wird, empfängt der Inhaber des Briefes 1525 Mezzi Quatrini vor jeden Scudo di Stampa d'oro.

Es vergleichen sich aber allhier:

1000 Scudi di Stampa d'oro à 1523 Mezzi Quat. mit 1523 Scudi Moneta.

40 Scudi di Stampa d'oro à 1525 Mezzi Quat. mit 61 Scudi Moneta.

3 Scudi Romani oder Moneta aber mit 10 Testoni.

Von **würklich geprägten Münzen** sind allhier

in Gold,

Doppien	zu 33	Paoli
Halbe detti, Scudi d'oro genant	16½	
Zecchini	20½	
Halbe detti	10¼	
Viertel detti	5	

in Silber,

Ganze Piastre vecchie	10½
Halbe detti	5¼
Ganze Scudi Moneta oder Romani	10
Halbe detti	5
Testone	3
Papette	2

Ganze, ½ und ¼ Paoli à 10, 5, und 2½ Bojocc.
Doppelte und einf. Carlini à 15 u. 7½ detti
Doppelte u. einf. Bojocchelle à 4 u. 2 detti

in Kupfer,

Bojocchi	à 5	Quattrini
Mezzi Bajocchi	à 2½	detti.
Stücke zu	1	detti.

Von **fremden Münzsorten** gelten allhier m. ö. w.

in

in Gold,

Span. Doppien oder Franz. Ld'or	zu 36 Paoli
Venet. oder Florent. Zecchini	‚ 20½ ‚
Ongari	‚ 20

in Silber,

Filippi di Milano	‚ 10¾ ‚
Francesconi	‚ 10 ‚
Livorninen	‚ 9¾ ‚
Neapolit. Carlini gelten 7½ Bajocchi circa.	

Rom wechselt mit folgenden Plätzen, denn

nach	giebt es in seinem eignen Gelde,	und empfängt davor fremdes,
Amsterdam	*41¾ Sc. mon.	100 fl. Holl. Cco.
Ancona	*99 Scudi dito.	100 Scudi mon.
Bisenzone	*109 Scudi di St.	100 Sc. marche.
Bologna	*101 Scudi mon.	*100 Scudi mon.
Cadix	1 Scudi di Stampa	*562 Maraved.
Florenz	*78 Scudi di Stam.	100 Scudi d'oro.
Genua	1 Scudo mon.	*128 Soldi cor.
Livorno	*90¾ Scudi mon.	100 Pez. d'otto.
Madrid	1 Sc. di Stampa	*560 Maraved.
Milano	*77 Sc. di Stam.	100 Scudi imp. de 117 Soldi.
Napoli	100 Sc. mon.	*126 Duc. del R.
Paris, Lyon	1 Scud. mon.	*105 Sols tour.
Venedig	*62 Sc. di St.	100 Duc. di Banco
Dann und wann auch nach		
Messina und Palermo }	1 Scud. mon.	*13¾ Tari oder *27 Carlini.

Nota. Die mit * bezeichneten Preise sind steigend und fallend.

Auf alle vorherstehende Plätze trassiret Rom à Uso, nur auf Paris ziehet es à 35 bis 40 Tage Dato.

Der

Der *Uſo* in Rom bedeutet bey allen Wechſeln, ſo außerhalb des Päbſtlichen Gebieths hieher gezogen werden, 3 Wochen nach der Acceptation.

Die innerhalb deſſelben gezogen werden, haben nur 2 Wochen zum *Uſo*.

Die Wechſelbriefe haben zu Rom keine *Reſpect-Tage*, ſondern der Sonnabend jeder Woche iſt beſtimmter Zahltag, indeſſen iſt es allhier, üblich daß Kaufleuthe dieſen Zahltag nicht einmahl abwarten, ſondern gleich den Tag nach den Verfalltag eines Wechſels bezahlen.

Die Wechſelbriefe werden bis auf 10 ſcudi Moneta, mit Credit-Billets oder Aſſignationes auf das Leihhauß, oder Monte de pieta, und auf die Banco del Spirito Santo bezahlet. Man giebt allhier nehmlich dem Leihhauß Unterpfand und der Banque Geldſorten in Verwahrung, davor erhält man Credit-Billets, oder auch Credit auf den Büchern; Wenn man alsdann zu bezahlen hat, ſo giebt man Aſſignationes, auf die Banque, wo das Geld ſtehet, und dieſe zahlet es durch Credit-Billets, welche allhier ſo gut als baar Geld ſind.

Man miſſet allhier mit fünferley Ellenmaaß, nehmlich:
Zu Seiden- und Wollenwaaren hat man
Die Kauffmanns Canna zu 8 Palmos und die Braccio.
Zu Leinwand hat man ebenfals eine Cane und Bracce.

Die Kauffmanns Bracce iſt 27¼ pro Cent circa länger, die Palme aber 186¼ pro Cent circa kürzer denn die Berliner Elle.

Die Leinwand-Canne iſt 213⅛ pro Cent circa länger, die Bracce aber 5⅟₁₆ pro Cent circa kürzer denn die Berliner Elle.

100 Kauffmanns Braccen	— 127⅞ Berl. Ellen.
100 Berliner Ellen	— 268⅛ Röm. Palmi.
100 Leinwand-Canne	— 313⅛ Berliner Ellen.
100 Berliner Ellen	— 105⅟₁₆ Leinw. Bracce.

Bey

Bey den **Handelsgewicht** hat man Quintalen
zu 100, 160 und 250 ℔.

Die Waaren so allhier verkauft und auf der Waage
gewogen werden geben 4 pro Cent mehr, von diesen
guten Gewicht muß der Käufer 2 pro Cent an die
Cammer wieder abgeben.

100 ℔ aus Berlin — 132¾ ℔ circa in Rom.

Bey den **Silbergewicht** hat in Rom.

℔	Oncie	Dramme	Scrupoli	Oboli	Silique	Grani.
1	12	96	288	576	1728	6912
	1	8	24	48	144	576
		1	3	6	18	72
			1	2	6	24
				1	3	12
					1	4

Rotterdam,

In Südholland, hält Buch und Rechnung in
Gulden à 20 Stüvers à 2 Groot, oder ½ Stüvers in Courent.

Die Münzen, Wechselarten, *Uso,* Respect-
Tage sind wie in **Amsterdam.**

Die hiesige Banque ist Anno 1635 errichtet, und
nimmt in Courent die Ryders zu 14 und 7 fl. und
andere Holländische Münzen als Banco-Geld an, doch
sind die Seeländischen Thaler von 52 Stüver und dergleichen Schillinge von 6 Stüver davon ausgeschlossen.
Die Banque erlaubet allhier 2 Conten, eine in Banco,
die andere in Courent zu haben, man muß sich aber
um den Banco-Agio zu 4 pro Cent m. od. w. deswegen vergleichen.

Das hiesige **Ellenmaaß** ist 3¼ pro Cent circa
länger als Berliner, und es vergleichen sich.

100 Ellen aus **Rotterdam** mit 103½ Elle in Berlin.

Das Handelsgewicht allhier aber ist zweyerley, schwer und leicht.

Das schwere Gewicht ist das unter **Amsterdam** beschriebene.

Das leichte Gewicht aber differiret 5 pro Cent gegen schweres, doch werden damit nur die Waaren bey Kleinigkeiten gewogen.

100 ℔ Rotterdam schwer Gewicht thun 105½ ℔ Berliner circa.

100 ℔ Rotterdam leicht Gewicht thun 100⅛ ℔ Berliner circa.

Rouen,

In der Normandie unter Frankreich gelegen,

Hält Buch und Rechnung, hat die Münzen, Wechselarten, *Uso*, *Respect*-Tage wie ganz Frankreich, wovon man unter **Paris** nachsehen kann.

Vom Ellenmaaß hat man allhier zu Tuch- und Seiden Waaren eine ander Aune als zu Leinewanden, erstere ist 74½ pro Cent circa letztere aber 109$\frac{1}{6}$ pro Cent circa länger denn die Berliner Elle.

also 100 Aunes zu Tuch und Seide thun 174¼ Ellen in Berlin.

also 100 Aunes zu Leinewanden thun 209$\frac{1}{6}$ Ellen in Berlin.

Das Handelsgewicht ist auch zweyerley, denn man wiegt allhier mit

Poids de marc, so unter **Paris** beschrieben, und mit

Poids de Vicomté so 10$\frac{7}{8}$ pro Cent circa schwerer denn Berliner Gewicht ist.

1 Quin-

ι Quintal — 100 ℔ poids de Vicomté thut 106 ℔ poids de marc.

Des Quintal de Vicomté Spanische Wolle aber thut 108 ℔ poids de marc.

100 ℔ poids de Vicomté thun 110⅞ ℔ in Berlin.

Ryssel siehe Lille.

St. Gall,

In der Schweitz gelegen, hält Buch und Rechnung in Gulden à 60 Kreutzer à 8 Heller.

Die Verhältnis der hiesigen Münzen ist:

fl.	hat Schil.	Batzen	Kreutzer	Heller
1	10	15	60	480
	1	1½	6	48
		1	4	32
			1	8

Man berechnet allhier zur Valuta entweder Species, das ist Wechselgeld, wornach man die Wechsel auf Amsterdam und Hamburg schließt, und die rohe Leinewand einkauft; oder

Courent, und beyde Valuten vergleichen sich dergestalt, daß man 1790 fl Species oder Wechselgeld gleich rechnet mit 1383 fl. Cour.

Der Grund von dieser Vergleichung liegt in den Ld'or, Span. Pistolen, welche allhier für feste, zu 6 fl. 36⅔ Xer Species und zu 7 fl. 41 Xer Courent gerechnet wird, doch ist dieses nur ein Masstock, dadurch man das pari der Species gegen Courent Valuta bestimmet, denn:

Bey den Wechseln auf Amsterdam und Hamburg, deßgleichen bey Einkaufung roher Leinewand läßt man

Ld'or

Ld'or oder Piſtolen 7 fl. 58 Xer Courent vor beſtändig gelten, und bey der Handlung haben ſie Cours zu
8 fl. 18 Xer Courent m. od. w. Eben ſo gilt

Der *Mirleron*, bey Wechſel und Leinewand 6 fl.
25⅔ Xer Species feſte: dieſes beträgt nach obigen
Verhältniß das 1190 fl. Spec 1383 fl Cour. thun
7 fl. 28¼ Xer Courent circa, und doch gilt er bey der
Handlung 8 fl. Courent m. od. w.

Der *Carolin d'or* hat keinen feſtgeſetzten Werth in
Species Valuta, bey Wechſel und Leinewand iſt er auf
10 fl. 8 Xer Courent geſetzt, bey der Handlung aber
gilt er wieder 10 fl. 24 Xer Courent m. od. w.

Der Sonnen Ld'or iſt geſetzt   und gilt in Handlung
            8 fl. 3 X. Spec.   10 fl. Cour. m. o. w.
der Schild Ld'or 8 fl. 3 X. —   10 fl. 10 X. Cour.
der Duc. von ⅛
   Piſt. Gewicht 3 fl. 40¼ X.   4 fl. 28 X. —
der Burg. Alb. o.
   X. Thaler   104 X.   2 fl. 8 X. —
der alte franz.
   Louisthaler   108 X.   2 fl. 16 X. —
der neu franz.
   Laubthaler   126 X.   2 fl. 32 X. —

Auf dieſe Art vergleichen ſich vorherſtehende Münzſorten folgender geſtalt, daß:

18 Louisd'or, oder Piſtol. gleich ſind 119 ⎫
180 Mirletons   1157 ⎪
4149 Carolinsd'or   36176 ⎬ fl. Species
20 Sonnen oder Schild D'or   161 ⎪ od. Wech-
40 Ducaten à ⅛ Piſtol. Gew.   147 ⎪ ſel Valuta.
15 Alb. oder Rthlr.   26 ⎪
5 Louisblanc   9 ⎪
10 Laubthaler   21 ⎭

                                    St. Gall.

St. Gallen wechselt mit folgenden Plätzen, denn

nach	giebt es in seinem eignen Gelde,	und empfängt davor frembes,
Amsterdam	* 118 Xer Spec.	1 Rthl. Banco.
oder	* 52 Xer Cour.	1 fl. Cour.
Augspurg	* 113 fl. Cour.	100 fl. Cour.
Bolzano	* 118 fl Cour.	100 fl. Valuta
Frankfurt	* 100½ fl. Cour.	100 fl. alte Münze
Genua	* 21 Xer Cour.	1 Lire fuori Bo.
Geneve	* 126 Xer Couc.	1 Rthl. Cour. à 3 L.
Hamburg	* 119 Xer Spec.	1 Rthl. Banco
Leipzig	* 7 fl. 56 X. Cour.	5 Rthl. Ld'or
Livorno	* 120 Xer Cour.	1 Pezze d'otta.
London	* 9. fl. 52 X. C.	1. L. Sterl.
Milano	* 20 Xer Cour.	1 Lire corr.
Nürnberg	* 113 fl Cour.	100 fl. cour.
Paris, Lyon	* 72 Xer Cour.	1 Ecu.
oder	* 24 Xer Cour.	1 Livre.
Venedig	* 12 Xer Cour.	1 Lir. piccol.
Wien	* 111 fl. Cour.	100 fl. C. p. Cassa

Nota Wenn St. Gallen nach Lion oder Paris wechselt, so wird über den Cours noch 4 pro Cent m. od. w. nach Venedig aber 8 pro Cent m. o. w. als Agio gegeben. Die mit * bezeichneten Preise sind veränderlich.

Man trassiret allhier.

auf Amsterdam, Hamburg und London à 2 und 3 Monat dato.

auf Genua, Livorno, Milano, Venedig, à 1 Mon. dato.

auf Paris à 2, auf Augsburg, Frankfurt, Nürnberg, Wien, à 1 Uso desgleichen.

auf Frankfurt, Botzen, Leipzig, Lion in die Messen.

auf Geneve und Lion auch à 8 Tage Sicht.

O   Der

Der *Uso* allhier ist wie in Augspurg.

Die Briefe so à Uso gezogen haben 3, die aber auf kürzere oder längere Zeit gestelten nur 2 Respect-Tage.

Man hat allhier Ellenmaaß zu Wollen-Waaren welches $8\frac{1}{2}$ pro Cent circa kürzer und zu Leinewand, welches $20\frac{1}{2}$ pro Cent circa länger denn die Berliner Elle ist.

100 Ellen zu Leinwand thun $120\frac{1}{2}$ Berliner Ellen.

100 Berliner Ellen thun $108\frac{1}{2}$ Ellen zu Wollen in St. Gall.

Das Gewicht ist ebenfalls schwer und leichte, ersteres ist $24\frac{11}{12}$ pro Cent circa schwerer, das andere aber $\frac{3}{4}$ pro Cent circa leichter denn Berliner Gewicht.

100 schwere ℔ aus St. Gall. thun $124\frac{11}{12}$ ℔ in Berlin.

100 Berliner ℔ thun $100\frac{3}{4}$ ℔ leicht Gewicht zu St. Gallen.

St. Petersburg siehe Archangel.

Sevilla,

in der Spanischen Provintz Andalusia gelegen, hält Buch und Rechnung wie Cadix, die Münzsorten, Wechselarten und *Uso* muß man unter Madrit nachschlagen, jedoch sind allhier.

14 Respect-Tage nach den Verfalltag eines Wechsel-Briefes,

Maaß und Gewicht ist ebenfalls unter Madrit zu suchen.

Stet-

Stettin,

in Pommern gelegen, und dem Hause Brandenburg zuständig. Hält Buch und Rechnung wie Berlin vor Errichtung der Banque, in

Thaler à 24 Groschen à 12 Pfennige, oder auch in
Thaler à 36 Schillinge à 8 Pfennige, in Courent.

Die hiesigen Münzen verhalten sich folgender gestalt zu einander.

Thaler	Flor.	Groschen	Schillinge	Gund. Schil.	Dreyer	Witten	Pfennige oder Fierken
1 hat	1½	24	36	72	96	144	288
	1	16	24	48	64	96	192
		1	1½	3	4	6	12
			1	2	2⅔	4	8
				1	1⅓	2	4
					1	1½	3
						1	2

Die allhier sich befindlichen Münzsorten sind die unter Berlin beschriebenen Landesmünzen

Stettin wechselt mit folgenden Plätzen, denn

nach	giebt es in Preuß. Courant	und empfängt davor
Amsterdam	148 Rthl. m.v.w.	100 Rthl. Banco
oder	143 Rthl.	100 Rthl. Cour.
Hamburg	147 Rthl.	100 Rthl. Banco

Das Ellenmaaß ist 2$\frac{2}{7}$ pro Cent circa kürzer denn Berliner, und es vergleichen sich

100 Berliner Ellen mit 102$\frac{2}{7}$ Ellen in Stettin.

Q 2 Das

Das **Handelsgewicht** hat die Schwere des Berliner.

1 Sch.℔ in 2⅓ Centner 20 Lies℔ 280 ℔.
1 — 8 — 112 —
1 — 14 —

1 Stein Wolle hat 21 ℔.
1 kleiner Stein hat 10 ℔.

Stockholm.

Die Haupt- und Residenz-Stadt von Schweden, hält Buch und Rechnung in **Thaler** à 32 Oere à 4 Oerlein oder auch à 24 Pfennige.

Zur Valuta berechnet man in Schweden entweder **Silber**, oder **Kupfermünze**, davon die Verhältnis der Münzen gegen einander folgende ist:

Thaler		Marck		Oere		Oerlein		Pfen.
Silb. Münz	Kupf. Münz	Silb. Münz	Kupf. Münz	Silb. Münz	Kupf. Münz	Silb. Münz	Kupf. Münz	
1	3	4	12	32	96	128	384	768
	1	1⅓	4	10⅔	32	42⅔	128	256
		1	3	8	24	32	96	192
			1	2⅔	8	10⅔	32	64
				1	3	4	12	24
					1	1⅓	4	8
						1	3	6
							1	2

Nota Die Oer in Silber-Münz nennet man auch Stüver, und die in Kupfer Münz, Rundstück.

Die

Die würklichen geprägten Schwedischen
Münzen sind folgende, und soll nach Königl. Verordnung von 26 Merz. 1745 gelten.

in Golde,

Doppelte, einfache und ¼ Ducaten à 40, 20, 10
Rthl. Kupfer-Münze.

in Silber,

Ganze, ½ und ¼ Spec. Rthlr. à 10, 5, 2½ Thlr.
Kupfer-Münze.

Doppelte, einfache, ½ und ¼ Carolinen davon
die einfache Caroline nach obigen Satz 30 Oer
Silber, oder 2 Thlr. 26 Oer. Kupfer-Münze
kommt, ob sie gleich nur zu ½ Thaler oder 16 Oer
Silb. Münz. ausgepräget worden. Es ist allhier gewöhnlich.

1 doppelte Caroline oder 2 einfache, 1 Thaler Carolinen.

3 einfache Carolinen aber, 1 Reichsthaler Carolinen zu benennen; noch sind allhier in Silber

Stücke von 10, 5, 4, 2, und 1 Oer Silber-Münze,
davon sind die 10 und 5 Oer, Stücke auf 12 und
6 Oer erhöhet worden.

in Kupfer,

Platten von 4, 3, 2, 1½, 1, ½ und ½ Thl. Silb.) Münz.
ob. 12, 9, 6, 4½, 3, 2½ u. 1½ Thl. Kup.)

Schlaten, dopp. und einf. zu 2 und 1 Oer Silb.) Münz.
ob. 6 und 3 Oer Kup.)

Rundstück ganze u. halbe zu 1 und ½ Oer Kupf. Münze.
Schweden als Stockholm und Gothenburg
wechseln mit folgenden Plätzen, denn

nach	geben sie in Kupfer münze,	und empfangen fremd Geld,
Amsterdam	* 38 Mark	1 Rthl. Höll. Cour.
Hamburg	* 40 dito	1 Rthl. Banco.
oder	* 33 dito	1 Rthl. Courent.
London	* 43 Rthl. dito	1 L. Sterl.

Außer-

Außerordentlich wechselt es mit

Cadix	* 41 mℓ dito	375 Marav. oder 1. Duc.
Coppenhagen	* 33 mℓ dito	1 Rthl. Cour.
Danzig und Königsberg	* 9 mℓ dito	1 fl. poln.
Lissabon	* 19 mℓ dito	1 Crusado.
Livorno	* 34 mℓ dito	1 Pezza d'otto.
Lübeck	* 40 mℓ dito	1 Rthl. Banco Hamburg.
Paris	* 7 mℓ dito	1 Livre tourn.
Pommern Stralsund	* 24 à 30 mℓ dito	1 Rthl. Cour.

Nota. Die Preise so mit * bezeichnet, sind veränderlich.

Man trassiret:
Nach London à 45 oder 70 Tage
Amsterdam à 35, 40, 65, 70
Hamburg à 37½ bis 65
dito 1 oder 2 Monath nach Dato
} nach Dato.

Der *Uso* bedeutet hier 1 Monath nach Sicht.

Die Wechselbriefe, so nicht auf Sicht gestellet, haben 6 *Respect*-Tage, Sonn- und Festtage eingeschlossen, denn wenn der letzte *Respect*-Tag auf einen Festtag fält, so muß den Tag zuvor bezahlet werden.

Die hiesige Reichs-Wechsel-*Banque* ist Anno 1657 errichtet, und nimt alle vorher beschriebene Schwedische Münzsorten an, die Scheine so die Banque den Einbringern dagegen giebt, werden Banco-Transport-Zettul genant, und haben durch das ganze Land, eben solche Circulation wie das baare Geld selbst, denn man trägt damit öffentliche Gefälle ab, bezahlet damit Wechsel, und erhandelt damit Waaren. Man hat solche Zettul zu kleinen Ausgaben bis auf 36, 24, 12, 9 und 6 Thaler Kupfermünze.

Das

Das **Ellenmaaß** ist 12,⅞ pro Cent circa kürzer denn Berliner, und es vergleichen sich

100 Ellen aus Berlin mit 112,⅞ Schwed. Ellen.

Das **Handelsgewicht** allhier ist verschieden, und davon zu bemerken;

1 Sch.℔ **Victualiengewicht** hat 20 Lis℔ od. 400 ℔

1 , hat 20 ,

1 Sch.℔ **Stapelstädter-** oder **Eisengewicht** hat 20 Mark℔ oder 400 Mark.

1 , hat 20 ,

Dieses Sch.℔ Eisengew. hat auch 16 Lis℔ oder 320 ℔ Victualiengewicht.

Das **Gold, Silber** und **Geld** wird allhier nach Schwedische m℔ gewogen.

m℔ Schwed. hat	Loth	Quentin,	Schwed. oder Holl. As
1	16	64	4384
	1	4	274
		1	68½

Die m℔ fein **Gold** wird allhier zu 24 Karat à 12 Grän fein gerechnet.

Die m℔ fein **Silber** aber zu 16 Loth à 18 Grän fein gerechnet.

Der **Ducat Gold** nehmlich 562 Grän fein Gold für 121 Ducaten Gold gerechnet, gilt 15¾ Thl. Kupfermünze m. od. w.

Die Schwed. m℔ fein **Silber** gilt 82 Thl. Kupfermünze m. o. w.

Stralsund,

in Schwedisch Pommern gelegen und dieser Krone zuständig. Hält Buch und Rechnung in

Tha-

Thaler à 48 Schillinge à 12 Pfenninge, oder auch in Gulden à 24 Schillinge à 12 Pfenninge Courent.

Die hiesigen Münzen haben folgende **Verhältniß:**

Thaler	Floren	m℔ Sundisch	Groschen	Schil.	Sechslinge oder Schil. Sundisch	Witten	Pfenninge
1 hat 2	6	24	48	96	192	576	
	1	3	12	24	48	96	288
		1	4	8	16	32	96
			1	2	4	8	24
				1	2	4	12
					1	2	6
						1	3

Vorbeschriebene Flor. sind von den Reichsfl. wohl zu unterscheiden, welchen man zu 4 m℔ Sundisch oder 16 Gr. rechnet.

Von **würklichen geprägten Münzsorten** sind allhier:

in Gold,

Adolphs d'or und

in Silber,

8, 4, 2, 1 und ½ Groschen Stücke zu 16, 8, 4, 2 und 1 Schil.

in Kupfer.

Witten Stücke zu 3 Pfenninge.

Stralsund wechselt mit folgenden Plätzen, denn

nach	giebt es in seinem Courent,	und empfängt davor,
Amsterdam	140 Rthl. m. od. w.	100 Rthl. Banco.
oder	135 Rthl.	100 Rthl. Cour.
Hamburg	140 Rthl.	100 Rthl. Banco.
oder	116 Rthl.	100 Rthl. Cour.
Stockholm	1 Rthl.	28 m℔ Kup. Münz. m. od. w.

Das

Das **Ellenmaaß** ist 14⅘ pro Cent circa kürzer denn Berliner, und es vergleichen sich

100 Ellen aus Berlin mit 114⅘ in Stralsund.

Das **Handelsgewicht** ist 3⅓ pro Cent circa schwerer denn Berliner, und es vergleichen sich

100 ℔ aus Stralsund mit 103⅓ ℔ in Berlin.

Straßburg,

im Elsaß gelegen, und der Krone Frankreich zuständig.

Hält Buch und Rechnung in

Livres à 20 Sols   à 12 Deniers tournois, oder in
Thaler à 90 Kreuzer à 4 Pfenninge, oder in
Guld. à 60 Kreuzer   à 4 Pfenninge, oder auch in
Guld. à 10 Schillinge à 24 Pfenninge.

Die **Verhältniß** der hiesigen Münze ist folgende, als:

Thaler od. Ecu	Flor.	Liv.	Schillinge	Batzen	Sols	Kreuzer	Pfenninge	Deniers
1 hat	1½	3	15	22½	60	90	360	720
	1	2	10	15	40	60	240	480
		1	5	7½	20	30	120	240
			1	1½	4	6	24	48
				1	2⅔	4	16	32
					1	1½	6	12
						1	4	8
							1	2

Die unter **Paris** beschriebenen Französischen würklich geprägten Münzsorten, welches die einzigen so hier Cours haben dürfen, gelten

Louis neuf oder Schild d'or à 24 Liv. 12 fl.
6 Livres oder Laubthaler à 6 Liv. 3

3 Li-

3 Livres oder ⅓ Laubthaler à 3 Liv.	1 fl.	5 Schl.	Pf.
24 Sols Stücke	à 1⅕ Liv.	—	6	—
12 Sols Stücke	à ⅗ Liv.	—	3	—
6 Sols Stücke	à ₁₀³ Liv.	—	1½	—
2 Sols Stücke	à ₁₀¹ Liv.	—	½	—
1½ Sols Stücke		—	—	9
1 Sols Stücke		—	—	6
Doppelte Liards		—	—	3
Einfache dito		—	—	1½

Straßburg wechselt mit folgenden Plätzen, denn

nach	giebt es in seinem Gelde,	und empfängt davor,
Amsterdam	* 177 Rthl.	100 Rthl. Cour.
oder	* 183 dito	100 Rthl. Banco.
Augspurg	* 125 dito	100 Rthl. Münz.
Basel	* 164 Ecu	100 Rthl. Wechs. Geld.
Frankfurt	132 Rthl.	100 Rthl. Conv. Geld.
Hamburg	* 183 dito	100 Rthl. Banco.
Lyon und Paris }	* 100⅔ Livre	100 L. in Lion ꝛc.
London	1 Rthl. oder Ecu	31 pf. Sterl.

Nota. Die mit * bezeichneten Preise sind steigend und fallend.

Das *Uso* ist aus denen Französischen Plätzen 30 Tage nach Dato, aus Holland und Deutschland aber 15 Tage nach Sicht.

Respect·Tage sind allhier 10, wenn sie der Presentant den Acceptanten accordiren will.

Das Ellenmaaß ist allhier zweyerley, denn man misset, sowohl mit der Pariser Aune als Straßburger Elle, welche 24 pro Cent circa kürzer denn die Berliner Elle ist. Es vergleichen sich also

100 Berliner Ellen) 124 Strasburger Ellen und
100 Pariser aunes) 178⅓ Ellen in Berlin.

Das Handelsgewicht ist ebenfals schwer und leicht, wovon das schwere ℔ das poids de marc, von 16 Onces ist.

1 Quintal hat 100 ℔ poids de marc oder 104 leichte oder Straßburger ℔.

100 schwere) ℔ aus Straß-) 104 ₁²₅ ℔ (in Berlin
100 leichte) burg thun) 100⅛ ℔ (circa.

─────────── ✤ ───────────

Turin.

Die Hauptstadt von Piemont in Italien, und Residenzstadt des Herzogs von Savoyen, hält Buch und Rechnung in

Lire à 20 Soldi à 12 Denari Piemontesi.

Die Verhältnisse dieser Münzen sind:

Scudo hat	Lire	Soldi	Quatrini	Denari.
I	6	120	480	1440
	I	20	80	240
		I	4	12
			I	3

Die würkliche Münzsorten sind allhier, so Anno 1755. neu ausgeprägt, und welche zu folge des Edicts von 15 Febr. 1755. auf folgenden Werth gesetzt worden.

in Gold,

Ganze, ½ und ¼ Doppien zu 24, 12, und 6 Lire.

in Silber.

Ganze, ½, ¼, und ⅛ Scudi zu 6, 3, 1½ und ¾ Lire. Lire effettive zu 1 Lire.
Stücke zu 5, 2½ Soldi.

Turin

Turin wechselt mit folgenden Plätzen, denn

nach	giebt es in seinem Gelde,	und empfängt davor,
Amsterdam	38 Soldi	1 fl. Banco.
Augsp. u. Wien	47 dito	1 fl. Corr.
Genf od. Geneve	87 dito	3 Livres Cour.
Genua	9 L. 9 S. dito	1 Zecchino
Lyon und Paris	53 dito	3 Liv. tourn.
Livorno	84 dito	1 Pezza d'otto
London	20 Lir. 5 Soldi	1 L. Sterl.
Milano	98½ Soldi	7½ Lire corr.
Venedig	84 Soldi	1 Duc. di Banco
oder	56½ dito	1 Duc. in Picc.
Roma	92 dito	1 Scudo Rom.

Nota. Turin hat durchgängig die veränderliche Valuta.

Vom Uso.

Ein Uso ist bey Briefen aus **London** 3 Monath nach Dato.

Aus **Holland** 2 Monath nach Dato.

Aus **Frankreich** 1 Monath nach Dato.

Aus Geneve, Milano und Genua 8 Tage nach Sicht.

Aus Venedig, Florenz, Livorno, und Rom 8 Tage nach Sicht.

Aus Wien, Augspurg und **Deutschland** 15 Tage nach Sicht.

Die Wechselbriefe haben allhier 5 *Respect*-**Tage**, Sonn- und Festtage mit eingeschlossen, doch kommt es dabey allein auf den Innhaber an, denn wenn dieser nicht will, so kann er schon den Verfalltag protestiren lassen.

Das **Ellenmaaß** allhier heist Raso und ist 10½ pro Cent circa kürzer denn Berliner; folglich

100 Berliner Ellen thun 110½ Rasi de Turin.

Das

Das **Handelsgewicht** hat folgende Eintheilung:

Rubbo hat	Libre	Marce	Oncie	Denari	Grani
1	25	37½	300	7200	172800
	1	1½	12	288	6912
		1	8	192	4608
			1	24	576
				1	24

Das Turiner Gewicht ist 26½ pro Cent circa leichter als Berliner befunden worden, in Praxi aber findet man gemeiniglich

100 ℔ Berliner vor 127 ℔ Turiner.

Das Gold und Silbergewicht hat

Marca	Oncie	Denari	Grani	Granotini,
1	8	192	4608	110592
	1	24	576	13824
		1	24	576
			1	24

Die Oncia fein **Gold** wird zu 24 Carati à 24 Grani, und

Die Oncia fein **Silber** zu 12 Denari à 24 Grani, fein gerechnet.

Die Oncie fein **Gold** à 24 Carati gilt 84 Lire m od. w.

1 Oncie fein **Silber** à 12 Denari gilt 5¾ Lire m. od. w.

Valencia.

Die Hauptstadt des Königreichs Valencia, in Spanien gelegen. Hält nebst Alicante Buch und Rechnung in

Libras à 20 Sueldos à 12 Dineros, oder auch in Reales à 24 Dineros, alles Valencianischer Währung.

Die hiesigen Münzen haben demnach folgende Verhältniß.

1 Li-

Libra hat Reales Sueldos Dineros.

1	10	20	256
	1	2	25⅗
		1	12⅘

Die unter Madrit beschriebenen Spanischen Rechnungsmünzen Castillianischer Währung betragen in Valencianischer Währung:

	Libras	Reales	Sueldos	Dineros
1 Doblon antig. de plata	4	40	80	1024
1 Ducado de Cambio	1 $\frac{101}{272}$	13 $\frac{107}{136}$	27 $\frac{18}{68}$	352 $\frac{16}{17}$
1 Ducado de plata von 11 Real de plata	1 $\frac{3}{8}$	13 $\frac{3}{4}$	27 $\frac{1}{2}$	352
1 Ducado de Vellon von 11 Real de Vellon	$\frac{187}{256}$	7 $\frac{1}{128}$	14 $\frac{39}{64}$	187
1 Peso antiguo de plata	1 —	10	20	256
1 Escudo de plata von 15 Real de Vellon	$\frac{255}{256}$	9 $\frac{121}{128}$	19 $\frac{59}{64}$	255
1 Escudo de Vellon von 10 Real de Vellon	$\frac{85}{128}$	6 $\frac{41}{64}$	13 $\frac{9}{32}$	170
1 Real de plata oder doble antiguo	—	1 $\frac{5}{8}$	2 $\frac{5}{8}$	32
1 Real de Vellon	—	—	1 $\frac{21}{64}$	17

Folglich muß sich die Valencianische Münzwährung gegen die Spanischen Rechnungs Münzen vergleichen, daß

272 Ducad. de Camb. gleich sind	375 Libras	
136 Dittos —	1875 Reales	
8 Ducados de plata —	11 Libras	in Valencianischer Währung.
256 Ducados de Vellon —	187 Libras	
256 Escudos de plata —	255 Libras	
128 Escudos de Vellon —	85 Libras	
4 Reale de plata —	5 Reales	
64 Reales de Vellon —	85 Sueldos	

Un-

Unter obigen Valencianiſchen Münzen ſind die Libras, Reales und Sueldos eingebildete, die Dineros aber,
ſo auch Ochavos genennet werden, nur allein würck-
liche Münze.

Die unter Madrit beſchriebenen **würcklich geprägten Spaniſchen Münzen** betragen in **Va-
lencianiſcher Währung:**

	Li-bras	Rea-les	Suel-dos	Dine-ros
1 Doblon de 8 Escudos de oro oder 1 Quadrupel	20	200	400	5120
1 ditto de 4 ditto de oro oder ⅟ Quadrupel	10	100	200	2560
1 ditto ſencillo de 2 ditto de oro oder 1 Piſtole	5	50	100	1280
1 medio ditto oder Eſcudo de oro oder ½ Piſtole	2½	25	50	640
1 Peſo duro	$1\frac{31}{64}$	$13\frac{7}{32}$	$26\frac{9}{16}$	340
1 medio ditto oder Eſcudo de Vellon	—	$6\frac{41}{64}$	$13\frac{7}{32}$	170
1 Peſeta Mexicana oder ¼ Peſo duro	—	$3\frac{41}{128}$	$6\frac{41}{64}$	85
1 Peſeta provincial	—	$2\frac{31}{32}$	$5\frac{5}{16}$	68
1 Real de plata Mexicane oder ⅛ Peſo duro	—	$1\frac{169}{256}$	$3\frac{41}{128}$	42½
1 Real de plata provincial	—	$1\frac{31}{64}$	$2\frac{31}{32}$	34
1 medio Real de plata Mexica. oder 1/16 Peſ. duro	—	—	$1\frac{169}{256}$	21¼
1 medio Real de plata provincial ob. Real de Vellen	—	—	$1\frac{31}{64}$	17
1 Pieza de à dos Quartos oder 2 Quartſtück	—	—	—	4
1 Quarto	—	—	—	2
1 Ochavo	—	—	—	1
1 Maravedis	—	—	—	½
1 Blanca	—	—	—	¼

Von

Von diesen reellen Münzen vergleichen sich gegen die Rechnungsmünzen Valencianischer Währung.

64 Pesos duros sind gleich 85 Libras.

22 Pesetas provinciales — 85 Reales.

Die **Wechselarten**, *Uso* und *Respekt-Tage* muß man unter Madrit suchen.

Das **Ellenmaaß** heist Vara, und wird in 4 Palmos getheilet, die Vara selbst ist $36\frac{1}{2}$ pro Cent circa länger denn die Berliner Elle, deßhalben:

100 Varas aus Valencia betragen $136\frac{1}{2}$ Berl. Ellen.

Das **Handelsgewicht** hat die Eintheilung und vergleichen sich wie in Alicante.

Gold- und Silbergewicht muß man unter Madrit suchen.

Venedig.

Die Hauptstadt in der Republic gleiches Nahmens in Italien.   Hält Buch und Rechnung in

Ducati à 24 Grossi à 12 Denari oder Grossetti, auch in Lire   à 20 Soldi à 12 Denari.

Die Münzen **verhalten** sich allhier folgender gestalt zu einander.

Ducato	Lire	Grossi	Soldi	Grossetti	Denari
1 hat	$6\frac{1}{5}$	24	124	288	1488
	1	$3\frac{27}{31}$	20	$46\frac{14}{31}$	240
		1	$5\frac{1}{6}$	12	62
			1	$2\frac{10}{31}$	12
				1	$5\frac{1}{6}$

Hieraus **vergleichen** sich:

5 Ducati mit 31 Lire.

31 Lire — 120 Grossi.

6 Grossi — 31 Soldi so auch Marchetti genennet werden.

Man

Man hat in **Venedig** dreyerley Valuta wornach man Gelder berechnet.

1) *Banco-Geld* ist, was auf Rechnung in den Banco-Büchern stehet, und wovon man Ab- und Zuschreiben läſt, dieſes Banco iſt ohnveränderlich 20 pro Cent beſſer als

2) *Courent-Geld*, ſo aus denen gangbaren und geprägten Münzſorten der Republic beſtehet, wie ſie Anno 1686 ſind geſetzt worden, nehmlich:

Doppien zu 29 Lire, Zecchini zu 17 Lire⎞ DieſesCou-
Scudi della Croce zu 9 Lire 12 Soldi ⎬ rent, iſt 29
Ducatone od. Giuſtina zu 8 Lire 10Soldi⎟ pro Cent
Silber Ducati zu 6 Lire 4 Soldi.   ⎠ beſſer denn

3) *Piccoli-Geld*, worunter man das jetziges Courent verſtehet, als worinne oben erwehnte Venetianiſche Münzſorten zu höhern Preiſen ſind gerechnet und geſetzt worden. Anno 1750 ward in dieſer Valuta der Ducato di Banco zu 9 Lire 12 Soldi geſetzt, ſeit dieſer Zeit thun:

154½ Ducati oder Lire Piccoli, gleich 100 Ducati oder Lire Banco.

Die Banco-Agio aber oder die Differenz zwiſchen Banco und Courent-Geld wird allezeit,

100 in Banco thun 120 in Courent, und

Der Sopra-Agio aber oder, die Differenz zwiſchen Courent- und Piccoli-Geld, wird

100 in Courent thun 129 in Piccoli, gerechnet, ohnerachtet, dieſer Agio eigentlich 29$\frac{1}{31}$ bis $\frac{1}{36}$ pro Cent thäte.

Von **würklichen Münzen** ſind allhier und gelten in Moneta Piccola.

in Gold,

oben erwehnte Doppien oder Doble zu 37 Lire 10 Soldi.
Zecchini à 22 Lire mit 1 pro Cent m. od. w. Agio.

in Silber,

Scudi della Croce oder Veneti	zu 12 Lire	8 Soldi		
Halbe detti	6	4	1	
Viertel detti	3	2		
Ducatoni oder Giustine	11	—		
Halbe detti	5	10		
Ducati correnti oder effettivi	8	—	2	
Halbe detti	4	—		
Viertel detti	2	—		
Oselle	3	18	1	
Lirazze	1	10		
Stücke zu	1	—		

Stücke zu 15, 10 und 5 Soldi.

in Kupfer,

Stücke zu 1 Soldi.
Bagattini zu ½ Soldi oder 6 Denari.

Von fremden Münzen so allhier roulliren sollen laut Verordnung vom 23 December 1757 in Moneta piccola gelten:

Italiän. Spanische und Franz. Doppien	37 Lire	Soldi
Gigliati	21 detti	10
Ongari	21 detti	—
Scudi Romani bis unter Clemens XI.	12 detti	—
Genovinen	14 detti	10
Filippi di Milano	11 detti	—

Portugiesische Goldmünzen werden nach dem Gewicht einer Doppia zu 129¼ Venetian. Grani verkaufft, und vor jede Doppia 38 Lire bezahlt.

Venedig wechselt mit folgenden Plätzen, denn giebt es in seinem und empfängt

nach	Banco-Gelde,	davor fremdes,
Amsterdam	1 Duc. di Bo.	*91 pf. vls Banc.
Ancona	100 dito	*96 Sc. mon.
Antwerpen	1 dito	*92 pf. vls. Perm.
Augspurg	100 dito	96 Rthl. Giro

Wi

	giebt,	empfängt,
Bisenzone	* 180 dito	100 Sc. d'oro.
Bolzano	* 134 Soldi Banc.	1 Scudo de Cambio
Bari und) Lecce	100 Duc. Banco	* 120 Duc. del R.
Florenz	100 dito	* 79½ Sc. d'oro
Frankfurt	100 dito	195 fl. Cour.
Genua	* 95 Soldi Banco	4 Lire Banco od. 4¾ L. corr.
Hamburg	1 Duc. Banco	* 91 pf. vls Banco
Lion	* 62 Duc. dito	100 Ecus
Leipzig	100 ditto	128 Rthl. Conv. Geld
Livorno	100 dito	* 104 Pez. d'otto
London	1 dito	* 50 pf. Sterl.
Milano	* 156 Soldi Bo.	1 Scudo oder 117 Soldi imp.
Napoli	100 Duc. Banco	* 118 Duc. del R.
Roma	100 dito	* 63 Sc. di Stam.
Wien und) Nürnberg	100 ditto	* 188 fl. corr.

Nota. Wenn in andern Plätzen nach Venedig in Corrent gewechselt wird, so muß man allemahl Moneta Piccoli darunter verstehen, und niemals die mittlere Gattung zwischen Banco und piccoli,

Die Preiße mit * gezeichnet sind veränderlich

Vom Uso.

Bey denen Briefen, so auf **Venedig** trassiret werden, ist ein Uso aus **London** 3 Monath oder 90 Tage nach Dato.

aus **Amsterdam**, **Antwerpen** und **Hamburg** 2 Monath nach Dato

P 2

aus

aus Bergamo, Milano, Mantua und Modena 20 Tage nach Dato.

aus Augspurg, Frankfurt, Nürnberg, Wien, Bolzano 15 Tage nach Sicht.

aus St. Gall, Genua, Nappli, Basl, Lecce 15 Tage nach Sicht.

aus Ancona und Rom 10 Tage nach Sicht.

aus Bologna, Ferrara, Lucca, Florenz und Livorno 5 Tage nach Sicht.

Respect Tage sind allhier 5, darunter werden aber keine Sonn-Fest und Bo. Spertage gerechnet.

Alle protestirte Wechselbriefe werden allhier durch die Fanti, oder Diener von Commerce Collegio in ein öffentlich Buch notiret, welches jeder Kaufmann frey durchsehen kann. Dadurch werden viele Wechsel sopra protesto, zu Ehren des Trassenten acceptiret, wie nicht weniger das Mißtrauen entdecket, und bestätiget wird, so sie gegen auswärtige und ihre eigene Kaufleute haben können.

Alle Wechselbriefe so in Banco zahlbar lauten, müssen so gleich zum faveur des Præsentanten gestellet seyn, sonst sie nicht acceptiret werden. Endorssirte, oder an die Ordre eines andern gestellte Briefe werden also nicht acceptiret wenn man nicht seine Vollmacht an dem sendet, so das Geld erheben soll. Wenn aber Wechselbriefe in Courent lauten, so können sie wohl endossiret seyn.

Die hiesige Banque, Banco del Giro genannt, ist von der Republick 1587 errichtet worden, und ist wie die Amsterdammer und Hamburger eine allgemeine Cassa der Banquiers und Kaufleute. Sie nimmt die Münzen der Republick vor Banco Geld an, und rechnet, wie schon erwehnet

120 Lire Courent oder ⎞
154½ Lire Piccoli.　　⎠ vor 100 Lire Banco.

Die

Diese Banque hält besonders Buch und Rechnung in Lire à 20 Soldi à 12 Denari di grossi und

1 Banco Lire wird zu 10 Ducati oder 62 Lire de Banco gerechnet, folglich ist

1 Soldo aus der Banque 12 Grossi, und

1 Denaro aus derselben 1 Grosso werth, dieses verursachet, daß wenn man wolte z. E. 1234 Duc. 5 Grossi in Banco abschreiben lassen, man die Assignation auf 123 Lire 8 Soldi 5 Denari in Banco stellen müste.

Alle Wechselbriefe so in Banco lauten, müssen durch selbige bezahlet werden, die aber auf Courent gerichtet, werden mit baaren Gelde bezahlet, wenn man sich nicht zusammen vergleichet sie in Banco bezahlen zulassen, in welchen Fall man sich wegen des Banco Agio verstehet. Wegen der Waaren hat jeder die Freyheit sie in Banco oder mit baaren Gelde zu bezahlen.

Diese Banque hat auch eine Contanten=Cassa vor diejenigen, so ihr Geld baar aus der Banque haben wollen.

Die Sperrung und Oefnung der Banque sind also geordnet, denn

Sie wird geschlossen.	und wieder geöfnet.
1) Den Sonnabend vor den Palm=Sonnt.	Den Montag nach der Oster=Octava.
2) Den 23. Junii.	Den 2ten Mont. in Julii.
3) Den 23. Sept.	Den 2ten Mont. in Octob.
4) Den 23. Dec.	Den 2ten Mont. in Jan.

Ferner wird sie außerordentlich geschlossen. Zur Carnevals Zeit auf 8 bis 10 Tage.

An allen angeordneten Festtagen, wenn es nicht Festtage des Herzoglichen Pallasts sind.

Alle

Alle Freytage, ausgenommen die so in Monath März, wie auch die so in einer Woche fallen, wo schon ein Fest gewesen.

Das Ellenmaaß in Venedig ist theils zu Wollen, theils zu Seiden-Waaren, ersteres ist ⅓ pro Cent und letzteres 6¼ pro Cent circa kürzer denn die Berliner Elle. Es thun also

100 Berliner Ellen { 100⅓ Bracce zu Wolle, } in Venedig
{ 106¼ Bracce zu Seiden }

Das Handelsgewicht ist ebenfals zweyerley, schwer und leicht, und hat folgende Eintheilung.

Carico hat Centner ℔ peso sottile Oncie Saggi.

1	4	400	4800	28800
	1	100	1200	7200
		1	12	72
			1	6

158 ℔ Peso sottile oder { thun 100 ℔ Peso grosso oder
leichte ℔. { schwere ℔.

Desgleichen 100 ℔ Peso grosso thun 102½ Berliner ℔ in circa.

Desgleichen 100 ℔ Berliner thun 154¾ peso sottile in Venedig circa.

Das Gold und Silber Gewicht allhier bestehet in,
Marca hat Oncie Quarti Carati Grani.

1	8	32	1152	4608
	1	4	144	576
		1	36	144
			1	4

Warschau.

Die Haupt- und Residenz-Stadt von Pohlen, in Großpohlen gelegen, hält Buch und Rechnung, wie auch ganz Großpohlen in

Zlotus

Zlotus oder Gulden à 30 Grosz oder Groschen à 9 Pfennige.

Die Münzen haben folgendes Verhältniß:

Thaler hat	flor.	Szostack	Groschen	Schill.	Pfen.
1	6	15	180	540	1620
	1	2½	30	90	270
		1	12	36	108
			1	3	9
				1	3

Kleinpohlen, wovon **Cracau** die Hauptstadt, und **Preußen** rechnet ebenfals nach Gulden à 30 Groschen, sie sind aber noch einmahl so viel Werth als die in **Großpohlen**, denn man rechnet den Thaler so in Großpohlen 6 Flor. oder 180 gilt, allhier in Kleinpohlen und Preußen nur zu 3 Flor. oder 90 Gr. welches zu bemerken ist.

Seit den Anfang des 1766. Jahres hat die Münz-Commißion in Pohlen den neuen Münzfuß solchergestalt fest gesetzt, daß 1 Ducaten auf den Werth von 16½ Flor. Pohlnisch oder 4 Rfl. 3 Ggr. gesetzt, und die Cöllnische M̄ fein Silber zu 80 Pohlnische oder 20 Reichsfl. ausgemünzt, auch folgende würkliche Münzen gepräget werden sollen.

in Gold,

Duc. zu 16 Flor. in Großpohlen oder 8 Flor. in **Kleinpohlen.**

in Silber,

Species-Thaler zu 8 Fl. in Großp. od. 4 Fl. in Kleinp.
Reichsfl. od. ⅔ ‧ 4 ‧ in dito od. 2 ‧ in dito
⅓ oder 8 Gr. st. ‧ 2 ‧ in dito od. 1 ‧ in dito
⅙ oder 4 Gr. ‧ ‧ 1 ‧ in dito od. ½ ‧ in dito
1/12 od. 2 Gr. ‧ ‧ ½ ‧ in dito od. ¼ ‧ in dito
1/24 od. 1 Gr. ‧ ‧ ¼ ‧ in dito od. ⅛ ‧ in dito

in Kupfer,

Stücke zu 3 Pohln. gr. und 1 Pohln. gr. oder 1½ Gr. und ½ Gr.

Die würklich geprägten alten Pohlniſchen Münzen aber ſind.

in Gold,

Ducaten.

in Silber,

Zloti oder Guldenſtücke à 30 oder 15 Pohln. gr.

Timpfe à 36 oder 18 Pohln. gr. davon gehen 5 St. auf 1 Pohln. thlr.

Szoſtack oder Sechſer à 12 oder 6 gr. Pohln.

Troſack à 6 od. 3 Pohln. gr. ⎫ wovon anjezo nur die
Ottine à 5 oder 2½ gr. ⎪ wichtige Ducaten und
Polturack à 3 oder 1½ gr. ⎬ alten Caſimir-Timpfe
in Kupfer. ⎪ und Szoſtack Cours
Grosz à 3 ſchil. und ſchil. St. ⎭ haben.

Das hieſige neue Ellenmaaß iſt $8\frac{1}{2}$ pro Cent circa kürzer denn Berliner folglich thun 100 Berliner Ellen, $108\frac{1}{12}$ Ellen in Warſchau.

Das Handelsgewicht iſt $24\frac{1}{12}$ pro Cent circa leichter denn Berliner, alſo 100 Berliner ℔ thun $124\frac{1}{12}$ ℔ in Warſchau.

Wien.

Die Hauptſtadt und Röm. Kayſerl. Reſidenz im Oeſterreichiſchen gelegen. Hält Buch und Rechnung in Gulden à 60 Kreuzer à 4 Pfenninge Courent, und haben.

Die hieſigen Münzen haben folgende Verhältniß zueinander.

Thlr.

Thl. Spec.	Thl. Cour.	Flor.	Schill.	Kaysergr.	Xer	Gröschel	Pfenninge	Heller
1	1½	2	16	40	120	160	480	960
	1	1½	12	30	90	120	360	720
		1	8	20	60	80	240	480
			1	2½	7½	10	30	60
				1	3	4	12	24
					1	1⅓	4	8
						1	3	6
							1	2

Von würklich geprägten Münzsorten sind allhier.

in Gold,

	Flor.	Xer.
Doppelte Severinen zu 3 Holländische Ducaten oder	12	22½
Einfache ditto zu 1½ Ducaten oder	6	11¼
Kayserl. Königl. Ducaten zu	4	10
Ungarische oder Kremnizer Ducaten	4	12

in Silber,

	Flor.	Xer.
Neue Spec. Thaler seit Anno 1750.	2	—
Halbe ditto oder Floren-Stück	1	—
Viertel ditto oder halbe Flor. Stücke		30

20, 17, 10, 7, 3, 1½, ¾ und ½ Xer Stücke, wovon
12 Würfe 17 Xer St. à 5 St. pro Würf 17 fl. und
12 ditto 7 Xer St. à 5 St. pro ditto 7 fl. betrag.

in Kupfer,

Kreuzer, Gröschel, halbe Kreuzer, und Pfenninge.

Der hiesige Münzfuß, ist der von so vielen Orten in Deutschland angenommene Conventions-Fuß, nach welchen

in Gold,

67 Ducaten 1 Cölln. m℥ wiegen, und selbige 23 Karath 8 Grän fein Gold enthalten.

P 5

in Silber,

aber 10 ganze, 20 halbe und 40 Viertel Species-Thaler 1 Cölln. ℳ wiegen, und dieselbe 13⅓ Loth fein Silber enthalten sollen,

und weil diesem Fuß verschiedene deutsche Höfe vermittelst einer geschloßenen Convention beygetreten sind, so wird es der Conventions-Fuß, und die nach solchen Fuß ausgemünzte Sorten Conventions-Geld benennet.

Von fremden Münzsorten können vermöge einer Verordnung vom 12ten Martii 1753 und 12 Jan. 1754. folgende zu einen festgesetzten Preiße in denen gesammten Königl. Erb-Königreichen und Landen ausgegeben werden.

in Gold,

	fl.	Xer.
Allerley Ducaten, so nach dem Reichsmäßigen Schroot und Korn in oder außer dem Röm. Reiche geprägt, à	4	7½
Chur-Bayersche Maxd'or	6	8
Chur-Bayersche ⎫		
Chur-Pfälzische ⎪		
Würtenberger ⎪		
Heßen-Darmstadter ⎬ Carolinen	9	12
Cöllnische ⎪		
Anspachische ⎪		
Fuldaische ⎭		
Halbe dito dito dito dito	4	36
Bayerische Gold-Gulden	3	4
dito Ducaten	4	10
Englische Guinees	9	—
Halbe ⎫	3	36
Ganze ⎬ Fried. d'or	7	12
Doppelte ⎭	14	24
Alte Franz. doppelte Louis d'or	14	37
Ganze oder einfache dito	7	13

Halbe

	fl.	Xer.
Halbe Louis d'or	3	36
Sonnen-Louisd'or	8	40
Schild-Louis d'or	8	44
Vierfache Spanische Pistolen	29	10
Doppelte dito	14	35
Einfache dito	7	17½
Halbe dito	3	38¾
Fünffache Portugiesische Moid'or	29	19
Doppelte dito	11	46
Einfache dito	5	50
Halbe dito	2	58
Fünftel dito	1	11
1 doppelter Portugisischer Teston	31	16
Einfache dito	15	40
Halbe dito	7	50
Viertel dito	3	56
Achtel dito	1	58
Toscanische und Venetianische Zechinen oder Gigliati	4	12
Holländische Ducaten	4	7½

in Silber,

Chur-Sächsische, Brandenb. und Braunschweigische, auch übrige alte und neuere, nach dem Reichs Schroot und Korn in dem Röm. Reiche geprägte, desgleichen Erz-Bischöfliche, Fürstl. Saltzburgische, Herzoglich Braunschweigische und Lüneburgische, wie auch alle übrige im Römischen Reich in nicht mindern innerlichen Werth als die Kayserl. Königl. geprägten Spec. Thaler oder zwey Guldenstücke

	fl.	Xer.
	2	—
dito halbe Spec. Thl. oder ⅔ Stück	1	—
Viertel Spec. Thl. oder ⅓ Stück	—	30

Die

	fl.	Xer.
Die seit 1764 geprägten Preußl. Rthl.	1	25
Halbe dito	—	40
Alte Franz. Thaler oder Louisblanc	2	—
Halbe dito	1	—
Viertel dito	—	30
Neue Franz. Cronen-Palmen- oder Laub-Thaler	2	16
Halbe dito	1	8
Viertel dito	—	34
Spanische sowohl in Europa geprägte als aus America kommende Matten oder Mexicanen oder Stück von Achten	2	4
Ganze Ducatons oder Niederländische 10 Schilling-Stück	2	29
Halbe dito	1	14½
Viertel dito	—	37¼
Patacons oder Burgundische oder X Thl.	2	—
Halbe dito	1	—
1 Toscanischer Piaster	2	28
Halbe dito	1	14
Viertel dito	—	37
Livorninen	2	4
Halbe dito	1	2
Viertel dito	—	31
Venetianische Ducatons, Creutz-Krone oder Scudo	2	28
Ein Silber-Ducaten dito	1	33
Eine Justina oder Giustina	2	12
1 Mayländiser Filippo	2	12
Mantuaner Thaler	1	54
Halbe dito	—	57
Holländische Thaler	2	—
Rußische Rubel	1	41
Halbe dito	—	50½

Die

Die unter denen ältern Päbsten ausgemünzten Piasters oder Scudi Romani bis auf. fl. Xer.

Innocentium XII inclusive   ·   2 26

Genovinen   ,   ,   2 58

Alle vorbemeldete Sorten müssen das ordentliche
Gewicht haben, wiedrigenfalls für ein jedes fehlendes
Mändelgewichts-Grän 4 Xer abgezogen wird.

Wien wechselt mit folgenden Plätzen, denn

nach	giebt es in seinem eignen Courent,	und empfängt davor frembes,
Amsterdam	* 138 Rthl. Cour.	100 Rthl. Banco.
Augspurg	* 101 Rthl. od. fl.	100 Rthl. oder fl. Cour.
Bolzano	* 101 Rthl. dito	100 Rthl. oder fl. mon. long.
oder	* 97 fl.	100 fl. Valuta.
Breßlau	* 94 Rthl. dito	100 Rthl. Pr. C.
oder	* 113 Xer.	1 L Banco.
Frankfurt	* 100 Rthl. dito	101 Rthl. Conv. Geld.
Grätz	* 99½ fl. dito	100 fl. Corrent.
Hamburg	* 139 Rthl.	100 Rthl. Banco.
Leipzig und Naumburg	* 100½ Rthl. dito	100 Rthl. Conv. Geld.
Lintz	* 99½ fl. dito	100 fl. dito Cour.
Lyon	* 76 Rthl. dito	100 Ecus.
Livorno	1 fl. dito	* 64 Soldi in. Bo.
London	8 fl. 50 Xer dito	1 L. Sterl.
Milano	1 fl. Cour.	* 76 Soldi Cour.
Nürnberg	* 101 fl. dito	100 fl. Cour.
Prag	* 99½ fl. dito	100 fl. Cour.
Venedig	* 125 Rthl. dito	100 Duc. di Bço.
oder	96 fl. dito	500 Lire in Piccoli

Nota. Die mit * gezeichneten Preise sind steigend und
fallend.

Der

Der Uso ist allhier 14 Tage nach der Acceptation, und man verstehet,

unter ½ Uso 7
1½ Uso 21 Tage nach der Acceptation.
2 Uso 28

Die Wechselbriefe so nicht à Vista oder auf 2 oder 3 Tage Sicht, oder einen stipulirten Tag lauten, haben 3 Respect Tage.

Die hiesige Banque hat mit der Handlung und den Kaufleuten keine Verbindung; Sie ist Anno 1703 errichtet, man beleget darinnen seine Capitalien gegen Intresse, und empfängt selbige daraus wieder wenn man sie anderwärts gebrauchen will.

Das Ellenmaaß in Wien ist $16\frac{7}{16}$ pro Cent circa länger denn Berliner, folglich vergleichen sich 100 Wiener Ellen mit $116\frac{7}{16}$ Berliner Ellen.

Vom Handelsgewicht hat 1 Saum 275 ℔ und ist zu Saffran leichter als zu andern Waaren der Eintheilung nach hat.

℔	Vierting	Unzen	Loth	Quent.	Pf.
1	4	16	32	128	512
	1	4	8	32	128
		1	2	8	32
			1	4	16
				1	4

100 ℔ Wien. Saffrangew. thun $108\frac{11}{16}$ ℔) in Berlin
100 ℔ aus Wien   thun $119\frac{1}{1}$ ℔) circa

Das hiesige Geld- und Silbergewicht ist das ⅓ Wiener ℔ nehmlich 1 mℊ Handelsgewicht.

1 mℊ that 16 Loth 64 Quentien 256 Pf. oder man theilet auch)

1 mℊ in $80\frac{3}{4}$ Ducaten oder 4824 Mändel-Gewichtsgrän.

Die

Die m̃ fein Gold wird à 24 Karat à 12 Grän oder 288 Grän fein,

Die m̃ fein Silber aber à 16 Loth à 18 Grän oder 288 Grän fein gerechnet.

Die Wiener m̃ fein Gold gilt 338 flor. m. od. w. und soll in fremden Goldmünzen höchstens nur zu 336 flor. gerechnet werden.

Die Wiener m̃ fein Silber gilt 24 flor. m. od. w.

Zante,

und Cefalonia 2 Inſuln ſo auf dem Joniſchen Meere liegen und denen Venetianern gehören, beyde rech- nen nach

Reali zu 100 Soldi oder Aſpri,

Dieſe Reali werden auch in 10 Lire und dieſe Lire in 10 Soldi oder Aſpri vertheilet, und alſo gerechnet.

Von Venetianiſchen Münzen ſo allhier vornemlich Cours haben, gilt, m. od. w.

die Zecchino	27 Lire 3 Soldi
der Scudo della Croce	15 — 4 —
der Ducatone oder Giuſtina	13 — 10 —
der Ducato Veneto effettivo	10 — ·· —

Man wechſelt allhier zuweilen und

giebt 100 Reali vor 83 Duc. 12 Groſſi Banco m. od. w. in Venedig.

Das Ellenmaaß iſt wie in Venedig, und

Das Handelsgewicht iſt das Venediger große, oder peſo groſſo.

Von hier kommen viele Corinthen, man kauft ſelbi- ge bey 1000 ℔ in Zecchinen, die Unkoſten jeder 1000 ℔ betragen circa 16 Reali, der Factor in Venedig berechnet gemeiniglich 3 pro Cent Proviſion in Zante, und 4 pro Cent für ſeine Proviſion und dell Credere.

100 ℔

100 ℔ von diesen Corinthen haben 91 à 92 ℔ netto in Hamburg, rendiret thut circa 95 ℔ in Berlin.

Zürch,

Die Hauptstadt des Cantons gleiches Nahmens in der Schweitz

Hält Buch und Rechnung in
Gulden à 60 Kreutzer à 8 Heller, oder auch in
Gulden à 40 Schillinge à 12 Heller.

Die Münzen haben allhier folgende Verhältnisse.

Thlr.	hat Rflor.	Zürchfl.	Batz.	Schil.	Xer	Angster.	Heller
1.	1½	1⅘	28⅘	72	108	432	864
	1	1⅕	19⅕	48	72	288	576
		1	16	40	60	240	480
			1	2½	3¾	15	30
				1	1½	6	12
					1	4	8
						1	2

Man hat allhier zweyerley *Valuta* nehmlich

1) **Wechselgeld**, in welchen fest **gesezt** ist
Der alte franz. Louis d'or zu 7 fl.
Der Ducat 3 fl. 54 Xer.
Der Thlr. Ecu Espece genannt zu 1 fl. 48 Xer oder 108 Xer, und in dieser Valuta werden die meisten Wechsel bezahlet.

2) *Courant* **Geld** ist das, worinn man Waaren kauft und die gemeinen Abgaben bezahlet, in diesen Courent gilt der alte franz. Ld'or 7 fl. 42 Xer, und die andern Species nach proportion auch höher. Indessen wird dieser Preiß zuweilen nach den Umständen verändert.

Es

Es vergleichen sich aber allhier

nach 5 Thaler   mit 9 Zürchfl.
    5 Rfl.   — 6 Ditto
    10 Duc.   — 39 Ditto und obigen Preiß
nach 10 fl.Wechf.Geld — 11 fl Courent.

Die würklich geprägten Zürcher Münzen sind,

in Gold,

Ducaten zu ⅓ Piſtolengewicht gelten.	4 fl. 15 Xer
Ducaten zu ordin. Gewicht —	4 fl. 18 Xer

in Silber,

Thaler oder Ecu	—	2 fl. —
Halbe Guldenſtück	—	— 30 Xer
Viertel Ditto	—	— 15 Xer
Batzen zu 2½ Schil. oder	—	— 3¾ Xer

ganze, halbe und viertel Schillinge zu 12, 6 und 3 Heller, 2 Hellerſtücke.

Von fremden Münzen gilt allhier m. od. w.

in Gold,

	fl.	Schil.	od.	fl.	Xer
der Louis neuf oder Schild d'or	9	30	/	9	45
der franz. Sonnen Louis d'or	9	20	/	9	30
der franz. alte Louis d'or ⎞ die span. Piſtolen ⎠	7	35	/	7	52
der franz. Ld'or Mirliton genannt	7	20	/	7	30
der Ducat von ⅓ Piſtolengewicht	4	12½	/	4	19

in Silber,

	fl.	Schil.	od.	fl.	Xer
der Ecu neuf oder Laubthaler	2	17½	/	2	26½
der franz. alte Louisblanc ⎞ das span.Stück vonAchten ⎠	2	10	/	2	18

Q   Zürch

Zürch wechselt mit folgenden Plätzen, denn

nach	giebt es in seinen eigenen Gelde,	empfängt aber davor
Amsterdam	100 Rthl. od. 180 fl. Wechs. Geld	91 Rthl. Banco m. od. w
oder	100 Rthl. oder 180 fl. detto	96 Rthl. Cour.
Augspurg	107½ fl. Courent m. od. w.	100 fl. Cour.
oder	99½ Pist. m. o. w.	100 Pistolen
oder	94 fl. Münz m. od. w.	100 fl. Münz
Bergamo	11 Xer Wechsel Geld m. od. w.	1 Lire Cour.
Frankfurt.	106 fl. Cour. m. od. w. pro	100 fl. Cour.
Geneve.	60 fl. Wechs. G. mit ⅛ pro Cent m. o. w. Gew. oder Verl. pro	100 Liv. Cour.
Leipzig	99 Pistolen m. od. w. pro	100 Pistolen
Lion	101 fl. Cour. m. od. w. pro	250 Liv.
Milano	116 Xer Wechs. G. mit ⅛ proCent m. od. w. Gew. ob. Verl. pro	7 Lire Cour.
Nürnberg	95 fl. Münz m. od. w. pro	100 fl. Münz.
Paris	100½ fl. Cour. m. od. w. pro	250 Liv.
Venedig	11 Xer Wech. G. m. od. w. pro	1 Lire piccoli
Wien	106 fl. Cour. m. od. w. pro	100 fl. Cour.

Der

Der *Uso* von und nach Amsterdam und ganz Deutschland ist 14 Tage nach Sicht.

Nach Bergamo und Paris wird auch à Uso traßiret, desgleichen,

Nach Frankfurt, Leipzig, Lion in die Messen.

Nach Geneve, Milano, Venedig auf etliche Tage Sicht.

Respect-Tage sind allhier nicht verordnet.

Das **Ellenmaaß** ist $11\frac{1}{7}$ pro Cent circa kürzer als die Berliner Elle, und es vergleichen sich

100 Ellen aus Berlin mit $111\frac{1}{7}$ Ellen in Zürch.

Das **Handelsgewicht** aber ist $12\frac{1}{2}$ pro Cent circa schwerer denn Berliner, folglich thun

100 ℔ aus Zürch thun $112\frac{1}{2}$ in Berlin.

Zürzach.

So ebenfals in der Schweitz gelegen, hält Buch und Rechnung, und bedienet sich der nehmlichen Münzen wie Zürch,

Es wird allhier außer denen Messen nicht gewechselt, in denen Messen aber, wechselt Zürzach und giebt,

104 Rthl. Zürch. Wechs.Geld. m. o. w. pro 100 Rthl. C. in Amsterdam.

54 Xer — Ditto m. o. w. pro 1 fl. Münz in Frankfurt

64 Xer — Ditta m. o. w. pro 1 Ecu in Lion

57 Xer — Ditto m. o. w. pro 1 fl. Cour. in Nürnberg

Die

Die zwey großen Messen, so allhier gehalten werden sind:

1) Pfingstmesse gehet den Pfingst-Dienstag, Mittags um 12 Uhr an, und endet sich 8 Tage darauf den Dienstag.

2) Verenaemesse gehet seit 1718 der Frankfurther Herbstmesse wegen den 22 August an, und endet sich den 30 August.

Man ist allhier an keine gewisse Tage, zur Acceptation der Wechselbriefe gebunden, gemeiniglich wird selbige in denen ersten 6 Tagen gesucht, der siebende und achte Tag aber sind die Zahltage, wenn da nicht Zahlung erfolgt, kan man noch den neunten Tag ohne Nachtheil protestiren lassen.

In diesen Messen rouliren allhier vielerley Schweizerische und andere fremde Münzsorten. Diejenigen so alsdenn hier handeln, müssen ausdrücklich die Geldsorten und deren Cours mit einander verabreden, und sich darum verstehen.

Ver=

Vergleichung
des Ellenmaaßes, auch Handels- nebst Gold- und Silbergewichts der fürnehmsten Handelsplätze in Europa.

	Folgendes Ellenmaaß nebiger Plätze ist einander gleich).	Folgendes Hangelogewicht nebiger Plätze ist einander gleich.	Folgendes Gold- und Silbergewicht nebiger Plätze ist einander gleich.
Aachen	Ellen 828	℔ 827	—
Alicante	Varas 728	große ℔ 747 / kleine ℔ 1121	Marcos 10142
Altona	Ellen 965 / Brab. Ell. 800	℔ 800	— 10000
Amsterdam	Ellen 801 / Vlam. Ell. 778	Hand.G.℔ 784 / Tr.Gw.℔ 787½	— 9500 / Oncen 76000
Ancona	Bracci 861	℔ 1154	
Antwerpen	große Ellen 797 / kleine Ellen 808	— 824	m℥ 9500
Apoth.Gw. in Deutschl.		— 1082	
Aragonien	Varas 702		— 10142
Archangel	Arschinen 777	— 947	Solotn. 548600
Augspurg	große Ellen 907 / kleine Ellen 934	schwere ℔ 789 / leichte ℔ 820	m℥ 9902
Barcelona	Canes 352	℔ 1254	— 10142
Basel	Aunes 469 / kleine Ell. 1016	— 792	— 10000
Bayonne	Aunes 626	— 792	
Bergamo	Bracci 844	leichte ℔ 1189	
Bergen in Norwegen	Ellen 881	℔ 776	

Ver

	Ellenmaaß.	Handelsge-wicht.	Gold- und Sil-bergewicht.
Berlin	Ellen 829	℔ 827	m℥ 99 7
Bern	— 1021	— 745	— —
Bilbao	Varas 650	— 792	— 10142
Bisenzone	,	Eisengw. ℔ 841 ℔ 742	
Bologna	in Woll. Br. 871 in Seid. Br. 929	— 1070	
Botzen	Ellen 700 Bracci 1005	— 773	— 8333⅓
Bourdeaux	Aunes 464⅞	— 788	— 9548
Braunsch.	Ellen 969	— 830	— 10012
Bremen	— 956	— 777	— 10000
Breßlau	— 1006 Schlef. Ell. 960	— 956	— 11963
Bretagne	Aunes 411		
Brügge	Ellen 797 Leinw. Ell. 763	— 824	
Brüssel	große Ellen 797 kleine Ellen 808	— 824	— 9500
Cadix in Lein.	Varas 652 Brab. Ellen 797	— 841	— 10142
Caen	Aunes 468		
Calais	— 468	schwere ℔ 760 leichte ℔ 920	
Candia	Pik 868	schw. Rotol. 736 leichte dito 1133	
Carlsbad	große Ellen 817 kleine Ellen 935		
Carthagen.	Varas 661	℔ 841	— 10142
Caſſel	Ellen 986	— 1224	
Caſtilien	Varas 652	— 841	
Chambery	Rafi 963	— 903	
Cöln	große Ellen 796 kleine Ellen 963	— 829	— 10002

Conſ.

	Ellenmaaß.		Handelsgewicht.		Gold- und Silbergewichte.	
Constantin	große Pik.	827	Ok.	305½	Metecal	502900
	kleine Pik.	854	Lod.v. Rott.	694		
Copenhag.	Ellen	881	℔	776	m℥	9951
Corsica	Palmi	2211	—	1175		
Cracau	neue Ellen	897	—	957	—	11754
Cremona	Bracci	899	—	1182		
Danzig	Ellen	964	—	893	—	12240
Diam Gw					Kar.	11377000
Delft	—	801	—	784		
Dresden	—	977	—	830		
Dublyn	—	484	—	854		
	Yards	605				
Duynkirch.	Ellen	818	—	888		
Edimburg	—	582	—	788		
Elbingen	—	979	—	912		
Emden	—	825	—	780		
Erfurth	große Ellen	1006	—	821	—	10000
	kleine Ellen	1370				
Ferrara	in Woll. Br.	827	—	1142		
	in Seid. Br.	879				
Florenz	in Wll.Can	234	—	1108	℔	6890
	Bracci	937			Oncie	82670
	Palmi	1873				
in Seil	de Canne	237½				
	Bracci	950				
	Palmi	1901				
Frf. a. M.	Ellen	1025	Cnt. Gw. ℔	761	m℥	10000
	Brb. Ellen	800	Pfund G. ℔	830		
	Par. Aun.	465¾				
Frankf. a.d. Oder	Ellen	834	℔	827		
Geldern	—	834	—	830		
Geneve	Genf. Aun.	484	große ℔	704	—	9548
	Franz. Aun.	465	kleine ℔	844		

	Ellenmaaß.	Handelsgewicht.	Gold- und Silbergewicht.
Gen. Can. v. 10½ Pal.	209¼	Zoll G. Rot. 712	℔ 7356
Canne v. 10 Pal.	220¼	Caſ. G. Rot. 784	Oncie 88280
Canne v. 9 Pal.	244¾	CantaroRot 799	
Bracci von		ſchwer Schaal-	
2⅛ Palmi	944	Gw. ℔ 1129	
—	2203	leicht Schaal-	
		Gw. ℔ 1200	
Gibraltar Varas	652	— 829	
Gothenb. Ellen	932	Vitual. G ℔ 911	
		Eiſ. Gw. ℔ 1139	
Haag —	801	℔ 784	
Hamburg —	965	Hand. G. ℔ 800	mℇ 10000
Brab. Ell.	800	Cöln. G. ℔ 829	
Hannover Ellen	950	℔ 796	— 10000
Harlem —	760	— 784	
Hildesh. —	987	— 830	
Hirſchberg —	960		
Jeroslaw		— 960	
Königsberg —	962	neu Berl.G. 827	— 11933
		alt Gw. ℔ 1019	
Lauban —	981	— 925	
Leiden —	810	— 824	
Leipzig —	978	— 830	— 10000
Lindau		844	
Lion Aunes	471	Stadt G. ℔ 912	— 9548
		Seid. G. ℔ 843	
Liſſabon Varas	505	℔ 844	— 10184
Covados	817		Oncas 81470
Pal. crav.	2450		
fl. Palmos	2523		
Livorno in Wll. Can.	234	— 1130	℔ 6890
Bracce	937		Oncie 82670
Palmi	1873		
in S de Can.	237½		

Loſſ,

	Ellenmaaß.	Handelsge-wicht.	Gold und Sil-bergewicht.
	Bracce 950		
	Palmi 1901		
Londen	Yards 605	av.du pois ℔ 854	Troy ℔ 6263
	Leinw. Ellen 484	Kön. G. ℔ 569½	Onces 75169
	in Boy und Frieß	Troy G. 1038	
	Godes 788		
Lorient		℔ 792	
Lucca	in Wll. Br. 914	H.Gew. ℔ 1041	
	in Seid. Br. 956	Seid.G. 1161	
Lübeck	Ellen 959	℔ 8:2	m℔ 10000
Lüneburg	— 950	— 796	
Lüttich	— 1003	816	
Madrit	Varas 652	841	— 10142
Magdeb.	Ellen 829	827	— 9977
Majorca	Cannen 322½	922	
Malaga	Varas 652	841	— 10142
Malta	Canne 246¾	Rottol. 502½	
Mantua	Bracci 1189	℔ 1177	
Marseille	Cannes 275¼	— 965	— 9548
	Lein. Aun. 472¾		
Memel	Ellen 964	— 938	
Meßina	Canne 285½	℔ von 33	
		Onc.Rot. 443⅘	
	Palmi 2285	℔ von 30	
		Once Rot. 488	
		℔ von 12	
		Onc.Lib. 1220	
Middelb.	Ellen 801	℔ 828	
Milano	in Wll. Br. 818	pel.gros.℔ 506¼	— 9935
	in Seid.Br.1031	peso sott. 1182	Oncie 79450
Minden	Ellen 955		
Minorca	Canes 345½	kleine ℔ 971	
Modena	Bracces 864	℔ 1203	
Montpell.	Canes 275	— 952	

R 3

	Ellenmaaß.	Handelsgewicht.	Gold- und Silbergewicht.
Moscau	Arschinen 777	℔ 947	
München	Ellen 663	— 691	
Nancy		— 792	
Nantes	Aunes 466	— 792	m℔ 9548
Napoli	Cannes 262	Rottoli 431½	℔ 7285
	Palmi 1098	℔ 1208	Oncie 87420
Narva	Ellen 925	— 828	
	Arschinen 777		
Naumb.	Ellen 978	— 830	
Neuschatel	Ellen 497½	— 745	
Nizza	Rasi 1008	— 1250	
	Palmi 2096		
Norwegen	Ellen 881	— 776	
Novb		— 1170	
Nürnberg	Ellen 839	— 760	m℔ 9782
Ostende	— 791	— 824	
Paderborn	— 1025	— 813	
Pabua	Bracce 825	— 1160	
Palermo wie Meß.			
Paris	Seid. Aun. 464¾	— 792	m℔ 9548
	Tuch. Aun. 465 4/7		
	Lein. Aun. 468		
Parma	Bracce 1012	— 1143	
Piazenza	Bracce 853	— 1201	
Piemont	Rasi 929	— 1041	
Pisa	Palmi 1853	— 1190	℔ 6890
Porto	Covados 833	— 900	
Prag	Ellen 936	— 754	m℔ 9212
Presburg	Ellen 991	— 694	
Provence	Canes 275¾		
Regensp.	Ellen 682	— 691	m℔ 9517
Reggio	Bracce 1044	— 1174	
Reval	Ellen 1033	— 900	

Riga

	Ellenmaas.	Handelsgewicht.	Gold- und Silbergewicht.
Riga	Ellen 1009	℔ 927	m℥ 11179
Rochelle	Aunes 468	— 792	— 9548
Rom	Kaufm. Can. 273	— 1098	℔ 6860
	dito Bracce 652		Oncie 82320
	Palmi 2223		
	Lein. Can. 264¾		
	dito Bracce 871		
Rostock	Ellen 956	℔ 758	
Rotterdam	Ellen 801	schwere ℔ 784	
		leichte ℔ 824	
Rouen	Tuch und Seid.	poids de	m℥ 9548
	Aune 475	marc ℔ 792	
	Leinw. Aun. 396	poids de vi-	
		comte ℔ 747	
Roveredo	Ellen 743	℔ 1138	
Ryssel	Ellen 802	schwere ℔ 835	
		leichte ℔ 902	
St. Gall	in Wll. Ell. 898	schwere ℔ 663	
	in Lein. — 690	leichte ℔ 833	
S. Peterb.	Archinen 777	℔ 947	
Saragossa	Canes 267	— 1243	m℥ 10142
Sardinien	Rasi 1008	— 967	
	Palmi 2203		
Savojen	Rasi 1008		
Schafhaus.	Ellen 917	— 843	
Sevilla	Varas 652	— 841	m℥ 10142
Solothurn	Ellen 1006		
Stettin	— 850	— 827	
Stockholm	— 932	Vict. G. ℔ 911	m℥ 11095
		Bergw. Gw.	
		m℥ 1031	
		Landstädte	
		Gw. m℥ 1082	
		Eisen Gw.	
		m℥ 1139	

Errat.

	Ellenmaaß.		Handelsgewicht.		Gold- und Silbergewicht.	
Stralsund	Ellen	950	℔	802		
Strasburg	—	1028	schwere ℔	792	mℨ	9914
	Aunes	465	kleine ℔	822	Onces	79320
Thoren	Ellen	971	℔	920		
Thoulouse	Canes	303¼	—	932		
Toledo	Varas	673			mℨ	10142
Toulon	Cannes	285½	℔	903	—	9548
Trient	in Wll. Ell.	817				
	in Seid.Ell.	904				
Triest	in Woll.Ell.	818	Wiener ℔	690		
	in Seid. Ell.	863	Ven. grosse ℔	810		
			Venez. sott. ℔	1280		
Turin	Rasi	917	—	1050	—	9500
Ulm	Ellen	973	—	827		
Valencia	Varras	608	große ℔	747	—	10142
			kleine ℔	1121		
Venedig	in Wolle Br.	830	peso grosso ℔	810	℔	6524
	in Seide Br.	881	peso sottile ℔	1280	mℨ	9787
Verona	Bracce	881	peso grof.℔ 779			
			peso sot.℔ 1165			
Warschau	neue Ellen	897	kleine ℔	1026	—	11586
Wien	Elle	712	℔	690	—	8333½
			Safr.G.℔	760		
Wisma	—	949	℔	801		
Sante Zefalonia)			—	810		
Zürich	—	922	schwere ℔	735	—	9975
Zwoll			℔	804		

Vergleichung

der Getreydemaaße folgender Plätze gegen einander.

Alicante	Caffises	1283¼
	Barsellas	15400
Amsterdam	Tonnen	2340
	Scheppels	11700
	Saalz Maaten	5150
Ancona	Rubbi	1158
Antwerpen	Viertels	4100
Archangel	Tzetuers	1658
Barcellona	Quarteras	4600
Basel	Säcke	2450
Berlin	Scheffel	6120
Bern	Mütt	1997
Bilbao	Fanegas	5250
Bologna	Corbe	4280
Bourdeaux	Boisseaux	4120
Braunschweig	Scheffel	10164¼
	Himten	10166⅔
Bremen	Scheffel	4445
Breslau	Ditto	4520
Brüssel	Säcke	2710
Cadix	Fanegas	5530
Cassel	Metzen	35500
Cleve	Malter	1760
Cölln	Ditto	1950
Colberg	Scheffel	6360
Copenhagen	Tonnen	2272
Dännemark	Ditto	2272
Danzig	Scheffel	6500
Dresden	Ditto	2990
Elbingen	Last	108¾

Embden	Tonnen	1653
	Verps	6615
England	Quarters	1106
	Buschels	8850
Ferara	Starl	10460
Flensburg	Tonnen	2307
Florenz	Staja	13350
Frankf. am Mayn	Malter	2927
Geneve	Coupes	4070
Genua	Mine	2710
Glückstadt	Tonnen	2210
Halle an der Saale	Scheffel	3980
Hamburg.	Last	100
	Scheffel	3000
Hanover	Himten	10166¾
Königsberg alte	Scheffel	6500
Leipzig	Ditto	2275
Lille	Razieres	4446
Lion	Anees	1648
Lissabon	Alguiers	23600
Salz	Moyos	394
Livorno	Sacens	4450
	Staja	13350
Londen	Quarters	1106
Landmaaß	Buschels	8850
Wassermaaß	Ditto	7080
Lucca	Staja	12900
Lübeck Rockenmaaß	Scheffel	9462½
Malzmaaß	Ditto	8114¾
Habermaaß	Ditto	8056¼
Lüneburg	Himten	10166¾
Lüttich	Setiers	10560
Magdeburg	Scheffel	6120
Malaga	Fanegas	5214¾
Marseille	Charges	2000
Meßina siehe Sicilien		
Modena	Staja	4500

Mons

Montpellier	Setiers	6180
	Emines	12360
Nantes	Setiers	2207
Napoli	Tomoli	6180
Narva	Tonnen	1950
Nürnberg	Summer	950
Palermo siehe Sicilien		
Paris	Setiers	2060
	Boisseaux	24720
Haber Setiers	1030
Piemont	Sacca	2970
Polen	Last	103
Prag	Strich	3350
	Viertel	13400
auf dem Lande	Strich	3464
Reval	Tonnen	2672
Riga	Loof	4850
	Tonnen	2425
Rochelle	Toneaux	229
	Boisseaux	9610
Roma	Rubbi	1155
	Quarte	4620
Rostock	Scheffel	8910
Rotterdam	Höden	295
	Sacks	3140
	Achtendeelen	9430
Rouen	Muids	147
	Setiers	1766
	Mines	3530
	Boisseaux	14120
Rußland	Czetwers	1620
	Czetwerick	12960
Sardinien	Starelli	6450
Schleswig	Tonnen	2405
Schweden	Tonnen	2158
	Kappar	69000
Sevilla	Fanegas	5530
		Sicilien

Sicilien	Salme großi		95⅝
	Salme gener.		1187¼
Stettin	Scheffel		6120
Stockholm	Tonnen		2158
Stralsund	Scheffel		8114⅞
Strasburg Land	Setters		16720
Stadt	Setiers		17250
Toscana	Moggia		593
Toulon	Charges		687
	Emines		3090
Turin	Sacci		2750
	Staja		8250
	Mine		16500
Valenela	Caffises		1580
	Varsellas		19000
Venedig	Staja		3900
Verona	Minelli		8575
Wismar	Scheffel		8260
Wien	Metzen		4510
Zürch	Mütt		3820

Vergleichung

der Maaße zu flüßigen Sachen an Wein, Oehl, Bier, und dergleichen von folgenden Plätzen.

Amsterdam	Steckan		7600
	Mingeln		121600
Ancona	Boccali		101400
Antwerpen	Stoopen		45900
Apulien	Salme		940
	Staja		9400
			Barl

Bari	Oehl	Salme	875
		Staja	8750
Basel	alte	Potten	92400
	neue	Ditto	115900
Berlin		Quart	125800
Bern		Maaß	88000
Bologna		Corbe	1960
		Boccali	117700
Bourdeaux		Barriques	608
		Veltes	19450
		Pots	67000
Bourgogne		Queue	352
Braunschweig		Stübgen	39460
Bremen		Ditto	45625
Breslau		Quart	208600
Cadix	Wein	Arrob. major	9200
		Acumbres	73600
	Oehl	Arrob. men.	11770
		Quaterons	47100
Cassel		Maaß	70700
Cette siehe Montpellier			
Champagne		Queue	402
		Quarteauts	1608
Cölln am Rhein		Ohm	930
		Viertels	24200
		Maaß	96700
Cognac		Barriques	831
		Veltes	22440
Dännemark		Anker	3870
		Kannen	75000
Danzig	Bier	Stof	62500
	Wein	Stof	84400
Dresden		Eimer	2150
	Visier	Kannen	103100
	Kleine	Ditto	154700
England	Bier	Gallons	31333⅓
		Pints	250600
		Wein	

Wein, Oehl, u. Thran	Gallons		38200
	Pints		305700
Ferrara	Mastelli		1770
	Secchie		14140
Florenz	Oehl Barili		4550
	Wein Barili		3640
	Fiasci		73000
Frankf. am Mayn	Ohm		982
	Viertels		19630
	Maaß		78500
	Schoppen		314000
Geneve	Pots		152000
Genua	Oehl Barili		2256
	Rubbi		16920
	Wein Barilli		1678
	Pinte		83900
Hamburg	Ahm		1000
	Quartier		160000
Heidelberg	Viertels		15700
Königsberg	Quart		125800
Leipzig	Eimer		1909
	Schenk Kannen		120300
Lissabon	Almudas		8488
	Quartilhos		407400
Livorno	Oehl Barili		4550
	Wein Barili		3447
	Boccali		137800
Londen siehe England			
Lucca	Oehl Copi		1450
Lübeck	Viertels		20000
	Kannen		80000
Mantua	Oehl Moggia		1300
Marseille	Oehl u. W. Millerole		2425
	Oehl Escandeaux		9700
Majorca	Oehl Quartayos		35100
Meßina	Oehl Caffißi		16750
Montpellier	Wein Septiers		4286

Montpellier		Barals	5716
		Pots	137200
	Oehl	Barals	3883
		Quartals	15530
Napoli	Oehl	Salma	780
		Staja	7800
Wein und Brandw.		Bartli	3280
Nürnberg		Eymer	2157
	Schenk	Maaß	146600
Paris		Septiers	19300
		Pintes	154400
Puglia	Oehl	Salma	960
Regenspurg		Seidels	224600
Reval		Stof	121700
Riga		Dito	119700
Rochelle		Barriques	831
		Veltes	22440
Roma		Boccali	110600
Rotterdam		Stoop	56600
Rouen		Axthoft	741
Rußland		Wedaras	11750
		Kruska	94000
Ryssel		Lots	64000
Schweden		Eimer	1843
		Anker	3687
		Kannen	55300
		Stoop	110600
Sevilla siehe Spanien			
Sicilien		Cafißl	12800
Spanien		Botta	306
		Pipa	341
	Wein	Arobas major.	9190
		Acumbres	73500
		Quartillos	294000
	Oehl	Arobas men.	11770
		Quarterons	47100
Stettin		Nösel	197300
Stralsund		Potts	149000

Straßburg

Straßburg	Maaß	75410
	Schoppen	301600
Toulon	Millerolles	2267
	Escandeaux	9070
Triest Oehl u. Wein	Orne	2205
	Wein Boccalt	79400
Turin	Wein Brente	2566
	Rubbi	15400
	Pinte	92400
Ungarn	Eimer	1975
	Anthal	2865
Valencia	Cantaros	12740
Venedig	Oehl Miri	917L
	Wein Secchie	14660
Verona	Brente	2000
	Baffe	32000
Wien	Eimer	2440
	Maaß	97700
	Seidel	391000

Druckfehler.

Pag.	Lin.	stehet:	Soll heißen:
12.	5.	$100\frac{8}{15}$	$106\frac{8}{15}$
ibid.	26.	$3\frac{1}{21}$	$3\frac{1}{21}$
100.	9.	1729.	1724.
102.	8.	9 Lir 6$\frac{72}{121}$	9 Lir. 6 Sol. — $\frac{74}{121}$ denar.
109.	9.	$133\frac{4}{3}$	$133\frac{1}{3}$
136.	12.	$13\frac{4}{4}$	$13\frac{1}{3}$
ibid.	32.	395.	365.
161.	6.	$1\frac{11}{26}$	$1\frac{11}{16}$
ibid.	16.	$101\frac{11}{26}$	$101\frac{11}{16}$
219.	9.	$100\frac{4}{3}$	$100\frac{4}{3}$

Universal-
oder
Special-Reguln
zu Berechnung

der

Wechselcourse und Arbitragen

derer Plätze

Berlin und Breslau

mit

beygefügten Sätzen der Ketten - Regul und vorhergehender Anleitung, wie überhaupt von allen
Plätzen dergleichen Special - Reguln können
gefunden werden

von

M. R. B. Gerhardt.

Berlin,
bey Arnold Wever,
1769.

Seiner Excellenz

dem

Hochwürdigen und Hochwohlgebohrnen

Freyherrn

H E R R N

Ludewig Philipp

vom Hagen,

Erb- Lehn- und Gerichtsherrn des Amts Möckern,
auf Nieder-Gebra, Lochau, Onderdorf und Lütnitz,
auch Burchsaße zu Bleicherode.

Seiner Königl. Majestät in Preussen würklichen
Geheimen Etats- Krieges- und dirigirenden Minister
bey dem General-Ober-Finanz-Krieges- und Domai-
nen-Directorio, Chef des dritten Departements von
Cleve, Marck, Geldern, Neufchatel, Minden, Hal-
berstadt, Meurs, Ostfriesland, Ravensberg, Tecklen-
burg und Lingen, Orangische Succeßions-Invaliden- auch
Stempel-Revenües, Hütten-Bergwercks- und Banco-
Sachen in allen Königlichen Provinzen.

Des Hochlöblichen St. Johanniter- und St. Mau-
ritli-Ordens Ritter, designirter Commendator und Land-
Voigt zu Schievelbein, Domherr bey dem hohen Stift
zu Magdeburg, Drost des Amts Wittmund
in Ostfriesland, ꝛc. ꝛc. ꝛc.

Meinen gnädigen Freyherrn
und Herrn.

Hochwürdiger,

Hochwohlgebohrner Freyherr,

Gnädigster Herr!

Ew. Excellenz dieses kleine
Werk von der Handlung zuzuschrei-
ben, ist eine Verwegenheit, die ich

zu

zu begehen mich nicht unterstanden haben würde, wenn **Dieselben** die Berliner u noBreslauer Banquen und das damit verknüpfte Wechsel-Negotium, worauf diese Special-Rechnungs = Reguln gerichtet sind, nicht S e l b st in denjenigen Stand gesetzet hätten, von welchem jetzt Jedermann der grössesten und vortreflichsten Folgen gewiß ist.

Ich bin viel zu geringe, den Eifer für das Beste des Staats und die

voll-

vollkommene Wissenschaft der Handlungsgeschäfte, die **Ew. Excellenz** bey einer Menge anderer besitzen, der Welt anzupreisen. Der höchste Beyfall des **Grösten Monarchen** thut dieses weit nachdrücklicher und Glorreicher.

Aber meine Dankbarkeit für **Deroselben** mir erwiesenen hohen Schutz bey den mir anbefohlnen Geschäften öffentlich zu bezeugen, dazu verbndet mich die erste Pflicht eines

recht-

rechtschaffenen und treuen Dieners.

Ich ersterbe mit tiefster Ehrfurcht

Ew. Excellenz

Berlin,
den 28 Januar
1769.

unterthänigster Diener

M. R. B. Gerhardt.

Vorrede.

Die Clausbergischen Universal-Reguln so derselbe ehedessen vor das Leipziger Wechsel-Negotium verfertiget, und in Manuscript an die dortigen Handlungs-Häuser vertheilet, haben verschiedenen hiesigen Freunden, so selbige besitzen, dermaßen gefallen, daß sie mich zum öftern ersucht, dergleichen Reguln auch über unser anjetzo wegen der Banco-Course ganz verändertes Wechsel-Negotium zu verfertigen.

Das

Vorrede.

Das Verlangen dieser mir lieben Freunde, und einige müßige Stunden, die ich vordem hatte, waren also die Ursache, daß ich sie aufsetzte; dem ohnerachtet würden sie nicht öffentlich erschienen seyn, wenn sie nicht dieses auch von mir erdrungen hätten.

Hierinne bestehet die Rechtfertigung, die ich dem Publico wegen Ausgabe dieser Reguln anzuzeigen mich verbunden halte, und die begreifen lassen, daß ich kein Verdienst darin setze sie ausgearbeitet, am wenigsten aber öffentlich bekandt gemacht zu haben. Berlin, den 28 Januarii 1769.

Univer=

Universal- oder vielmehr Special-Reguln zu Berechnung der Wechsel-Course und Arbitragen ꝛc. sind durch Rechnung ausfündig gemachte Zahlen, womit man die angegebenen Coursi einer Vorgabe dieser Art durch die Multiplication und Division dergestalt berechnet, daß man daraus, ohne die sonst dazu gehörigen Rechnungs-Regeln anzuwenden, die begehrte Antwort erhält.

Wer also die Species in ganzen und gebrochenen Zahlen zu rechnen weiß, kann sich bey Berechnung der Coursi und Arbitragen dieser Reguln bedienen, denn wenn er auch nicht so genau die Wechsel-Coursi verstehet, so geben die davon heraus gekommenen Bücher genugsamen Unterricht, und kann man sich besonders dazu, das in der neuen Auflage verbesserte Nelckenbrecherische Taschenbuch eines Banquiers und Kaufmanns,

manns, Berlin 1769. bedienen, worinnen man alle zu jetziger Zeit vorkommende Wechsel-Coursi beschrieben findet.

Es ist also leicht zu bemerken, daß diese Regeln an sich selbst von keiner Schwierigkeit zu gebrauchen sind, ihr Nutzen ist aber, daß sie

1) dergleichen Rechnungs-Vorfälle bequemer und geschwinder berechnen, als durch die gewöhnlichen Rechnungs-Reguln geschehen kann, und daß sie

2) nicht schlechterdings erfordern, daß man ausser denen Species die gewöhnlichen Rechnungs-Regeln wissen müsse.

Weil aber jeder besondere Rechnungs-Vorfall eine besondere Regul erfordert, so bestehet ihre Unbequemlichkeit eigentlich darinne: sie entweder ins Gedächtniß zu fassen, oder den Vorfall, so zu berechnen ist, im Buche nachzuschlagen. Indessen ist aus der Erfahrung bekannt, daß gewisse Handlungen immer besondere Geschäfte auf Plätze haben, die, wo nicht alle Posttage, doch sehr oft vorfallen, und eben zu Berechnung dieser Geschäfte sind diese Reguln am besten zu gebrauchen, weil sie sich, wenn ein Vorfall oft vorkommt, von sich selbst dem Gedächtniß einprägen, denn

Wenn Berlin und Breßlau oft wissen muß, wie der Cours mit Holland

1) über Hamburg in Bo. durch den Stüv. Cours,
2) über

2) über Hamburg in B°. durch den proCent Cours,

3) über Londen,

4) über Paris rendiret, so darf man hierzu nur die 8. 9. 13. und 14te Special-Regul wissen, welche sich durch die Uebung geschwinde dem Ge-dächtniß einprägen; und eben so ist es in Anse-hung aller andern Vorfälle, so öfters vorkommen können.

Es dienen aber diese Universal-Regeln nicht allein denen, so keine Berechnung der Wechsel-Course durch die gewöhnlichen Wege anzustellen wissen, und andern zur Bequemlichkeit in Berech-nung derselben, sondern sie sind auch dazu ver-fertiget, um über andere Fälle, so nicht in die-sen Werk enthalten, selbst dergleichen zu verferti-gen, wenn es die Beschaffenheit, Weitläuftigkeit und öftere Vorfallenheit einer Sache erfordert, kurze Wege zu ihrer Berechnung zu suchen.

Hiervon können aber nur diejenigen profiti-ren, so die gewöhnlichen Rechnungs-Regeln, be-sonders aber die Regula Conjointe oder Ketten-Rechnung verstehen, weil aus selbiger meist alle solche Reguln ihren Ursprung nehmen, zu welchem Ende auch bey jeden in diesem Werk enthaltenen Vorfall der Ketten-Satz beygefüget ist.

Um aber mit einem mahle den Ursprung der Special-Regeln aus der Ketten-Rechnung zu zeigen, will ich folgende Vorgabe proponiren, und sie nach der Ketten-Regul ausarbeiten.

A 2 Z. E.

Z. E. Berlin oder Breßlau wollte wiſſen wie der
Cours nach Hamburg, durch den Preiß
oder Cours der Ld'or rendirte.

Wenn die Ld'or in Berlin oder Breßlau 21
pro Cent gegen Banco verlöhren, und

Die Ld'or in Hamburg 11 ℔ 1 Schil. Banco oder
177 Schil. Banco gelten, dieſes ſtehet nach
der Ketten-Regul alſo:

? ß Lüb. B°. — 1 L. B°.
100 L. B°. — 121 Thl. Ld'or.
5 Thl. Ld'or — 177⅗ Lüb. B°. = (11 ℔ 1 ß B°.)

Wenn man nun die 121 als den Berliner oder
Breßlauer Banco-Agio der Ld'or mit den Preiß
des Ld'ors in Hamburg, ſo zu lauter Schillingen gerechnet iſt multipliciret, und das kommende durch
500 dividiret, ſo erhält man das facit oder die
Antwort 42⅖ ß Lüb. Banco circa pro 1 L. Berliner oder Breslauer Banco.

Nun iſt bekannt, daß jeder Cours allezeit
vor was gewiſſes gegeben wird, und daß dieſe
Courſe veränderlich ſind, ſo wie dasjenige,
vor was ſie gegeben werden, feſte, oder immer ſo verbleibt; denn z. E. in voriger Aufgabe
können

Die Ld'or mehr oder auch weniger denn 21
pro Cent gegen Banco verliehren, hingegen
100 L. Banco werden allezeit ſo viel bleiben,
der Cours mag nun höher oder niedriger
denn 121 ſtehen. Desgleichen können

Die

Die Ld'or in Hamburg mehr oder weniger denn 11 ℔ 1 ß Banco, oder 177 ß Banco gelten, hingegen wird das, vor was es bezahlt wird, immer 1 Ld'or oder 5 Thl. Ld'or bleiben.

Dieses bemerkt, so ist ohne Zweifel, daß wenn man den Berliner oder Breßl. Banco-Agio oder Cours mit dem Hamburger Preiß oder Cours des Ld'ors in lauter Schillingen multipliciret, diese beyden Course stehen nun höher oder niedriger als in obiger Vorgabe angegeben worden, und das kommende durch die Zahl 500 dividiret, man immer die Antwort erhält, wie die Berliner oder Breslauer Course mit Hamburg durch Ld'or rendiren, und ist dieses also eine Special-Regul der man sich allezeit bedienen könnte, wenn man diesen Vorfall berechnen wollte.

Da es aber auch oft darauf ankomt, sich die Berechnung in denen Special-Reguln leichter oder schwerer zu machen, nachdem man Zahlen erwählet, die geschickter zum multipliciren oder dividiren sind, als andre die man in den Kettensaß findet, so kann man die in einen Kettensaß gefundenen Zahlen, wenn es ihre Beschaffenheit leidet, und man Vortheile davon haben kann, vergrößern und verkleinern, nachdem es uns den gewöhnlichen Rechnungs-Reguln nach erlaubt ist, Zahlen zu vergrößern oder zu verkleinern, ohne daß sie etwas von ihrer Proportion verlieren.

Wenn

Wenn man also die in proponirter Vorgabe
zum Divisore erhaltenen 500 einerseits, desgleichen den Berliner Banco-Agio 121 mit 2 an-
derseits multipliciret, so erhält man einen besse-
ren Divisor als 500, nemlich 1000 und die du-
plirten 121 geben 242.

Die 62. Special-Regul also, so hieraus
entstanden, saget:

> Multipliciret den doppelten Berliner Banco-
> Agio, oder, (den Berliner Banco-Agio
> doppelt genommen,) mit den Preise des
> Ld'ors zu Hamburg in lauter Schillingen,
> von den kommenden aber schneidet drey
> Zahlen rechter Hand ab.

Eben sowohl hätte man auch sagen können:

> Multipliciret den Berliner Banco-Agio mit
> den doppelten Preiß des Ld'ors zu Ham-
> burg in lauter Schillingen von den kom-
> menden aber schneidet 3 Zahlen rechts ab.

Hätte man aber die zum Divisore erhaltenen
500 einerseits, durch 5 kleinern wollen, so wären
100 entstanden, und auf der andern Seite hätte
man bey einem Course ebenfalls nur den fünften
Theil davon zur Multiplication nehmen müssen,
so, daß entweder $24\frac{1}{5}$ mit 177, oder 121 mit
$35\frac{2}{3}$ wäre multipliciret worden, und die Special-
Regul hätte deßwegen also lauten müssen:

> Multipliciret den fünften Theil des Berliner
> Banco-

Banco - Agio mit den Hamburger Preiß des Ld'ors in lauter Schillinge, oder auch:

Multiplicirt den Berliner Banco - Agio mit dem fünften Theil des Hamburger Preises der Ld'or in lauter Schillinge.

Von den kommenden aber schneidet 2 Zahlen rechts ab.

Wenn man aber überleget, daß die Multiplication mit Brüchen langweiliger und beschwerlicher, als die in ganzen Zahlen ist, zumalen wenn beyde Zahlen so miteinander multipliciret werden sollen, Brüche bey sich führen, wie dieses hier gar oft geschehen kann, so wird man nothwendig finden, daß die oben angeführte 62. Regul über diesen Vorfall besser, als diese hier sind, und habe ich nur dadurch zeigen wollen, wie sehr man sich die Arbeit bey Gebrauch dieser Reguln selbst erleichtern oder schwerer machen kann, nachdem man Kenntniß der Zahlen und ihre Eigenschaften hat, und selbige vortheilhaft zu gebrauchen weiß.

Daß ich aber den Preiß des Ld'ors in Hamburg in lauter Schillinge zu setzen, und so zu multipliciren geheißen, hat seinen Grund in der Kürze, die hier sichtbarer ist, als wenn ich nur schlechterdings setzte den Hamburger Preiß des Ld'ors zu multipliciren, denn wenn dieses ohne selbigen in Schillingen zu setzen geschehen sollte, so müßte die Regul heißen:

Multipliciret den Berliner Banco - Cours mit

den Hamburger Preiß des Ld'ors das kommende ferner mit der Zahl 32, von den kommenden aber schneidet 3 Zahlen rechter Hand ab.

Da würde man also 121 mit $11\frac{1}{10}$ und das hieraus kommende mit 32 wieder multipliciren müssen, welches ohne allen Zweifel wieder weitläuftiger als obige 62. Regul gewesen seyn würde, welches ein jeder einsehen wird, der den über diesen Vorfall gleich folgenden Kettensatz betrachten will; zu geschweigen, daß bey dem Hamburger Preise des Ld'ors zuweilen große Brüche vorkommen können, die die Berechnung noch schwerer machen, welches alles so viel möglich, bey dergleichen Reguln vermieden werden muß.

? ß L. Bco.	—	1 L. Bco.
100 L. Bco.	—	121 Thl. Ld'or.
5 Thl. L'dor.	—	$11\frac{1}{10}$ ₰ Bco.
1 ₰ Bco.	—	16 ß L. Bco.
500	—	16
2		2
1000		$32 + 121 + 11\frac{1}{10}$

Wer sich also Special-Reguln, gewisse weitläuftige Vorfälle zu berechnen, verfertigen will, suche:

1) Ueber den Vorfall einen Kettensatz zu entwerfen, in so ferne es angehet, oder nöthig, daß der Vorfall in einen solchen Satz kann oder muß gebracht werden.

2) Be

2) Bemerke man die veränderlichen Course, Preiße oder andere Zahlen jeder
Seite, und unterscheide selbige nicht nur

a) als veränderliche Zahlen, sondern
auch

b) ob sie in der rechten oder linken Co-
lumne eines Auffaßes stehen.

3) Diejenigen Zahlen, so sich nicht verändern können, bemerke man in jeder Seite
ebenfalls besonders also, und suche, wenn
es nicht schon vortheilhafte Zahlen, ob man
sie durch die Multiplication oder Division zu
solchen Zahlen machen kann, mit denen man
vortheilhafter als mit andern rechnet, welche
Veränderung aber auf beyden Seiten und mit
2 Zahlen zugleich vorgenommen werden muß.

4) So bald als keine fernere vortheilhafte Veränderung damit vorgenommen werden kan,
so multiplicire man die aus denen rechts
stehenden festen Zahlen gekommenen,
zum Dividento, gleich wie die linker Hand
also gekommenen Zahlen zum Divisore.

5) Da diese Zahlen also ein vor allemahl fest
bleiben, so fertiget die Special-Regul, wenn
ihr heißet

Die rechts sich befindliche veränderliche Zahlen mit der Zahl multipliciren,
so aus den rechts stehenden festen Zahlen erwachsen, und das kommende,

A 5 durch)

durch die links sich befindlichen veränderlichen Zahlen, so mit der Zahl
multipliciret, die aus denen links
stehenden festen Zahlen erwachsen,
zu dividiren.

Z. E. Berlin wollte sich eine Universal-Regul zu
Berechnung des Caffees aus Bourdeaux verfertigen, vermittelst welcher es ohne weitläuftige
Rechnung immer wissen könnte, was 1 Berliner Pfund Caffee von daher, auf den Packhof
zu stehen käme.

Wenn nun

a) aus dem Bourdeauxer Preiß-Courant zu ersehen

1) daß diese Waare alldort z. E. 16¼ Sous
gelte,

2) daß der Cours auf Holland 56 ß vls.
Banco stände;

b) aus der Erfahrung aber bekannt sey,

1) daß 100 Pfund aus Bourdeaux 105
Pfund in Berlin wiegen,

2) daß man bey dieser Waare 2 pro Cent
Provision, und

3) 10 pro Cent vor Spesen zu rechnen
hätte;

c) aus den Berliner Cours-Zetteln aber zu ersehen wäre

1) daß der Cours von da auf Amsterdam
in Banco z. E. 44 Stüb. Bco. pro 1 L.

2) daß Berliner Banco gegen Courent 31¼
pro Cent avancirte.

So

So würde man nach oben beschriebener erster Regul folgenden Ketten=Satz zu verfertigen haben, nehmlich:

?gr. Cour.	—	? 1 Pfund Berl.
105 Pfund Berl.	—	100 Pfund Bourd.
1 Pfund Bourd.	—	$16\frac{1}{4}$ Sous.
60 Sous	—	56 Qvls. Banco.
2 Qvls. Banco	—	1 Stüv. Banco.
44 Stüv. Bco.	—	1 L. Berl. Bco.
100 L. Banco	—	$131\frac{1}{4}$ Thl. Cour.
100 Rthl.	—	102 pro Provision.
100 .	—	110 pro Epesen.
1 Rthlr.	—	24 gr. Cour.

Wolte man diese nun berechnen, so würden zum facit $5\frac{3}{4}$ bis $5\frac{5}{8}$ gr. Cour. vor ein Berliner Pfund erscheinen, da dieses aber bey solchen Vorhaben nicht nöthig, so

Suchet also nur gleich nach der 2ten Regul diejenigen Preise, so sich verändern kön= nen, das sind allhier:

linker Hand	rechter Hand
44 Stüv. Banco.	$16\frac{1}{4}$ Sous.
	56 Qvls. Banco.

Ferner bemerket die unveränderlichen Zah= len nach der dritten Regul und suchet solche zu euern Vorhaben bequem zu machen. Diese sind allhier:

linker

linker Hand   rechter Hand

1.7.21.105 ℔ B. — 100 ℔ Berl.

    10. 60 Sous — — —

     2 Qvls. B. — — —

    100 LBBco. — 131¼ thl. C.5.25.105.35.5.

1.10.20.100   — — 102 Prob. 51.

     100   — — 110 Spef. 11.

      1 4 — — 24 gr. Ceur. 4. 1.

Mit diesen also geordneten Zahlen ist folgende Veränderung vorgegagen:

1) Hat man die 131¼ zu lauter 4teln gemacht, hingegen die 4 zur linken Hand geführet.

2) Die 100 LBBo. gegen die 100 ℔ Berliner aufgehoben.

3) Die 105 gegen 525 durch die Zahl 5 verkürzt

4) Die daraus entstandenen 21 und 105 durch 3 verkürzt.

5) Die hieraus wieder entstandenen 7 und 35. durch 7 verkleinert.

6) Die hiervon noch überbliebene 5 gegen die links stehenden 100 weggeschaft und diese durch 5 gekleinert.

7) Die hieraus kommende 20 gegen 102 durch 2 gekleinert.

8) Die aus der 20 erhaltene 10 gegen 110 durch 10 weggeschaft.

9) Die 60 Sous gegen 24 gl. durch 6 gekleinert.

10) Die aus der 24 entstandene 4 gegen die 4 so aus den Bruche erhalten weggeschaft.

Da nun mit denen linker Hand übrig geblie=
be=

benen Zahlen 10 + 2 + 100 gegen die rech=
te Hand übrig gebliebenen 51 + 11 keine
weitere Verkleinerung vorgenommen werden
kann, so werden selbige nach der 4ten Regul
jede ins besondere zum Divisore als Divi=
dento zusammen multipliciret also:

linker Hand	rechter Hand
10+2+100	51+11.
2000	561

Wenn man nun diese aus denen unveränder=
lichen Zahlen rechter Hand entstandene
feste oder unveränderliche Zahl 561 mit denen
veränderlichen Zahlen der rechten Hand 16¼
+ 56 multipliciret, und dis kommende Pro=
duct durch die aus den unveränderlichen Zah=
len linker Hand erhaltene feste Zahl 2000,
mit der veränderlichen Zahl linker Hand
multipliciret, dividiret, so muß man ebenfals
obiges Facit erhalten. Z. E.

2000. m. 44. — 561 m. 16¼ m. 56.

```
88000   3366
  8      2805
 11
         31416
        188496
          7854
      )510510
      )63813: 9 ß
       5|801: 3
       |x 12
       9|615
```

Facit 5 gr. 9 bis 10 ß höchstens.

Die

Die Specialregul die alſo über dieſen Vorfall zu verfertigen wäre, würde heiſen müſſen:

Multipliciret einerſeits den **Bourdeaur.** Preiß des **Caffees,** mit dem daſigen
Cours auf **Amſterdam,** und das daraus
entſtandene **Product** mit der Zahl 561 zum
Dividento.

Anderer ſeits multipliciret den **Berliner Cours** auf **Amſterdam** in *Banco* mit
der Zahl 2000 zum **Diviſore.**

Auf dieſe Art mögen nun die Courſe höher oder
niedriger als 16¼, 56 und 44 ſtehen, ſo wird
man doch allezeit durch obige feſte Zahlen den Preiß
von 1 Berl. ℔ Caffee erhalten können, nur müſſen
ſich die Zahlen der Proviſion, Speſen und Berl.
Banco-Agio nicht verändern, weil dieſelben ſchlech-
terdings vor feſt gerechnet werden müſſen.

Findet man aber in Praxi, daß ein Haus weniger Proviſion als 2 pro Cent nähme, daß man
die Speſen höher oder niedriger als 10 p. C. rechnen könnte, oder daß ſich der Banco-Agio gegen
Courent verändern ſollte, ſo müſten freylich dieſe
ſtehende Zahlen nach obiger Regul ihrer Beſchaf-
fenheit nach, ausfündig gemacht werden, wiewohl
man bey dieſen Vorfällen, wenn es nur auf Kleinigkeiten ankomt, überhaupt nicht ſo ſcharf rechnet.

Da nun alle Specialreguln auf dieſe Art ver-
fertiget werden, ſo erſiehet man daraus, daß es
von keiner Erheblichkeit deren auszuarbeiten, und
darnach zu rechnen iſt.

Die

Die in diesem Werk enthaltenen Specialreguln sind auf das Berliner und Breslauer
Wechselnegocium gerichtet, und es werden sich
nur wenig Vorfälle ereignen, welche, wenn es auf
die Ausfündigmachung des Courses ankommt, nicht
solten durch diese Reguln berechnet werden können.

Sie sind so geordnet, daß die Plätze mit
denen eigentlich die Berechnung von Berlin
oder Breslau geschiehet, nach dem Alphabeth stehen und also leicht zu suchen sind.

Wenn sich also findet. Z. E.
    mit Antwerpen
    mit Basel
    mit Cadix u. s. w.
so will das eben so viel sagen, und man muß darunter verstehen wie rendiret Berlin oder Breslau,
    mit Antwerpen
    mit Basel
    mit Cadix u. s. w.

Die aber unter diesen Plätzen befindliche
kleine Münzen, geben die Münzsorte an, welche vor 1 *L. Banco* zu rechnen ist.

In Ansehung derer Plätze, über welche
der Cours ausfündig gemacht werden soll,
habe ich nur

Amsterdam, Hamburg, London und Paris
oder ganz Frankreich erwehlet, weil außer diesen vieren wenig mit andern Plätzen von Berlin
aus *adrittura* gewechselt wird, ob sie gleich in
Courszetteln enthalten sind.

Wenn

Wenn es aber dem Negoce gemäß gewesen, so sind auch Reguln verfertiget worden, um den Cours durch die Münzen in Natura zu finden.

Die Specialreguln selbst sind so beschrieben, daß man sich darinne nicht wird irren können, weil die unbeständigen Course nicht mit a, b, c. u. s. w. wie sonst gewöhnlich, bezeichnet, sondern gleich bey ihren Nahmen genennet sind. Ich sage aber ein vor alle mahl, daß man

1) Unter den Berliner *Banco-Agio* eigentlich die Difference der Münzsorten in Rthl. gegen L. Bco verstehen müsse. Z. E.

$20\frac{1}{2}$ p.C.Ld'or ist so viel als $120\frac{1}{2}$ Rtl.Ld'or | pro 100L.
16 p.C.Duc. · · · · 116 Rtl. Duc. | Banco in
$31\frac{1}{4}$ p.C.Cour. · · · · $131\frac{1}{4}$ Rtl. Cour. | Berl. oder Breslau.

2) Unter den Berliner oder Breslauer Cours ist allezeit der Cours zwischen Berlin oder Breslau und denen Plätzen zu verstehen, mit welchen Berlin *adrittura* wechselt und die sich in Berliner Courszettul finden. Z. E.

44 Stüv. Amsterdammer Banco
46 dito   dito   Cour.
$44\frac{1}{2}$ Schl. Hamburger L. Bco. vor 1 Liv. Bco.
50 ₰Sterl. Londner
96 Sous tourn. Frankreich

3) Die übrigen Course, so zur Berechnung gehören, sind allezeit dieselben so zwischen

schen den 2 Plätzen befindlich sind, mit denen Berlin rc. den Vorfall berechnet; Es kann also hierunter niemahlen der Berliner Cours selbst verstanden werden, und wenn gesagt wird, der Hamburger Cours nach Amsterdam wäre 34 Stüber Banco, so ist es eben so viel, als wenn man sagte: der Amsterdammer Cours nach Hamburg wäre so viel, weil immer unter 2 Plätzen, so mit einander wechseln, nur eines der Cours, und das was man vor den Cours giebt, die beständige Valuta ist.

Bey Berechnung der Course nach den Special-Reguln habe ich mir zuweilen Vortheile der Multiplication und Division bedienet, welche diejenigen, so sie nicht wissen, bald einsehen können, übrigens glaube ich nicht, daß es nöthig ist, erst zu sagen, daß wenn man auch die Multiplication oder Division so verrichtet, als man sie erlernet, die nehmlich Antwort oder dasselbe Facit erhalten wird, wie auch, daß man eine Zahl oder Cours zu dupliren, denselben mit 2 multipliciren; und wenn z. E. von 18fachen Cours geredet wird, daß man die Zahl oder den Cours mit 18 multipliciren muß.

Aus denen beygefügten Sätzen der Kette wird man leicht ersehen, auf welche Art die Special-Reguln zu jeder Vorgabe gefunden worden, zu welchem Ende ich mit denen unveränderlichen oder festen Zahlen, in Absicht auf die Special-Reguln die oben beschriebene Veränderung durch

B   Ver-

Vermehr- oder Verminderung derselben, bey jeden
Satz gezeiget habe.

Ich hatte mir zwar vorgenommen verschiedene
Special-Reguln zu Berechnung gewisser Waaren-
Preiße diesem Werke beyzufügen; da mir aber die
nöthige Zeit hierzu mangelt, und die Verfertigung
derselben denen ganz begreiflich seyn wird, welche
die Regula conjointe verstehen, und obige Anwei-
sung zu dergleichen Special-Reguln sich wohl bekannt gemacht haben, so will ich vielmehr zum
Beschluß dieses noch zeigen, wie durch diese Reguln die Arbitragen zu berechnen sind, und da ich
allhier einen nicht unbekannten Vorfall erwehle, so
wird dieses zugleich den oben angeführten Satz be-
stätigen, daß man sich solcher Reguln mit beson-
dern Nutzen bey oft vorfallenden Gelegenheiten
bedienen kann.

Z. E. Berlin wollte Ducaten auf Speculation
      kommen lassen, wenn es dieselben nun ver-
      schriebe

   1) aus Amsterdam, so gelten sie nach dortigen
      Cours-Zetteln 5 Flor. 5 Stüv. und Berlin
      könnte davor Holl. Courent Briefe zu 45½
      Stüver Cour. remittiren.

Da dieses nun eben die Course sind, so unter
Nro. 48 angezeiget sind, so ist auch die nehmliche
Antwort hieher zu ziehen, nehmlich 28$\frac{1}{12}$ gr. Du-
caten pro 1 L. BBco.

                                    2) aus

2) aus Danzig; so gelten sie nach dortigen Cours-Zetteln 9 Flor. 21 gr. und Berlin könnte dagegen Holl. Banco Briefe remittiren, die es zu 44 Stüv. Bco. erhalten könnte, und die in Danzig zu 368. gr. angenommen würden.

Dieses sind die Course so unter Nro. 49 angezeiget, weshalb auch die Antwort hieher zu ziehen, nehmlich 30$\frac{7}{12}$ gr. Ducaten pro 1 L. Banco.

3) aus Danzig; wenn sie alda 9 Flor. 20 gr. gelten, und man dagegen Hamburger Briefe remittiren könnte, so man in Berlin zu 43½ Schil. haben würde, die man in Danzig zu 153 gr. annähme..

Da dieses die Course so Nro. 50 angezeiget, so gehöret auch dieselbe Antwort hieher, nehmlich 31$\frac{7}{12}$ gr. Ducaten pro 1 L. Bco.

4) aus Hamburg; wenn sie daselbst 3 pro C. besser denn Bco. und man die Bedeckung zu 43$\frac{5}{4}$ Sch. in Hamb. Briefen 1 Rthl. machen könnte.

Da dieses die unter Nro. 52 angezeigten Course, so ist dieselbe Antwort 29 gr. Ducaten pro 1 L. Banco.

5) aus Leipzig; wenn sie daselbst 1½ p. C. besser denn Wechsel-Courent, und man allda Holl. Banco Briefe zu 140 pro C. annehmen wollte, die man in Berlin zu 45 Stüv. kaufte.

Da

Da dieses die unter Nro. 54 angezeigten Course, so ist deren Antwort 29⅛ gr. Ducaten pro 1 L. Banco.

Weil man nun bey Zusammenhaltung dieser 5 Antworten ersiehet, daß man bey Committirung der Ducaten aus Danzig durch Hamburger Briefe 31⁷⁄₁₂ gr. Ducaten vor 1 L. Bco. und also am meisten bekommt, so würde man die Ducaten aus Danzig kommen lassen, und selbige hingegen nach Amsterdam senden müssen, weil man da am wenigsten, nehmlich 28¼ gr. Ducaten pro 1 Livre Banco nur weggeben dürfte.

Da nun dieser ganze Vorfall eine Arbitragen-Berechnung von 5 verschiedenen Vorgaben mit Ducaten ist, welche unter den einzigen Titul:

mit Ducaten

abgehandelt ist, so ersiehet man daraus:

1) daß jeder nach den Alphabet gesetzter Platz, eine Arbitragen-Berechnung der Plätze Berlin oder Breslau, mit diesen nach den Alphabeth geordneten Platz ist.

2) Daß so viel Vorgaben als unter jeden dieser Plätze befindlich, vor eben so viel Aufgaben über verschiedene 3te Plätze rc. anzunehmen, deren Antworten gegen einander gehalten, die eigentliche Arbitrags oder Entscheidung ausmachen.

Spe-

Special-Reguln

zu

Berechnung

der

Wechsel-Course und Arbitragen

derer Plätze

Berlin und Breslau,

mit

angehängten Sätzen der Ketten-Regul über
jeden Vorfall.

Wie rendiret

Berlin oder Breslau

mit

Amsterdam,

oder

Was beträgt 1 Livre Berliner oder Breslauer Banco
in Holländische Stüver,
Banco oder Courant.

1) durch den Berliner oder Breslauer *pro
Cent Cours* in Preuß. *Courent* oder *Ld'or*
nach Holland in *Banco* oder *Courent.*

1. Special-Regul.

Multipliciret den Berliner oder Breslauer Banco Agio mit der Zahl 50, und dividiret das kommende durch den Berliner oder Breslauer pro Cent
Cours.

Z. E. Berliner oder Breslauer Banco wäre 31¼ pro
Cent besser den Preußl. Courent, und der Berliner
oder Breslauer pro Cent Cours nach Amsterdam
149 in Preuß. Courent.

$$149 \quad - \quad 131\tfrac{1}{4} \text{ m. } 50.$$
$$\underline{ \quad 6562. \quad 8}$$
$$602$$

fac. 44 Stv. B₀. circa 6 à 16
pro 1 L. Berl. oder $\overline{104}$
Bresl. Bco.   B 4   durch

durch den Ketten = Satz:

? Stüv. Bco. —   1 L. Bco.
100 Liv.   —   131½ Thl. Cour.
149 Thl.   —   5000 Stüv.
─────────   ──────────────
149   —   131¼ + 50

oder z. E. Berliner rc. Banco wäre 23½ pro Cent besser
denn Ld'or, und der Berliner rc. pro Cent Cours
nach Amsterdam in Cour. 135¾ Thl. Ld'or.

135¾   —   123½ m. 50
543   200   4
            ────────────
            24700
             2980
fac. 45½ Stv. Ct. circa   255 à 16
pro 1 L. Berliner od.   1590
Breslauer Banco.   ──────
                         4240

        nach den Ketten = Satz.
? Stüv.   —   1 L. Banco.
100 L.   —   123½ Thl Ld'or.
135¾ Thl. —   5000 Stüv.

        Stüver Banco.

2.) Durch den Berliner oder Breslauer pro
Cent Cours in Preuß. Courent oder Ld'or
nach Holland in Courent, und durch
den Holländischen Banco-Agio.

        2. Special = Regul.

Multipliciret einerseits den Holländischen Banco
Agio mit dem Berliner oder Breslauer pro Cent
Cours, mit dem kommenden dividiret, in den Ber-
                                        liner

liner oder Breslauer Banco-Agio mit der Zahl 5000
vermehret.

2. E. Berliner rc. Banco wäre 23¾ pro Cent besser denn
Ld'or. Der Berliner rc. pro Cent Cours nach
Holland in Cour. 135¾ Ld'or. Der Banco-Agio
in Holland stünde 3½ pro Cent.

103½ M. 135¾ — 123½ M. 5000.
405.   40000   8
67½   4940000
51¾   443960
fac. 43 15/16 Stv.   25⅞   106757 à 16
Bo. pro 1 L.Bo. 14050⅛   640542
112401   1708112
584102
220971

durch den Ketten-Satz:

3 Stv. Bco. — 1 L. Bco.
100 L. Bco. — 123½ Thl. Ld'or.
135¾ Thl. — 5000 Stv. Cour.
103½ Stv. — 100 Stv. Bco.
135¾ + 103½ — 123½ + 5000

Stüver *Courent.*

3) Durch den Berliner oder Breslauer *pro
Cent Cours* in Preuß. *Courent* oder *Ld'or,*
nach Holland in *Banco,* und durch den
Holländischen *Banco-Agio.*

3. Special-Regul.

Multiplicret den Berliner oder Breslauer Banco-Agio mit den Holländischen Banco-Agio, und
B 5   divi-

dividiret das kommende durch den doppelten Berliner ꝛc. pro Cent Cours.

z. E. Berliner Banco wäre 32 pro Cent beſſer denn Preuß, Cour. Der Berliner pro Cent Cours nach Holland in Banco 150 Thl. Preuß. Cour. und der Banco-Agio in Holland ſtünde 4 pro Cent.

```
2 m. 150  —  7̶8̶2̶    m, 104
      3̶0̶0̶       44
    /  100      176
              45|76 à 16
fac. 45¾ Stv. Cour. circa |456
pro 1 Liv. Bco.      12|16
```

nach den Ketten-Satz:

```
? Stüv. Cour.  —   1 L. Bco.
100 L. Bco.    —   132 Thl. Cour.
150 Thl.       —   5̶0̶0̶0̶ Stv. Bco. 1.
2. 1̶0̶0̶ Stv.    —   104 Stv. Cour.
2 m. 150       —   132 m. 104
```

Nota. Ich habe hier und an mehrere Orten den Berl. Banco Cours gegen Preuß. Cour. mit fleiß nicht nach den feſtgeſetzten Werth zu 131¼ Thl. Cour. pro 100 Liv. Banco genommen, damit es deſto weniger in Anfertigung anderer ſolcher Reguln eine Schwierigkeit vernrſachen ſoll, da indeſſen aber dieſer Cours feſt iſt, ſo kau man hierüber folgende

Special-Regul

gebrauchen.

Multipliciret den Holländiſchen Banco-Agio mit der Zahl 525, und dividiret das kommende, durch den achtfachen Berliner Cours nach Holland.

aus

aus folgenden **Retten-Satz:**

? Stv. Cour. — 1 L. Bco.
1~0~0~ L. Bco. — 1⅓ 1¼ Thl. Cour. 525.
150 Thl. — 5~0~0~0~ Stv. Bco.
2. 1~0~0~ Stüv. — 104 Stv. Cour.
⌣4

150+8 — 525+104
12|00 · 2100
546|00

fac. 45½ Stv. Cour.

Stüver *Courent*.

4) **Durch den Berliner und Amſterdammer Preiß oder** *Cours* **des Ducatens.**

4. Special-Regul.

Multipliciret den Berliner Banco-Agio **mit den Holländiſchen Preiß des Ducaten in lauter Stüver, und dividiret das kommende durch die Zahl** 275.

z. E. Berliner ꝛc. Banco wäre 19 pro Cent beſſer denn Ducaten à 2¾ Thl. und der Ducaten gölt in Amſterdam 5 fl. 4½ Stv. oder 104½ Stv. Cour.

275. — 119 in. 104½.
476
59. 8.
12435. 8.
fac. 45½ Stv. Cour. circa 1435
pro 1 Liv. Berl. Banco. 60 à 16
368
968|

nach der Ketten=Regul.

? Stv. Cour.   —   1 L. Bco.
25. 100 L. Bco.   —   119 Thl. Duc.
11. 2¾.Thl.Duc.   —   104½ Stv. Cour.

A.

$$\frac{25 + 11}{275} \qquad — \quad 119 + 104\tfrac{1}{2},$$

Stüver *Banco.*

5) Durch den Berliner ꝛc. und Amſterdam=
mer *Cours* des Ducatens, und durch den
Holländiſchen *Banco-Agio*

5. Special=Regul.

Multipliciret den Holländiſchen Banco-Agio
mit der Zahl 2¾, mit den kommenden dividiret,
in dem miteinander vermehrten Berliner und Hol=
ländiſchen Ducat Cours in lauter Stüvern.

z. E. Berliner Banco wäre 18½ pro Cent beſſer denn Du=
caten à 2¾ Thl. Der Ducaten gölt in Holland
5 fl. 3½ Stv. oder 103½ Stv. Cour. Der Hollän=
diſche Banco=Agio ſtünde 4½ pro Cent.

104½ m. 2¾ — 118½ m. 103½.

209	8
52¼	948.
26⅛	2844.
287⅜	474.
2299.	98118
	−6158
	1560 à 16.
fac. 42¹¹⁄₁₀ Stv. Banco	9360
circa pro 1 L. Banco.	24960
	−1970

nach

nach der Ketten-Regul.

? Stv. Bco. — 1 Liv. Banco.
100 Liv. Bco. — 118½ Thl. Duc.
11. 2¾ Thl. Duc. — 103½ Stv. Cour.
104½ fl. — 100 Stv. Bco.

$$\begin{array}{ccc} & & 4 \\ \overline{11 + 104\frac{1}{2}} & = & \overline{4 + 118\frac{1}{2} + 103\frac{1}{2}} \\ 1144 & & 8 \quad 948.. \\ 5\frac{1}{2} & & 2844 \\ \overline{1149\frac{1}{2}} & & \overline{474} \\ 2299 & — & 98118 \end{array}$$

Nota. Aus diesen Satz ist zugleich mit zu ersehen, daß die

Special-Regul

auch heißen könnte:

Multipliciret den Holländischen *Banco-Agio* mit der Zahl 11 mit den kommenden aber dividiret, so denn in den achtfachen Berliner *Banco-Agio* mit den Holländischen Ducaten-Preiß in Stüver vermehret.

Diese Regul ist so denn allerdings besser als obige, weil die Multiplication mit 11 leichter als mit 2¾ zu verrichten ist.

Stüver *Courent.*

6) Durch den Berliner und Amsterdammer Preiß oder *Cours* der *Ld'or.*

6. Special = Regul.

Multipliciret den Berliner ꝛc. Banco-Agio mit den Holländischen Preiß des Ld'ors oder der Pistole

in

in lauter Stüver und dividiret das kommende, mit der Zahl 500.

z. E. Berliner Banco wäre 21½ pro Cent besser denn Ld'or oder Pistolen à 5 Thl. und Ld'or, und Pistolen gölten in Amsterdam 9 fl. 2½ Stüv. oder 182½ Stüv. Cour.

$$500 \quad — \quad 121\tfrac{1}{2} \qquad m. \quad 182\tfrac{1}{2}.$$

```
  500   —   121½      m.   182½.
 1000       243
            1944
             486
```

fac. 44⅗ Stv. Cour.   121. 8.

circa pro 1 L. Bco. 44|347. 8.

               |2090

           5|560

nach dem Ketten=Satz:

? Stv. Cour.	—	1 Liv. Bco.
100 Liv.	—	121½ Thl. Ld'or.
5 Thl.	—	182½ Stv. Cour.

$$\frac{100+5}{500} \quad — \quad 2+121\tfrac{1}{2}+182\tfrac{1}{2}.$$

Nota. Aus diesen Satz ist ebenfals zu ersehen, daß die Special-Regul auch heißen kann:

Multipliciret den doppelten Berliner *Banco-Agio* **mit den Preiß des** *Ld'or* **in Holländischen Stüv. und schneidet von den kommenden 3 Zahlen rechts ab.**

Banco.

7) Durch den Berliner und Amsterdammer *Cours* des *Ld'ors* und durch den Holländischen *Banco-Agio.*

7. Spe=

7. Special = Regul.

Multipliciret den Berliner Banco - Agio, und den Holländischen Preiß des Ld'ors, in lauter Stüv. und dividiret das kommende, durch den fünf= fachen Holländischen Banco - Agio.

z. E. Berliner Banco wäre 21 pro Cent besser denn Ld'or, oder Pistolen Ld'or gölten in Holland 9 fl. 3 Stv. oder 183 Stüv. Cour. der Holländische Banco- Agio stünde 3¼ pro Cent.

$$5 \text{ m. } 103\tfrac{1}{4}. \quad - \quad 121 \text{ m. } 183.$$

5 1 6 ¼.	732
2065	1464
	732.
	88572
fac. 42⅞ Stüv. Banco circa	5972
pro 1 Liv. Banco.	1842 à 16
	11052
	29472
	8822
	562

nach den Ketten = Satz:

? Stüv. Banco	—	1 L. Banco.
100 L. Bco.	—	121 Thl. Ld'or
5 Thl. Ld'or	—	183 Stv. Cour.
103¼ Stüv.	—	100 Stv. Banco.

Banco.

8) Ueber Hamburg durch den Hambur= ger und Amsterdammer Stv. *Cours.*

8. Spe=

8. Special = Regul.

Multipliciret den Berliner oder Breßlauer Cours mit den Hamburger Cours und dividiret das kommende mit der Zahl 32.

z. E. Der Berliner Cours nach Hamburg wäre 43½ Stv. Lübische Banco und der Cours zwischen Hamburg und Amsterd. 32⅞ Stüv. Banco.

$$
\begin{array}{lll}
\frac{32}{\frac{4}{8}} & \quad 43\frac{1}{2} & \text{m. } 32\frac{7}{8}. \\
 & \quad 86 & \\
 & \quad 129 & \\
 & \quad 16 & \\
\text{fac. } 44\frac{3}{4} \text{ Stüv. Bco.} & \quad 21.12. & \\
\text{circa pro 1 L. Bco.} & \quad 10.14. & \\
 & \quad 5. 7. & \\
 & \quad \overline{1430. 1.} & \\
 & \quad 375. 8. & \\
 & \quad \overline{44. 11. 8} &
\end{array}
$$

nach den Ketten = Satz:

? Stv. Banco	—	1 Liv. Banco.
1 Liv. Bco.	—	43½ Schl. L. Bco.
32 Schil.	—	32⅞ Stv. Bco.

Courent,

9) Ueber Hamburg durch den Hamburg. und Holländischen *pro Cent Cours.*

9. Special = Regul.

Multipliciret wieder den Berlin. und Hamburgischen Cours, und dividiret es mit der Zahl 96.

z. E.

z. E. Der Berliner Cours nach Hamburg wäre 43½ Schl.
Lübische Banco und der Cours zwischen Hamburg
und Amsterd. in Cour. 2½ pro Cent.

$$96 \quad - \quad 43½ \quad + \quad 102½.$$

$$\begin{array}{r} 86 \\ 51 \\ 21. 12. \end{array}$$

fac. 46 7/16 Stüv. Cour.   4458 : 12.
circa pro 1 L. Bco.   618

$$\begin{array}{r} 42 a 16. \\ 264 \\ \hline 684 \\ 12. \end{array}$$

nach den Ketten = Satz.

? Stv. Cour.	—	1 Liv. Bco.
1 Liv.	—	43½ Schl. Bco.
48 Schl.	—	1 Thl.
2. 100 Thl.	—	102½ Thl. Holl. Cr.
1 Thl.	—	50 Stv. Cour. 1.
2 m. 48		
96	—	43½ + 102½.

Banco.

10) Durch den Berliner und Hamburger
Preiß der Ducaten, wenn sie besser als
Hamb. *Bco.* und durch den Hamburgi=
schen Stüv. *Cours.*

10. Special = Regul.

Multipliciret den 12fachen Berlin. Bco. Agio
mit dem Hamburgischen Ducaten = Cours das kom=

C   mende

menbe abermals mit dem Hamb. Stüver-Cours, das hieraus entstehende Product dividiret mit der Zahl 110000.

z. E. Berliner Banco wäre 16 pro Cent besser denn Ducaten à 2⅞ Thl. Die Duc. à 6 mℊ in Hamb. wären 3½ pro Cento besser denn Banco in Hamb. Der Cours zwischen Hamburg und Amsterdam stünde 32 Stüv. Banco.

$$110000 = \quad 12\,\text{m. } 116\,\text{m. } 32.\,\text{m. } 103\tfrac{1}{2}.$$

$$\begin{array}{r}
1392 \\
2784 \\
4176 \\
44544\cdot\cdot \\
133632 \\
22272 \\
\hline
4610304
\end{array}$$

fac. 41$\tfrac{2}{16}$ Stv. Banco   41|9118:8 à 16
circa pro 1 L. Bco.   54708.
$$14|5896.$$

nach dem Ketten-Satz:

? Stv. Banco	—	1 Liv. Banco.
100 Liv.	—	116 Thlr. Ducaten.
II. 2$\tfrac{7}{8}$ Thlr.	—	6 mℊ. Duc.
100 mℊ Duc.	—	103$\tfrac{1}{2}$ mℊ Bco.
I. 2 mℊ Bco.	—	32 Stüv.
		A. 2.

II.m. 100m. 100	—	6 m. 12 + 2.
110000		116 + 103½
		+ 32.

Banco.

Banco.

11) Durch den Berliner und Hamburger *Cours* der Ducaten, wenn ſie ſchlechter denn Hamburger *Banco*, und durch den Hamburger Stüver = *Cours*.

11. Special = Regul.

Multipliciret den Berliner Banco-Agio mit dem 12fachen Hamb. Stüver = Cours und dividiret das kommende durch den 11fachen Hamb. Duc. Cours.

z. E. Berliner Banco iſt 16 pro Cent beſſer denn Ducaten à 2¼ Thl. Der Ducaten à 6 m℔ in Hamburg wären 1 pro Cent ſchlechter denn Hamburger Banco. Der Hamburger Cours auf Amſterdam wäre 32 Stüver = Banco.

```
11 m. 101.  —  116 m.   32. m. 12.
     1111              .384
                        384
                      ) 2304
fac. 40⅛ Stv. Banco,    44544
circa pro 1 L. Bco.    —104
                        626
                       1664.
```

nach den Ketten = Satz.

```
  ? Stüv. Bco. . —    1 L. Banco.
    100 Liv.    —   116 Thl. Duc.
11. 2¾ Thl.    —    6 m℔ Ducaten.
  101 m℔.      —   100 m℔ Bco.
  1. 2 m℔.     —    32 Stv. Bco.
                    A. 2
    11.        —    6 m. 2
  ─────             ──────
                    12.
 ─────             ──────────────
 11 + 101     —   12 + 116 + 32.
```

. *Banco.*

Banco.

12) Durch den Berliner ꝛc. und Hamburger Preiß des *Ld'ors*, und durch den Hamburger Stüver ⸱ *Cours.*

12. Special ⸗ Regul.

Multipliciret den Berliner Banco ⸱ Agio, mit den Hamburgischen Preiß des Ld'ors in lauter Schill. das kommende multipliciret ferner mit den Hamburgischen Stüver ⸱ Cours, und dividiret das Product mit der Zahl 16000.

ʒ. E. Berliner Banco wäre 21 pro Cent beſſer denn Ld'or à 5 Thl.   Die Ld'or gölten in Hamburg 11 ℳ 5 Schill. oder 181 Schilling Lüb. Banco.   Der Hamburger Cours auf Holland wäre 31½ Stüver ⸱ Banco.

```
 16000      —        121. m. 181. m. 31½.
   ¾                   968
                       121
                     ─────
                     21901
                     65703
 fac. 43 1/16 Stüv. Bco.  10950. 8
 circa pro 1 L. Bco.   68988 : : 8
                      172470. 6.
                      ──────────
                      43│117. 9
                          711
                        ──────
                        1│881
```

nach den Ketten-Satz:

? Stüv. Banco	—	1 L. Banco.
100 L. Bco.	—	121 Thl. Ld'or
5 Thl. Ld'or	—	181 Sch. Banco.
32 Schill.	—	31½ Stv. Banco.
32 m. 5. m. 100		
16000	—	121 + 181 + 31½.

Banco

13) Ueber Londen.

13. Special-Regul.

Multipliciret den Berliner und Londner Cours nach Amſterdam in 8 Vls., und dividiret das kommende durch die Zahl 480.

z. E. Der Berliner Cours ſtünde nach Londen 49½ Pf. Sterling, und der Amſterdammer Cours dahin 35 Schill. 3 Pfen. oder 423 Pf. Vls. Banco.

```
480      —      49½. m. 35 Schill. 3 Pf.
                     423 Pf.
                     3807
fac. 43⅝ Stüv. Banco  1692
circa pro 1 L. Bco.   211. 8
                    20938. 8.
                     1738.
                      298 à 16
                     1796
                     4776
                      456.
```

nach den Retten=Satz:

? Stv. Bco.	—	1 L. Banco.
1 Liv.	—	49½ ℔ Sterl.
240 ℔,	—	423 ℔ Vls. Bco.
2 ℔	—	1 Schl. Bco.

240 m. 2

480   —   423 + 49½.

Banco.

14) Ueber Paris und ganz Frankreich.

14. Special=Regul.

Multipliciret den Berliner und Amsterdammer Cours, und dividiret das kommende durch die Zahl 120.

z. E. Der Berliner Cours stünde nach Paris 95½ Sols, und der Amsterdammer dahin 54 Pf. Vls. Banco,

120   —   95½ m. 54.

380.

475

fac. 43 Stv. Banco   27

circa pro 1 Bco.   5157

42 | 9. 12

15 | 6

nach den Retten=Satz:

? Stv. Bco.	—	1 Liv. Bco.
1 Liv. Bco.	—	95½ Sols.
60 Sols.	—	54 ℔. Vls. Bco.
2 ℔. Vls.	—	1 Stv. Bco.

60. m. 2

120.   —   95½ + 54.

Mit

Mit
Antwerpen oder Brüssel,
in Brabandische Stüver, *Permis*- oder Wechsel = Geld.

#5) Ueber Amsterdam.

15. Special-Regul

Multipliciret den Berliner und Antwerpner Cours auf Amsterdam, und schneidet von den kommenden 2 Zahlen rechter Hand ab.

z. E. der Berliner Cours nach Amsterdam wäre 44 Stv. Banco, und der Cours zwischen Antwerpen und Amsterdam 2½ pro Cent.

$$44. \text{ m. } 102\tfrac{1}{2}.$$
$$88$$
$$22$$

fac. 45$\tfrac{1}{10}$ Stv. Perm. circa   45|10
pro 1 Liv. Bco. |1|00

nach den Ketten=Satz.

? Stv. P. G.   —   1 Liv. Bco.
1 Liv.   —   44 St. Holl. Bco.
100 Stüv.   —   102½. Stv. P. G.
100   —   44 $+$ 102½.

16) Ueber Hamburg.

Verfahre nach der 8. Special=Regul.

z. E. Der Berliner Cours wäre nach Hamburg 43½ Sl. Lüb. Banco, der Hamburger nach Antwerpen stünde 34½ Stv. Perm. Geld.

$$\frac{32}{\frac{4}{8}}$$
— $43\frac{1}{2}$ m. $34\frac{1}{2}$.

$$172$$
$$129$$
$$21\frac{3}{4}$$

fac. $46\frac{7}{8}$ Stv. Perm. circa
pro 1 Liv. Bco.

$$17-$$
$$\overline{1500.\ 12.}$$
$$375.\ 3.$$
$$46\ 14.$$

nach den Ketten = Satz:

? Stv. P. G.	—	1 Liv. Bco.
1 Liv.	—	$43\frac{1}{2}$ ßl. Lib. Bco.
32 Schill.	—	$34\frac{1}{2}$ St. Perm. G.
32	—	$43\frac{1}{2} + 34\frac{1}{2}$.

17) Ueber London.

Verfahret nach der 13 Special = Regul.

z. E. Der Berliner Cours wäre auf London $49\frac{1}{2}$ Pfen. Sterl. und der Antwerpner Cours dahin stünde 35 Schill. 9 Pf. oder 429 Pf. Vls.

$$480 \quad — \quad 49\frac{1}{2}\ m. \quad 429$$
$$3861$$
$$1716$$
$$214.\ 8.$$

fac. $44\frac{1}{4}$ Stv. Perm. Geld,
circa pro 1 L. Bco.

$$\overline{21235.\ 8.}$$
$$2035$$
$$115\ \text{à}\ 16$$
$$\underline{698}$$
$$1848$$
$$408.$$

nach

nach den Ketten = Satz:

? Stv. Perm. G.	—	1 L. Bco.
1 Liv. Bco.	—	49½ ℔ Sterl.
240 ℔ Sterl.	—	429 ℔ Vls.
2 ℔ Vls.	—	1 Stv. P. G.

240 m. 2
_____
480   —   49½ + 429.

18) Ueber Paris und ganz Frankreich.

Verfahret nach der 14 Special = Regul.

z. E. Der Berliner Cours wäre auf Paris 96 Sols, und der Antwerper Cours dahin 56 Pf. Vls.

$$120. \quad — \quad 96 \ m. \ 56.$$
$$10 \qquad\qquad 8 \qquad 28$$
$$5. \qquad\qquad\quad . \qquad \overline{224}$$

fac. 44⅘ Stv. P. circa pro 1 L. Bco.   44⅘

nach den Ketten = Satz:

? Stv. Perm. G.	—	1 Liv. Bco.
1 Liv.	—	96 Sols.
60 Sols.	—	56 ℔ Vls.
2 ℔.	—	1 Stv. P. G.

60 m. 2.
_____
120.   —   96 + 56.

Mit

Archangel,

in Rußische Kopeken.

19) Ueber Amsterdam.

16. Special = Regul.

Multipliciret den Berliner Cours mit der Zahl 100, und dividiret das kommende durch den Amsterdammer Cours.

z. E. Der Berliner Cours nach Amsterdam wäre 45½ Stüv. Cour.; der Cours aber zwischen Amsterdam und Archangel 45 Stüv. Cour.

$$A\mathfrak{s}. \quad\quad - \quad\quad \underline{45\tfrac{1}{2}. \text{ m. } 100.}$$
$$9 \quad\quad\quad\quad 910 \quad\quad 20.$$
$$\overline{\text{fac. } 101\tfrac{1}{9} \text{ Kopeke pr. } 1 \text{ L. B}^o.}$$

nach den Ketten = Satz.

? Kopeken.	—	1 Liv. Banco.
1 Liv.	—	45½ Stv. Cour.
45 Stv. C.	—	100 Kopeken.
45	—	45½ + 100.

20) Ueber Hamburg.

17. Special = Regul.

Multipliciret den Berliner Cours mit den Hamburger, und dividiret das kommende durch die Zahl 48.

z. E. Der Berliner Cours nach Hamb. wäre 43½ Schill. Lüb. Banco, und der Cours zwischen Hamburg und Archangel 118 Kopeken.

48 — 43½ m. 118.
354
472
fac. 107 Kopeken, circa 59
pro 1 Liv. Bco. 5133
855½
106 15/18.

nach den Ketten = Satz.

? Kopeken. — 1 Liv. Bco.
1 Liv. — 43½ Schill. L. Bco.
48 Schill. — 118 Kopeken.
─────
48 — 43½ + 118.

Mit
Augspurg,
in Xer Courent.

21) Ueber Amsterdam.

18. Special = Regul.

Multipliciret den Berliner und Amsterdammer
Cours, das daraus entstehende Product multipliciret abermals mit der Zahl 2286, von den kommenden aber schneidet fünf Zahlen rechter
Hand ab.

z. E. Der Berliner Cours nach Amsterdam sey 44 Stv.
Banco, der Cours aber zwischen Amsterdam und
Augspurg 7½ pro Cento Giro.

44. m. 107½. m.   2286.
                16002
                1143

fac. 108 Xer Cour. circa   245745
pro 1 Liv. Bco.   982980
               982980
           108|12780

nach den Ketten = Satz.

? Xer Cour.	—	1 Liv. Banco.
1 Liv.	—	44 Stv. Bco.
50 Stüv.	—	1 Thl.
100 Thl.	—	107½ Thl. Giro.
100 Thl.	—	127 Thl. Cour.
1 Thl.	—	90 Xer Cour.

5 m. 100 m. 100   127 m. 9
    50000   1143
        2   2
   100000   —   2286 + 107½ + 44

22) Ueber Hamburg.

19. Special-Regul.

Multipliciret wieder den Berliner und Hamburger Cours, und das Product hieraus abermal mit der Zahl 381, das kommende dividiret sodenn durch die Zahl 16000.

z. E. Der Berliner Cours nach Hamburg sey 43½ ßl. Lüb. Banco, der Hamburger Cours nach Augspurg aber 7 pro Cento Giro.

                              16000

16000. — 43½ m. 107. m. 381.

$\frac{4}{4}$ 301

53½

4654½

fac. 110¾ Xer Cour. 37232

c. pro 1 L. Bco. 13962

190½

1773364½

443341⅛

110|335 $\frac{8}{2}$

3|340.

nach den Ketten = Satz.

? Xer C.	—	1 Liv. Bco.
1 Liv.	—	43½ Schill. L. Bco.
16. 48 Schill.	—	1 Thl. Bco.
100 Thl. Bco.	—	107 Thl. Giro.
100 Thl. G.	—	127 Thl. Cour.
1 Thl.	—	90 Xer 3
16. m. 10. m. 100	—	127 m. 3
16000	—	381 + 43½ + 107.

23) Ueber Londen.

20. Special-Regul.

Multipliciret den Berliner mit den Augspur-
Cours nach Londen in lauter Xern, und dividiret das
kommende durch die Zahl 240.

z. E. Der Berliner Cours nach Londen wäre 50 Pfen.
Sterl. der Augspurger aber nach Londen 8 Fl. 44 X.
oder 524 Xer Cour.

240   —   50. m. 8. Flor. 44 X.

$$\begin{array}{r} 524. \\ \hline 2620 \end{array}$$

fac. 109⅕ Xer Augsp. Cr.

1 L. Bco.

nach den Ketten = Satz.

? Xer Cour.	—	1 Liv. Bco.
1 Liv.	—	50 ℔ Sterl.
240 ℔.	—	524 Xer Cour.
240.	—	50 + 524.

24) Ueber Paris.

21. Special-Regul.

Multipliciret den Berliner Cours mit den Augspurger Cours nach Paris, von den kommenden aber schneidet 2 Zahlen rechter Hand ab.

z. E. Der Cours in Berlin nach Paris stünde 96 Sols, und der Cours von Augspurg dahin 111 fl. Cour.

$$\begin{array}{r} 96 .. \text{ m. } 111 \\ 1056 \\ \hline 106|56 \end{array}$$

fac. 106½ Xer Augsp. Cour.   2|24

circa pro 1 Liv. Bco.

nach den Ketten = Satz.

? Xer Cour.	—	1 L. Bco.
1 Liv.	—	96 Sols.
60 Sols.	—	1 Ecu.
100 Ecu.	—	111 Flor.
1 Flor.	—	60 Xer.
100	—	96 + 111.

Mit

Mit
Basel und Geneve,
in Sols, Wechsel = Geld.

25) Ueber Amsterdam.

22. Special = Regul.

Multipliciret den Berliner Cours mit der Zahl 120, und dividiret das kommende durch den Amsterdammer Cours.

z. E. Der Berliner Cours nach Amsterdam ist 44 Stüv. Banco, der Cours von Amsterdam auf Basel oder Genf wäre 90½ Pf. Vls. oder Thl. Banco.

$$90\tfrac{1}{1} \qquad\qquad 44 \text{ m. } 120.$$
$$181 \qquad\qquad\quad 88$$
$$10\acute{5}60$$
$$1510$$

fac. 58⅓ Sols W. G.   62 à 12
pro 1 L. Bco.   ────
744
20.

nach den Ketten = Satz.

? Sols.	—	1 L. Bco.
1 Liv.	—	44 Stüv. Bco.
1 Stüv.	—	2 ß Vls. Bco.
90½ ß.	—	60 Sols.
90½	—	120 † 44.

26) Ueber Hamburg.

23. Special = Regul.

Multiplicet den Berl. Cours mit der Zahl 125, und dividiret das kommende durch den Hamb. Cours.

z. E.

z. E. Der Berliner Cours nach Hamburg wäre 43½ ßl.
Lüb. Banco, der Cours von Hamb. auf Basel ꝛc.
aber 91 Thl. Banco.

$$91 \qquad - \qquad 43\tfrac{1}{2}.. \quad m. \ 125.$$

$$5375 \qquad \tfrac{1}{x} \ m.$$

$$62\tfrac{1}{2}$$

fac. 59¾ Sols W. G. circa $\quad 5437\tfrac{1}{2} = 6.$
pro 1 Liv. Banco.

$$887$$

$$68 \ à \ 12$$

$$\overline{822|9}$$

$$\overline{-3}$$

nach den Ketten - Satz.

? Sols	—	1 Liv. Bco.
1 Liv.	—	43½ Schill. L. Bco.
1.4.16.48 Schill.	—	1 Thl. H. Bco.
91 Thl.	—	100 Thl. Bas. sp. 25.
1 Ecu.	—	60 Sols. 20. 5.
		25 m. 5
91	—	125 + 43½.

27) Ueber Londen.

24. Special=Regul.

Multipl. den Berliner Cours mit der Zahl 60,
und divid. das kommende durch den Londner Cours.

z. E. Der Cours in Berliner nach Londen stünde 49½
Pf. Sterl. der Cours zwischen Londen und Basel
aber 51 Pf. Sterl.

$$51 \qquad - \qquad 49\tfrac{1}{2} \quad m. \ 60.$$

$$2970$$

$$420$$

fac. 58¼ Sols W. G. $\qquad 12 \ à \ 12$
pro 1 Liv. Bco.

$$144$$

$$42. \qquad\qquad \textbf{nach}$$

nach den Ketten = Satz.

? Sols	—	1 Liv. Bco.
1 Liv.	—	$49\frac{1}{2}$ ß St.
51 ß	—	60 Sols.

28) Ueber Paris und ganz Frankreich.

25. Special = Regul.

Multipliciret den Berliner Cours mit der Zahl 100. und dividiret das kommende durch den Pariſer Cours.

z. E. Der Berliner Cours auf Paris wäre $95\frac{1}{2}$ Sols tourn. der Pariſer Cours aber nach Baſel ꝛc. 164 Ecus oder Liv. tourn.

$$164 \quad — \quad 95\frac{1}{2} \text{ m. } 100.$$

```
              50
            9550
            1350
fac. 58¼ Sols W. G.    38 à 12
pro 1 Liv. Bco.        456
                       128
```

nach den Ketten = Satz:

? Sols	—	1 Liv. Bco.
1 Liv.	—	$95\frac{1}{2}$ Sols tourn.
164 Sols	—	100 Sols.

D Mit

Mit

Bergamo,

in *Soldi.*

29) Ueber Amsterdam.

26. Special = Regul.

Multipliciret den Berliner Cours mit den Amsterdammer, und dividiret das kommende durch die Zahl 20.

z. E. Der Berliner Cours nach Amsterdam wäre 44 Stüber Banco, der Cours zwischen Amsterdam und Bergamo aber 86 Soldi.

$$20 - 44 \text{ m. } \underline{86}$$
$$5 \quad 11 \quad \overline{946}$$

fac. $189\frac{1}{5}$ Soldi pro 1 Liv. Bco.

nach den Ketten = Satz.

? Soldi	—	1 L. Bco.
1 Liv.	—	44 Stv. Bco.
20 Stv.	—	86 Soldi.
20		44
5		5
100		220 + 86.

Nota. Nach diesen Satz könnte die Regul auch den fünffachen Berliner Cours mit den Amsterdammer multipliciren, und von den kommenden 2 Zahlen rechts abschneiden heissen.

30)

30) Ueber Hamburg.

27. Special = Regul.

Multipliciret den Berliner und Hamb. Cours, und dividiret das kommende durch die Zahl 16.

z. E. Der Berliner Cours nach Hamburg wäre $43\frac{1}{2}$ fl. Lübisch Banco, der Cours zwischen Hamburg und Bergamo aber 69 Soldi.

$$\begin{array}{l} 16 \qquad - \qquad 43\frac{1}{2} \text{ m. } \; 69 \\ \frac{4}{4} \qquad\qquad\qquad\qquad \frac{207}{276} \\ \qquad\qquad\qquad\qquad\quad 34\frac{1}{2} \\ \qquad\qquad\qquad\qquad \overline{3001\frac{1}{2} = 6} \\ \text{fac. } 187\frac{7}{12} \text{ Soldi di Ber-} \qquad 750 \cdot 4\frac{1}{2} \\ \text{gamo pro 1 Liv. Bco.} \quad \overline{187 \cdot 7} \end{array}$$

nach den Ketten = Satz.

? Soldi.	—	1 Liv. Bco.
1 Liv.	—	$43\frac{1}{2}$ Schl. L. Bco.
16 Schl.	—	69 Soldi.

Mit

Bologna,

in *Bolognini* oder *Soldi*.

31) Ueber Amsterdam.

Verfahret nach der 26 Special = Regul.

z. E. Der Berliner Cours nach Amsterdam wäre $43\frac{3}{4}$ Stw. Bco der Cours zwischen Amsterdam und Bologna aber 40 Bolognini.

D 2

20 — 43¾ m. 40

fac. $\overline{87\frac{1}{2}}$ Bolognini pro 1 L. B.

nach den Ketten = Satz.

? Bol. — 1 Liv. Banco.
1 Liv. — 43¾ Stv. Banco.
20 Stv. — 40 Bol.

5 : 5
100 200 + 43¾
86
1½
87½ Bol.

Nota. Nach diesen Satz könnte die Regul auch den fünffachen Berliner oder Amsterdammer Cours mit den andern multipliciren, und 2 Zahlen rechts abschneiden heissen.

32) Ueber Lion.

28. Special-Regul.

Multipliciret den Berliner und Lioner Cours, und dividiret das kommende durch die Zahl 60.

z. E Der Berliner Cours nach Lion wäre 96 Sols, der Cours zwischen Lion und Bologna aber 54 Bologn.

60 — 96 m. 54.
10 16 324
fac. 86⅓ Bolognini circa 86|4
pro 1 Liv. Bco. 4|8

nach den Ketten-Satz.

? Bolognini — 1 Liv. Bco.
1 Liv. — 96 Sols.
60 Sols. — 54 Bolognini.

Mit

Mit
Boßen,
in Xer, *Moneta lunga.*

33) Ueber Amsterdam.

29. Special-Regul.

Multipliciret den 6fachen Berliner Cours mit dem Amsterdammer Cours, und dividiret das kommende durch die Zahl 500.

z. E. Der Berliner Cours nach Amsterdam wäre 44 Stü-Banco, der Cours zwischen Amsterdam und Boßen aber 205 Fl. Moneta lunga.

```
 500    —    44   m.  205
 100          ·6        41·
             ────
             264
            1056
            ────
           108|24
```

fac. 108¼ Xer Mon. lunga
    circa pro 1 L. Bco.

nach den Retten-Satz.

```
   ? Xer Mon. l.   —    1 Liv. Bco.
      1 Liv.       —   44 Stv. Banco.
 2 m. 50 Stüb.     —    1 Thl.
    100 Thl.       —  205 Flor.
      1 Flor.      —   60 Xer M. l. m. 2.
```

Nota. Nach diesen Satz könnte die Regul auch den 12fachen Berliner Cours mit den Amsterdammer multipliciren, und drey Zahlen rechts abschneiden heissen.

34) Ueber Hamburg.

30. Special = Regul.

Multipliciret den 5fachen Berliner Cours mit den Hamburger, und dividiret das kommende durch die Zahl 400.

z. E. Der Berliner Cours nach Hamb. wäre 43½ Schill. Lüb Banco, und der Cours zwischen Hamburg und Botzen aber 204 Flor. Mon. lunga.

$$400 \quad — \quad 43\tfrac{1}{2} \text{ m. } 204.$$
$$100 \qquad\qquad (5 \qquad 51$$
$$\overline{217\tfrac{1}{2}}$$

fac. 111 Xer Mon. l.　1085
pro 1 Liv. Bco.　　　2 5½
$$\overline{110{,}92\tfrac{1}{2}.}$$

nach den Ketten = Satz:

? Xer Mon. l.	—	1 L. Bco.
1 Liv.	—	43½ Schl. L. Bco.
4. 16. 48 Schl.	—	1 Thl.
100 Thl.	—	204 Flor.
1 Flor.	—	60 Xer 20. 5.

Mit Brüssel, siehe Antwerpen.

Mit
Cadix und ganz Spanien,
in *Maravedis di Plata.*

35) Ueber Amsterdam.

31. Special = Regul.

Multipliciret den Berliner Cours mit der Zahl 750,

750, und dividiret das kommende durch den Amsterdammer Cours.

z. E. Der Berliner Cours nach Amsterdam wäre 44 Stv. Banco, der Amsterdammer aber nach Cadix 97 Pf. Vls. Banco.

$$97 \quad = \quad 44. \text{ m. } \underline{750.}$$
$$3000$$
$$\underline{3000}$$
$$\underline{33000}$$

fac. 34⅔ Maravedis. circa,   390
   pro 1 Liv. Bco.   — 20.

nach den Ketten = Satz.

? Maravedis.	—	1 Liv. Banco.
1 Liv.	—	44 Stüv. Boo.
1 Stüver.	—	2 ⅛ Vls.
27 ⅛.	—	375 Maravedis.

36) Ueber Hamburg.

Verfahret nach vorhergehender Regul, verwechselt aber den Amsterdammer in den Hamburger Cours.

z. E Der Berliner Cours wäre nach Hamburg 43½ Schl. L. Banco, der Hamb. aber nach Cadix 98 Pf. Vls. Bco.

$$98 \quad = \quad 43\tfrac{1}{2} \text{ m. } \underline{750.}$$
$$2250$$
$$3000$$
$$\underline{375}$$
$$32625$$

fac. 333 Maraved. circa   32625
   pro B 1 Liv. Bco.   322
                 285
                 89.

nach

nach den Ketten=Satz:

? Maravedis.	—	1 L. Banco.
1 Liv.	—	$43\frac{1}{2}$ Schl. L. Bco.
1 Schl.	—	2 R. Vls.
98 R. Vls.	—	375 Maravedis.

37) Ueber Londen.

32. Special=Regul.

Multiplicet den Berliner Cours mit der Zahl 272, und dividiret das kommende durch den Londner Cours.

z. E. Der Cours in Berliner nach Londen wäre $49\frac{1}{2}$ Pfen. Sterl. der Londner Cours aber nach Cadix 40 Pf. Sterl.

$$
\begin{array}{lll}
40 & — & 49\frac{1}{2}\ \text{m.}\ 272. \\
10 & & 392 \qquad 68 \\
& & 294 \\
\text{fac. } 336\frac{1}{2}\ \text{Maravedis} & & \underline{34} \\
\text{c. pro 1 Liv. Bco.} & & 336|6
\end{array}
$$

nach den Ketten = Satz:

? Maravedis.	—	1 Liv. Banco.
1 Liv.	—	$49\frac{1}{2}$ R Sterl.
40 R Sterl.	—	272 Maravedis.

38) Ueber Paris.

Verfahret nach vorhergehender Regul, und verwechselt den Londner in den Pariser Cours.

z. E. Der Berliner Cours nach Paris wäre 96 Sols, der Pariser Cours nach Cadix aber 78 Sols.

```
 78      —      96 m.  272.
 26             32     1632
 13            16      4352
fac. 334¾ Maraved. circa     -45
  pro 1 Liv. Banco.          -62
                              10.
```

nach den Ketten=Satz:

```
? Maravedis.      —    1 L. Banco.
1 Liv.            —    96 Sols.
78 Sols.          —    272 Maravedis.
```

Mit

Cöln am Rhein,

in Albus = *Courant.*

39) Ueber Amsterdam in *Banco* und *Cour.*

33. Special = Regul.

Multipliciret den Berliner und Cölner-Cours nach Amsterdam in Banco oder Courent, das kommende multipliciret ferner mit 156, von den kommenden Product schneidet alsdenn 4 Zahlen rechter Hand ab.

z. E. Der Berliner Cours nach Amsterdam in Banco oder Cour. sey 44 Stv. der Cölner Cours dahin in Bco. oder Cour. sey 155 Thl. Cölnisch.

```
44.    m.     155.  m.  156.
                    620
              620
              6820
fac. 106⅓ Alb. Cour.   34100
  c. pro 1 L. Bco.     40920
                     106|3920
```

D 5   nach

nach den Ketten = Satz.

? Albus.   —   1 L. Bco.
1 Liv.   —   44 Stv. Cour.
100. 50 Stv. Cour. —   1 Thl.
100 Thl.   —   155 Thl.
1 Thl.   —   78 Albus. 156.

40) Ueber Hamburg.

34. Special = Regul.

Multipliciret den Berliner Cours mit den Cöl-
nischen nach Hamburg, das kommende abermahl
mit der Zahl 13, das kommende dividiret endlich
durch die Zahl 800.

z. E. Der Berliner Cours nach Hamburg wäre 43$\frac{1}{2}$ Schl.
Lüb. Banco, der Cölner Cours aber dahin 154$\frac{1}{2}$
Thl. Cour.

800 — 43$\frac{1}{2}$ m. 154$\frac{1}{2}$ m. 13.
                    462
                    616

                    77
fac. 109$\frac{1}{4}$ Alb. Cour. circa   21$\frac{1}{4}$
pro 1 1 Liv. Banco,   6720$\frac{3}{4}$.
                    20160
                       6$\frac{1}{2}$
                       3$\frac{1}{4}$
                    _____
                    87369$\frac{3}{4}$
                    109|21$\frac{7}{34}$

nach

nach den Ketten-Satz:

? Albus.	—	1 Liv. Bco.
1 Liv.	—	43½ Schl. L. Bco.
8. 16. 48 Schl	—	1 Thlr.
100 Thl.	—	154½ Thl.
1 Thl.	—	78 Alb. 26. 13.

Mit
Coppenhagen,
in Dänischen Schillingen.

41) Ueber Amsterdam.

35. Special-Regul.

Multipliciret den Berliner Cours mit dem Coppenhagner, das kommnde abermahls mit der Zahl 192, von den kommenden Product schneidet vier Zahlen rechter Hand ab.

z. E. der Berliner Cours nach Amsterdam wäre 45¾ Stv. Cour. der Coppenhagner Cours aber dahin 118 Thl. Dänisch Copr.

$$45¾. \text{ m. } \quad 118. \text{ m. } 192.$$

```
                      590
                      472
                       59
                      29½
                    ─────
                    5398
                   48582
                   10796
                      96
                    ─────
              103|5512        nach
```

fac. 103½ Schl. Dän.
c. pro 1 L. Bco.

nach den Ketten = Satz.

? Schl. Dän.	—	1 Bco. L.
1 Liv.	—	45¾ Stv. Cour.
100. 50 Stüv.	—	1 Thl.
100 Thl.	—	118 Thl. Cour.
1 Thl.	—	96 Schl. D. 192.

42) Ueber Hamburg.

36. Special-Regul.

Multipliciret den doppeltelten Berliner Cours mit dem Coppenhagner, von den kommenden aber schneidet 2 Zahlen rechter Hand ab.

z. E. Der Berliner Cours nach Hamburg wäre 43¾ fl. Lüb. Banco, der Coppenhagner aber dahin 122 Thl. Dänisches Cour.

$$43\tfrac{3}{4}\ 2.\ m.\ 122.$$

	87½
fac. 106¾ fl. Dän. Cr.	174
c. pro 1 Liv. Bco.	174
	61
	106|75

nach den Ketten = Satz:

? Schl. Dän.	—	1 Liv. Banco.
1 Liv.	—	43¾ Schl. L. Bco.
1. 48 Schl.	—	1 Thl.
100 Thl.	—	122 Thl. Dän. Cor.
1 Thl.	—	96 Schl. Dän. 2.

über

43) Ueber London.

37. Special-Regul.

Multipliciret wieder den doppelten Berliner Cours mit den Coppenhagner, dividiret aber das kommende durch die Zahl 5.

z. E. Der Berliner Cours nach London sey 50 Pf. Sterl. der Coppenhagner dahin sey $5\frac{1}{5}$ Thl. Dän. Cour.

$$5 \quad - \quad 50.^2 \quad m. \; 5\frac{1}{5}.$$
$$100$$
$$20$$
$$\overline{100}$$
$$3\frac{1}{3}$$

fac. $103\frac{1}{3}$ fl. Dän Cour.

c. pr. 1 L. Bco.

nach den Ketten-Satz.

? Schl. Dän.	—	1 Liv. Banco.
1 Liv.	—	50 ℔ Sterl.
5. 10. 80. 240 ℔.	—	$5\frac{1}{5}$ Thl.
1 Thl.	—	96 fl. D. z. z. A. 2

Mit

Danzig,

in Pohln. Preußische Croschen.

44) Ueber Amsterdam.

38. Special-Regul

Multipliciret den Berliner Cours nach Amsterd. mit den Danziger Cours, und dividiret das kommende durch die Zahl 120.

z. E

z. E. Der Berliner Cours nach Amsterdam wäre 43½ Stüver-Banco, der Danziger aber dahin 368 gl. Pohlnisch.

$$120 \quad\quad - \quad\quad 43\tfrac{1}{2}. \;\; m. \;\; 386$$
$$- \; 30. \quad\quad\quad 86 \quad\quad\quad 92.$$
$$\quad\quad\quad\quad\quad\quad 387$$

fac. 133⅖ gl.Pohln.Pr.   46
circa pro 1 L. Bco.   4002
    133|4

nach den Ketten-Satz.

? gl. Pohln.	—	1 Liv. Banco.
1 Liv.	—	43½ Stv. Bco.
120 Stüv.	—	368 gl. Pohln.

45) Ueber Hamburg.

39. Special-Regul.

Multipliciret den Berliner Cours mit dem Danziger, und dividiret das kommende durch die Zahl 48.

z. E. Der Berliner Cours nach Hamburg wäre 43¼ gl. Lüb. Banco, der Danziger aber dahin 15½ gl. Pohln.

$$48 \quad\quad - \quad\quad 43\tfrac{1}{4} \;\; m. \;\; 153.$$
$$16 \quad\quad\quad 215 \quad\quad\quad 51$$
$$\tfrac{4}{4} \quad\quad\quad 12\tfrac{3}{4}$$

fac. 138 gl. Pohn.Pr.   2205¾
c. pro 1 Liv. Bco.   551 7/16
    fac. 137 55/84 gl.

nach den Ketten-Satz.

? gl. Pohln.	—	1 Liv. Bco.
1 Liv.	—	43¼ Schl. L. Bco.
48 Schl.	—	153 gl. Pohlnisch.

46)

46) Durch den Preiß der Ducaten in Berlin und Danzig.

40. Special = Regul.

Multipliciret den Berliner Banco-Agio mit den Wehrt oder Preiß des Ducats in Danzig in lauter Pohlnische Gr. jedoch dieselben 4fach genommen, und dividiret das kommende durch die Zahl 1100.

z. E. Berliner Banco ist 16 pro Cento besser denn Ducaten à 2¾ Thl. Der Ducaten gilt in Danzig 9 Fl. 21 gl. oder 291 gl. Pohlnisch.

```
   1100  —  116. m.  291.
                       4
                    ─────
                     1164
                     1164
fac. 122¾ gl. Pohln. Pr. circa  6984
     pro 1 Liv. Bco.           ────────
                               135024
                               ──────────
                               122|74 10/11
```

nach den Ketten = Satz.

```
    ? gl. Pohln.    —    1 Liv. Bco.
  100 Liv.          —   116 Thl. Ducaten.
11. 2¾ Thl.         —   291 gl. Pohlnisch.
```

47) Durch den Preiß der *Louisd'or* oder Pistolen.

41. Special = Regul.

Multipliciret den doppelten Berliner Banco-Agio mit den Preiß des Louisd'ors in Danzig, in lauter gl. Pohlnisch, von dem kommenden aber schneidet 3 Zahlen rechter Hand ab.

z. E.

z. E. Berliner Banco wäre 21 pro Cento beſſer den Ld'or
à 5 Thl., in Danzig gölt der Louisd'or 17 Flor.
5 gl. oder 515 gl.

fac. 124½ gl. Pohln. circa   121 2 m. 515.
    pro 1 Liv. Bco.   242
                                1210
                                1210
                               124|530

nach den Ketten = Satz.

? gl. Pohln.   —   1 Liv. Bco.
100 Liv.   —   121 Thl. Ld'or. 2.
10. 5 Thl.   —   515 gl.

Mit Ducaten à 2¼ Thlr. Ducaten.
in Groſchen Duc. *pro* 1 *Liv. Bco.*

48) Aus Amſterdam.

42. Special = Regul.

Multipliciret den Berliner Cours mit der Zahl
66, und dividiret das kommende durch den Holländiſchen Preiß des Ducaten in lauter Stüver.

z. E. Der Berliner Cours nach Amſterdam in Cour. wäre
45½ Stüv. Cour. der Ducaten gölte in Holland
5 Fl. 5 Stv. oder 105 Stüv. Cour.

105   —   45 ½ m. 66
                270

fac. 28 7/12 gl. Duc. circa 270
    pro 1 Liv. Bco.   33
                         3003
                          903
                           63 à 12.
                          756
                           21.   nach

nach den Ketten = Satz:

? gl. Duc.	—	Liv.
1 Liv.	—	45½ Stv. Cour.
105 Stüv.	—	66 gl. Ducaten.

49) **Aus Danzig durch Amsterdaminer Briefe, oder Königsberger.**

43. Special = Regul.

Multipliciret den 11fachen Berliner Cours mit den Danziger Cours nach Amsterdam, und dividiret das kommende durch den 20fachen Preiß des Ducaten in Danzig zu lauter gl. gerechnet.

z. E. Der Berliner Cours nach Amsterdam in Banco wäre 44 Stv. der Danziger Cours dahin wäre 368 gl. Pohlnisch, und der Ducaten gölt in Danzig 9 Fl. 21 gl. oder 291 gl. Pohlnisch.

```
9 Fl. 21 gl.  —      44. m. 368 gl.
   30                  11
  291                 484
   20                3872
 5820                2904
                     1452
fac. 30 7/12 gl. Duc. c.  178112
  pro 1 Liv. Bco.    −3512 à 12
                     42144
                     1404.
```

nach den Ketten = Satz:

? gl. Duc.	—	1 Liv. Bco.
1 Liv.	—	44 Stüv.
20. 110 Stüv.	—	368 gl.
291 gl.	—	66 gl. Duc. 11.

E.   50) Aus

50) **Aus Danzig durch Hamburger Briefe oder Königsberger.**

44. Special-Regul.

Multiplicet den 11fachen Berliner Cours mit den Danziger Cours nach Amsterdam, und dividiret das kommende durch den 8fachen Preiß des Ducaten in Danziger gl. gerechnet.

z. E. Der Berliner Cours nach Hamburg wäre 43½ Fl. Lüb. Banco, der Danziger Cours dahin aber 153 gl. Pohlnisch, und der Ducaten gölt in Danzig 9 Fl. 20 gl. Pohlnisch.

$$9 \text{ Fl. } 20 \text{ gl.} \quad - \quad 43\tfrac{1}{2} \text{ m. } 153.$$

9 Fl. 20 gl. —	43½ m. 153.
30	11
290	478½
8	2396
2320	1434
	76:6.
fac. 31 $\frac{7}{12}$ gl. Duc. circa	73210:6
1 Liv. Banco.	3610
	1290. a 12.
	15486
	1566.

nach den **Ketten-Satz:**

? gl. Duc.	—	1 Liv. Banco.
1 Liv.	—	43½ Schl. L. Bco.
8. 48 Schl.	—	153 gl. Pohlnisch.
290 gl.	—	~~66~~ gl. Duc. 11.

51. Aus

51) **Aus Frankfurt am Mayn, Nürnberg und Wien durch Holländische** *Banco-* **und** *Courent* **- Briefe.**

45. Special = Regul.

Multipliciret den Berliner Cours mit den Frankfurter 2c. das kommende abermals mit der Zahl 594. das kommende dividiret sodann durch den Frankfurter 2c. Preiß des Ducaten in lauter Kreuzern mit der Zahl 500 vermehret.

z. E. Der Berliner Cours ist nach Amsterdam 45 Stüv. der Frankfurter 2c. wäre dahin 146 Thl. Wechsel-Geld, der Ducaten gölt in Frankfurt 2c. 4 Flor. 16 Kreußer.

$$4 \text{ Fl. } 16 \text{ Xer. } \text{—} \quad 45 \text{ m. } 594 \text{ m. } 146.$$

60	2376
‾‾‾	3564
256	‾‾‾‾‾
500	86724
‾‾‾‾‾‾‾‾	433620
12800|0	346896

fac. 30½ gl. Duc. circa
pro 1 Liv. Bco.

390258\|0
—6200\|
6258
‾‾‾‾‾‾
75096\|
11000\|
11095

nach den Ketten = Satz.

? gl. Duc.	—	1 Liv. Bco.
1 Liv. Bco.	—	45 Stüv.
50 Stüv.	—	1 Thl.
100 Thl.	—	146 Thl.
1 Thl.	—	90 Xer.
256 Xer.	—	66 gl. Ducaten.

52) Aus Hamburg, wenn alda die Duca=
ten besser als *Banco* stehen.

46. Special = Regul.

Multipliciret den Berliner Cours mit der Zahl
275, das kommende aber dividiret durch den vier=
fachen Hamburger Ducaten-Cours.

z. E. Der Berliner Cours wäre nach Hamburg 43½ fl.
Lüb. Banco, der Ducaten à 6 mℨ wäre in Ham=
burg 3 pro Cento besser als Banco.

$$103 \quad - \quad 43\tfrac{1}{2} \text{ m.} \quad 275.$$
$$\underline{4} \qquad\qquad \underline{825}$$
$$412 \qquad\qquad\qquad 1100$$
$$\qquad\qquad\qquad\qquad 137 : 6$$

fac. 29 gl. Ducaten circa
pro 1 L. Bco.

$$11962 : 6$$
$$3722$$
$$\underline{14}$$
$$174.$$

nach den Ketten = Satz:

? gl. Ducaten. — 1 Liv. Bco.
1 Liv. — 43½ Schl. L. Banco.
4. ~16~ Schl. — 1 mℨ.
103 mℨ. — ~100~ mℨ. Duc. 25.
1. ~6~ mℨ. — ~66~ gl. Duc. 11.

53) Aus Hamburg, wenn alda die Duca=
ten schlechter als *Banco* stehen.

47. Special=Regul.

Multipliciret den Berliner Cours mit den eilf=
fachen

fachen Hamburger Ducaten-Cours, und dividiret das kommende durch die Zahl 1600.

z. E. Der Berliner Cours nach Hamburg sey 43½ ßl. Lüb. Banco, der Ducaten à 6 mß. sey in Hamburg ¼ pro Cento schlechter als Banco.

1500 — 43½ m. 100½.

¼

11

1105½

3315

fac. 30 gl. in Duc. circa 4420
pro 1 Liv. Bco. 21 : 9.

552 : 6

4808|9 : 3

12022 : 3¾

3005 : 6

66

nach den Ketten-Satz.

? gl. Ducaten.	—	1 Liv. Banco.
1 Liv.	—	43½ Schl. L. Bco.
16 Schl.	—	1 mß.
100 mß.	—	100½ mß. Duc.
6 mß. Duc.	—	66 gl. Duc. 11.

54) Aus Leipzig, durch Holländisch Banco- oder Courent-Briefe.

48. Special-Regul.

Multipliciret den 12fachen Berliner Cours mit den Leipziger Cours nach Holland, und diviret das kommende durch den 25fachen Leipziger Ducaten-Cours.

E 3   z. E.

z. E. Der Berliner Cours nach Amsterdam wäre 45 Stv. der Leipziger Cours dahin 140 Thl. Wechsel-Courent, Ducaten wären in Leipzig 1½ pro Cento besser denn Wechsel-Courent.

$$101\tfrac{1}{2} \text{ m. } 25 \text{ — } 44 \text{. m. } 140.$$

2525	528
12½	21120
‾‾‾‾‾	73920
2537½	‾‾‾‾‾‾‾
5075	147840
fac. 29⅛ gl. Duc. circa	46340
pro 1 Liv. Bco.	—665 a 12.
	7980
	2905.

nach den Ketten = Satz.

? gl. Ducaten.	—	1 Liv. Bco.
1 Liv.	—	44 Stüv.
50 Stüv.	—	1 Thl.
100 Thl.	—	140 Thl. L.
101½ Thl.	—	100 Thl. Duc.
1 Thl.	—	24 gl. Ducaten.

Mit

Florenz,

in Soldi di Lira.

55) Ueber Amsterdam.

49. Special-Regul.

Multipliciret den Berliner Cours mit der Zahl 230, und dividiret das kommende durch den Amsterdammer Cours.

z. E.

z. E. Der Berliner Cours nach Amsterdam wäre 44 Stv. Banco, der Amsterdammer Cours aber nach Florenz 88 Pfen. Vls. Banco.

88. — 44. m. 230.

2   1. fac. 115 Soldi di Lira, oder
             1 Perra c. pr. 1 L. B.

nach den Ketten-Satz.

? Soldi.	—	1 Liv. Banco.
1 Liv.	—	44 Stüv.
1 Stüv.	—	2 Ω Vls.
88 Ω Vls.	—	115 Soldi. 230.

56) Ueber Londen.
50. Special-Regul.

Multipliciret den Berliner Cours mit der Zahl 115, und dividiret das kommende durch den Londner Cours.

z. E. Der Berliner Cours nach Londen wäre 49½ Pfen. Sterl. der Londner Cours nach Florenz aber 50 Pfen. Sterl.

50   — $49\frac{1}{2}$ m. 115.
10   147   23
                98
                11 : 6

fac. $113\frac{4}{5}$ Soldi circa   113.8 : 6
    pro 1 Liv. Bco.   10/2

nach den Ketten-Satz.

? Soldi.	—	1 Liv. Bco.
1 Liv.	—	49½ Ω Sterl.
50 Ω.	—	115 Soldi.

E 4   Mit

Mit

Frankfurth am Mayn,

in Xer Wechsel = Geld.

57) Ueber Amsterdam durch *Bco.* und *Cour.*

51. Special-Regul

Multipliciret den 18fachen Berliner Cours mit den Frankfurter, von den kommenden aber schneidet 3 Zahlen rechter Hand ab.

z. E. der Berliner Cours nach Amsterdam in Banco oder Cour. wäre 44 Stüv. der Frankfurter aber dahin in Banco oder Cour. 148 Thl. Wechsel=Geld.

$$44. \text{ a } 18. \text{ m. } 148.$$

$$352$$
$$\overline{792}$$
$$3168$$

fac. 117 Xer Frf. W. G.   6336

circa pr. 1 L. Bco.   117|216 a 4
$$\overline{|864}$$

nach den Ketten=Satz.

? Xer.	—	1 Liv. Bco.
1 Liv.	—	44 Stüv.
5000 Stüv.	—	148 Thl. spec.
1 Thl.	—	90 Xer.
2		2
1000.		18.

58) Ueber

58) Ueber Hamburg.

52. Special = Regul.

Multipliciret den 15fachen Berliner Cours mit
den Frankfurter, und dividiret das kommende durch
die Zahl 800.

z. E. Der Berliner Cours nach Hamb. wäre 44 Schill.
Lüb Banco, der Frankfurter aber dahin 147 Thl.
Wechsel-Geld.

```
80|0  —  44. a 15 m.   147.
          220           882
         66|0           882
fac. 121¼ Xer W. G.     9702
 circa pro 1 L. Bco.   121|2:3
                          1|1
```

nach den Ketten=Satz:

```
? Xer.        —   1 Liv. Banco.
1 Liv.        —   44 Schl. Lüb. Banco.
8. 16. 48 Schl. —   1 Thl. Banco.
100 Thl.      —   147 Thl. Frankfurter,
1 Thl.        —   90 Xer. 30. 15.
800,              15
```

59) Ueber Londen.

53. Special-Regul.

Multipliciret den Berliner Cours mit den Frankfurter Cours, und dividiret das kommende durch
die Zahl 60.

z. E. Der Berliner Cours nach London wäre 49½ Pfen.
Sterl. der Frankfurter Cours dahin aber 140.

$$60 \quad - \quad 49\tfrac{1}{2}. \; m. \; 140.$$

$$196$$

$$7$$

$$\overline{693}$$

fac. 115½ Xer Wechsel-Geld circa
pro 1 Liv. Bco.

nach den Ketten-Satz.

? Xer.	—	1 Liv. Bco.
1 Liv.	—	49½ ℔ Sterl.
60. 220. 240 ℔.	—	1 Liv.
1. ℔. 49. 22¼ Liv.	—	140 Thl.
1 Thl.	—	90 Xer. 10. 2. 1.
		2. 1.

60) Ueber Paris.

54. Special-Regul.

Multipliciret den 3fachen Berliner Cours mit
dem Frankfurter, und dividiret das kommende
durch die Zahl 200.

z. E. Der Berliner Cours nach Paris wäre 96 Sols, der
Frankfurter Cours dahin aber 79 Thl. W. G.

$$200 \quad - \quad 96. \; a \; 3. \; m. \; 79.$$

| 100 | 288 | 316 |
| | 144 | 316 |

fac. 113¼ Xer Wechsel-Geld   113|76
pro 1 Liv. Bco.

nach

nach den Retten = Satz.

? Xer.	—	1 Liv. Bco.
1 Liv.	—	96 Sols.
2. 6∅ Sols.	—	1 Ecu.
100 Ecus.	—	79 Thl. Frankf.
1 Thl.	—	9∅ Xer. 3.

61) Durch den Preiß der Ducaten in Frankfurt am Mayn.

Verfahret nach der 40. **Special = Regul,**
verwechselt aber den Danziger Preiß in den Frankfurter Preiß des Ducaten in Xer.

z. E. Berliner Banco wäre 15½ pro Cento besser denn
Ducaten a 2¾ Thl. Ducaten gölten in Frankfurt
4 Fl. 22 Xer, uder 262 Xer Wechsel-Geld.

1100 — 115½. m. 262. a 4.

$$
\begin{array}{r}
1048 \\
1048 \\
5240 \\
524 \\
\hline
121044 \\
\hline
110|24
\end{array}
$$

fac. 110 Xer W. G. circa
pro 1 L. Bco.

nach den Retten = Satz.

? Xer.	—	1 Liv. Bco.
100 Liv.	—	115½ Thl. Duc.
11. 2¾ Thl.	—	262 Xer.

4.

62) Durch den **Preiß** der *Louisd'or* in Frankfurt am Mayn.

Verfahret nach der 41. **Special = Regul**, verwechselt aber den Danziger Ld'or - Preiß in den Frankfurter.

z. E. Berliner Banco wäre 21 pro Cento besser denn Louisd'or à 5 Thl. Louisd'or gölten in Frank 7 Fl. 42 Xer, oder 462 Xer W. G.

```
    121. a 2. m.    462.
    242            924
                  1848
fac. 111¾ Xer circa W. G. 9240
  pro 1 Liv. Banco.  111|804
                     3|215
```

nach den **Ketten = Satz.**

```
? Xer.        —    1 Liv. Bco.
100 Liv.      —    121 Thl. Ld'or.
5 Thl.        —    463 Xer.
2                  2
1000
```

Mit Genev wie mit Basel.
No. 25, 26, 27 und 28.
Mit
Genua,
in *Soldi fuori Banco.*

63) Ueber Amsterdam.

Verfahret nach der 49. Special = Regul.

z. E. Der Berliner Cours nach Amsterdam wäre 44
Stüber Banco, der Amsterdammer Cours nach
Genua aber **86** Pf. Vls. Banco.

86 — 44. m. 230.

1320

fac. 117⅔ Soldi fuori Bo. 88

circa 1 Liv. Bco. 10120

152

660

58 a 12

696|8

8|

nach den Ketten = Satz:

? Soldi. — 1 Liv. Bco.

1 Liv. — 44 Stüv. Bco.

1 Stüber. — 2 Pf. Vls. Banco.

86 Pf. — 115 Soldi.

230.

64) Ueber London.

Verfahret nach der 50 Special = Regul.

z. E. Der Berliner Cours nach London, wäre 50 Pfen.
Sterl. der Londner Cours aber nach Genua 49
Pf. Sterling.

49 — 50. m. 115.

5750

fac. 117⅓ Soldi f. Bco. circa 85

pro 1 Liv. Banco. 360

17 a 12

2014

8| nach

nach den Retten-Satz:

? Soldi.	—	1 Liv. Bco.
1 Liv.	—	50 ß Sterl.
49 ß.	—	115 Soldi.

65) Ueber Paris.

55. Special-Regul.

Multipliciret den Berliner Cours mit der Zahl 115 und dividiret das kommende durch den Pariser Cours.

z. E. Der Berliner Cours nach Frankreich wäre 96 Sols, der Pariser aber nach Genua 95 Sols.

$$\frac{9\cancel{5}}{19} \qquad - \qquad \frac{9\cancel{6}.}{288} \qquad m. \ \cancel{115}$$
$$23$$

$$192$$

fac. 116¼ Soldi f. Bco.   2208

c. pro 1 Liv. Bco.   —30

$$118$$
$$-4$$
$$\overline{48|2}$$

nach den Retten-Satz.

? Soldi.	—	1 Liv. Banco.
1 Liv.	—	96 Sous.
95 Sous.	—	115 Soldi.

Mit
Hamburg,
in Schillingen Lüb. *Banco.*

66) Durch Amsterdam in *Banco.*

56. Special=Regul.

Multipliciret den Berliner Cours mit der Zahl 32, und dividiret durch den Amsterdammer Cours das kommende.

z E. Der Berliner Cours nach Amsterdam wäre 43½ Stüv. Banco, der Amsterdam Banco-Cours nach Hamburg aber 32½ Stüver=Banco.

$$32\tfrac{1}{2} \quad — \quad 43\tfrac{1}{2} \text{ m. } 32.$$

```
  32½        —       43½  m. 32.
  65                  87
                     174
                     261
fac. 42⅝ fl. L. Banco  2784
c. pro 1 Liv. Bco.      184
                         54
                        648  9
                         63.
```

nach den Ketten=Satz.

? Schl. Bco.	—	1 Liv. Bco.
1 L. Bco.	—	43½ Stüv. Bco.
32½ Stv.	—	32 Schl. L. Bco.

67) Durch Amsterdam in *Cour.*

57. Special=Regul.

Multipliciret den Berliner Cours mit der Zah

96, und dividiret das kommende durch den Amsterdammer Cours.

z. E. Der Berliner Cours nach Amsterdam in Courent
wäre 45¼ Stüver, der Amsterdammer Courent-
Cours nach Hamburg 2½ pro Cento.

102½	—	45¾.	m.	96
205		91 : 6		864

$$48$$
$$\overline{8784}$$
$$-584$$
$$174 \, a \, 12$$

fac. 42⅝ ßl. L. Bco. circa
pro 1 Liv. Bco.

$$2088 | 10$$
$$-38 |$$

nach den Ketten = Satz.

? Schl. L. Bco.	—	1 Liv. Bco.
1 Liv. Bco.	—	45¾ Stv. Cour.
1. 50 Stüv.	—	1 Thl.
102½ Thl.	—	100 Thl. Bco. 2
1 Thl.	—	48 Schl. L. Bco.
		96.

68) Ueber Amsterdam in *Cour.* durch den
Preiß des *Ducats* daselbst.

58. Special = Regul.

Multipliciret den Berliner Banco-Agio mit den
Preiß der Holländischen Ducaten in laufer Stüvern, das kommende abermahl mit der Zahl 96.
das alhier kommende Product aber dividiret durch
den Amsterdammer Courent - Cours mit der Zahl
275 multipliciret.

z. E.

1. E. Berliner Banco wäre 16 pro Cento besser denn Ducaten à 2¾ Thl.   Ducaten gölten in Holland 5 Fl.
4 Stüv. Cour. oder 104 Stüv. Der Amsterdammer Cour. Cours nach Hamburg wäre 2½ pro Cto.

102½ m. 275 — 116 m. 104. m.   96

$$
\begin{array}{rr}
 & 96 \\
550 & 192 \\
137\tfrac{1}{2} & 768 \\
\overline{28187\tfrac{1}{2}} & \overline{19968} \\
\overline{56375} & 19968. \\
 & \underline{119808} \\
\end{array}
$$

fac. 41 1/11 Schl. L. Banco circa   2316288
pro 1 Liv. Bco.   —61288

$$
\begin{array}{r}
-4913 \text{ à } 12 \\
\overline{58956} \,| \,\text{t} \\
-2581 |
\end{array}
$$

nach den **Ketten-Satz.**

$$
\begin{array}{rcl}
? \text{ Schl. L. Bco.} & — & 1 \text{ Liv. Bco.} \\
100 \text{ Liv.} & — & 116 \text{ Thl. Duc.} \\
11.2\tfrac{3}{4} \text{ Thl.} & — & 104 \text{ Stv. Cour.} \\
50 \text{ Stüv.} & — & 1 \text{ Thl. Holl.} \\
102\tfrac{1}{2} \text{ Thl.} & — & 100 \text{ Thl. Bco.} \\
1 \text{ Thl.} & — & 48 \text{ Schl. L. Bco.}
\end{array}
$$

$$
\begin{array}{rr}
50 \text{ m. } 11 & 4 \\
\overline{550.} & \overline{192} \\
275 & 96.
\end{array}
$$

69) Durch den Danziger Preiß des Ducats.

59. Special-Regul.

Multipliciret den Berliner Banco-Agio mit
den Danziger Preiß des Ducats in lauter Pohl-
F   nische

nische gl. das kommende multipliciret ferner mit der Zahl 48, und dividiret das hieraus entstehende Product durch den Danziger Cours nach Hamburg mit der Zahl 275 vermehret.

z. E. Berliner Banco wäre 16 pro Cento besser denn Ducaten a 2¾ Thl. Ducaten gölten in Danzig 9 Fl. 20 gl. oder 290 gl. Pohlnisch, der Danziger Cours nach Hamburg wäre 153 gl. Pohlnisch.

$$153 \text{ m. } 275. \quad - \quad 116. \text{ m. } 290 \text{ m. } 48.$$

51.	55	928	58	16
	275	580		
	2805	6728		
		40368		
		107648		
		23498		
		1058 a 12		

fac. 38⅓ Schl. L. Bco. circa 12696/4
pro 1 Liv. Bco.   1476/

nach den Ketten-Satz.

? Schl. L. Bco.	—	1 Liv. Bco.
100 Liv.	—	116 Thl. Duc.
11. 2¾ Thl.	—	290 gl. Pohln.
153 gl.	—	48 Schl. L. Bco.
11 m. 100		4
1100		192
275		48.

70) Durch den Hamburger Preiß der Ducaten wenn sie besser denn Hamburger Banco.

60. Spe

60. Special=Regul.

Multipliciret den 24fachen Berliner Banco-Agio mit den Preiß oder Cours der Ducaten in Hamburg, und dividiret das kommende durch die Zahl 6875.

z. E. Berliner Banco wäre 16 pro Cento besser denn Ducaten a 2¾ Thlr. Ducaten a 6 mℊ in Hamburg wären 3½ pro Cento besser denn Hamburger Banco.

$$6875 \quad - \quad 116. \text{ m. } 103\tfrac{1}{2}.$$

a 24.

2784.

fac. 41 $\tfrac{11}{12}$ Schl. L. Bco.   8352

c. pro 1 Liv. Bco.   1392.

288144

13144

6269 a 12.

75228|10

−6478|

nach den Ketten = Satz.

? Schl. L. Bco.	—	1 Liv. Bco.
25. 100 Liv. Banco.	—	116 Thl. Duc.
11. 2¾ Thl.	—	6 mℊ Duc.
25. 100 mℊ.	—	103½ mℊ Banco.
1 mℊ.	—	16 ßl. L. Bco. 4.

4. 1.

25 m. 11 m. 25.   4. 6

6875.   24.

71) Durch den Hamburger Preiß der Ducaten wenn sie schlechter denn Hamburger *Banco*.

61. Special-Regul.

Multipliciret den Berliner Banco - Agio mit der Zahl 384, und dividiret das kommende durch den 11fachen Preiß oder Cours der Duc. in Hamburg.

z. E. Berliner Banco wäre 16 pro Cento besser denn Ducaten a 2¾ Thl. Ducaten a 6 mℊ in Hamburg wären ½ pro Cento schlechter denn Hamb. Banco.

$$100\tfrac{1}{2} \quad - \quad 116 \text{ m. } \quad 384.$$

$$
\begin{array}{ll}
\text{a } 11 & 768 \\
\hline
1105\tfrac{1}{2} & 768 \\
2211 & 4608 \\
& \overline{89088} \\
\text{fac. } 40\tfrac{1}{4} \text{ ßl. L. Banco circa} & -648 \text{ a } 12 \\
\text{pro } 1 \text{ Liv. Banco.} & 7776 \mid 3 \\
& 1143 \mid
\end{array}
$$

nach den Ketten=Satz:

$$
\begin{array}{llll}
? \text{ Schl. L. Bco.} & - & 1 \text{ Liv. Bco.} \\
100 \text{ Liv.} & - & 116 \text{ Thl. Duc.} \\
11. \ 2\tfrac{3}{4} \text{ Thl.} & - & 6 \text{ mℊ Duc.} \\
100\tfrac{1}{2} \text{ mℊ.} & - & 100 \text{ mℊ Bco.} \\
1 \text{ mℊ.} & - & 16 \text{ Schl. L. Bco.} \\
\hline
11 & & 4 \\
& & \overline{64} \\
& & 6 \\
& & \overline{384}
\end{array}
$$

72) Durch den Hamburger Preiß der *Ld'or*.

62. Special=Regul.

Multipliciret den Berliner Banco - Agio doppelt
pelt

pelt genommen, mit den Preiß des Ld'ors in Hamburg in lauter Schilling von den kommenden aber schneidet 3 Zahlen rechter Hand ab.

z. E. Berliner Banco wäre 21 pro Cento besser denn Louisd'or à 5 Thl. Louisd'or gölten 11 m 1 ßl. oder 177 ßl. Lüb. Banco in Hamburg.

$$121 \;\mathrm{m.}\; 177$$
$$a\,2$$

fac. 42⅞ Schl. Lüb. Bco.
circa 1 Liv. Bco.

$$242$$
$$1694$$
$$1694$$
$$42|8\,3\,4 \; a \; 12.$$
$$10|0|08$$

nach den Ketten-Satz.

? Schl. L. Bco.	—	1 Liv. Bco.
100 Liv.	—	121 Thl. Ld'or.
5 Thl.	—	177 Schl. L. Bco.
2		2

1000.

73) Ueber London.

Verfahret nach der 13. Special-Regul.

z. E. Der Berliner Cours nach London wäre 50 Pfen. Sterl. der Londner Cours aber nach Hamburg 33½ Schl. Vls. oder 402 Pf. Vls. Banco.

$$\frac{48\varnothing}{8}^{6} \quad - \quad 5\varnothing. \;\mathrm{m.}\; 33\,\text{ßl.}\; 6\,\text{S. Vls.}$$
$$402$$

fac. 41⅞ Schl. Lüb. Bco.
c. pro 1 Liv. Bco.

$$2010$$
$$335$$
$$41 \;\text{Schl.}\; \tfrac{7}{8}$$

F 3 nach)

nach den Ketten = Satz.

? Schl. L. Bco.	—	1 Liv. Banco.
1 Liv. Bco.	—	50 ß Sterl.
240 ß.	—	402 ß Vls.
2 ß Vls.	—	1 Schl. L. Bco.
480		

74) Ueber Paris und Bourdeaux.

63. Special = Regul.

Multipliciret den Berliner Cours mit den Hamburger, und dividiret das kommende durch die Zahl 60.

z. E. Der Berliner Cours nach Paris wäre 96 Sols, der Hamburger aber dahin 26 ßl. Lüb. Banco.

60	—	96 m. 26.
10	16	156

fac. 41 $\frac{7}{12}$ Schl. Lüb. Bco.   41|6

circa pro 1 L. Bco.   7|2

nach den Ketten = Satz.

? Schl. L. Bco.	—	1 Liv. Bco.
1 Liv. Bco.	—	96 Sols.
60 Sols.	—	26 Schl. L. Bco.

Mit

Leipzig,

in Groschen, Convent. Geld oder *Ld'or*.

75) Ueber Amsterdam in *Banco - Courent*.

64. Spe-

64. Special = Regul.

Multipliciret den Berliner Cours mit den Leipziger, das kommende ferner mit der Zahl 48. und
schneidet von den Product 4 Zahlen rechter Hand ab.

z. E. Der Berliner Cours nach Amsterdam wäre 45 Stv.
der Leipziger Cours dahin aber 137½ Thl.

$$45. \ \text{m.} \ 137\frac{1}{2}. \ \text{m.} \ 48.$$
$$135 \qquad\qquad \frac{6}{8}.$$
$$315$$
$$22. \ 12.$$

fac. 29⅔ gl. Conv. Geld 6187. 12.
c. pro 1 Liv. Bco. 37125. —
$$25|7000. —$$
$$8|4000.$$

nach den Ketten = Satz.

? gl. Conv. Geld	—	1 Liv. Bco.
1 Liv.	—	45 Stüv.
5000 Stüv.	—	137½ Thl. Conv. G.
1 Thl.	—	24 gl.
2		2
10000		48

76) Ueber Hamburg.

65. Special = Regul.

Multipliciret den 5fachen Berliner Banco-
Cours mit dem Leipziger Cours, und schneidet von
den kommenden 3 Ziffern rechts ab.

z. E. Der Berliner Cours nach Hamburg wäre 44½ ßl.
Lüb. Banco, der Leipziger Cours dahin 139 pro
Cento Leipziger Courent.

$$44\tfrac{1}{2} \text{ m. } 139$$
$$5$$

fac. 30$\frac{1}{|2}$ gl.Conv. Geld　222$\tfrac{1}{2}$
circa pro 1 Liv. Bco.　666

1998
69. 6

30|927.6
11|130.

nach den Ketten = Satz.

? gl. Conv. Geld	—	1 Liv. Bco.
1 Liv.	—	44½ Schl. L.Bo.
2. 48 Schl.	—	1 Thl. Bco.
100 Thl.	—	139 Thl. Ld'or.
1 Thl.	—	24 gl. 1.
200.		5
5.		

77) Durch den Preiß der Ducaten.

66. Special-Regul.

Multipliciret den 24fachen Berliner Banco-
Agio mit den Leipziger Ducaten-Cours, und
schneidet von den kommenden 4 Ziffern rechter
Hand ab.

z. E. Berliner Banco wäre 16 pro Cento besser denn Ducaten. Ducaten in Leipzig wären 2 pro Cento
besser denn Convent. Geld.

$$116. \text{ m. } 102.$$
$$24$$
$$\overline{2784..}$$
$$5568$$

fac. $28\frac{5}{12}$ gl. Conv. Geld $\quad 28|3968$
c. pro 1 Liv. Bco. $\qquad |4|7616$

nach den Ketten ⸗ Satz.

? gl. Conv. G.	—	1 Liv. Banco.
100 Liv.	—	116 Thl. Duc.
100 Thl. Duc.	—	102 Thl. Cv. G.
1 Thl.	—	24 gl.

78) Ueber Londen.

67. Special ⸗ Regul.

Multipliciret den Berliner Cours mit den Leipziger in lauter gl. und dividiret das kommende durch die Zahl 240.

z. E. Der Berliner Cours wäre $49\frac{1}{2}$ Pf. Sterl. nach Londen; der Leipziger Cours nach Londen wäre 5 Thl. 20 gl. oder 140 gl. Convent⸗Geld.

$$240 \qquad — \qquad 49\tfrac{1}{2}. \text{ m. } 140.$$
$$196$$
$$70$$

fac. $28\frac{7}{8}$ gl. Conv. Geld $\quad 6930$
circa pr. 1 L. Bco. $\qquad$ fac. $28\frac{7}{8}$ gl.

nach den Ketten⸗Satz.

? gl. Conv. G.	—	1 Liv. Bco.
1 Liv.	—	$49\frac{1}{2}$ ℔ Sterl.
240 Sterl.	—	140 gl. Conv. G.

F 5

79) Durch *Louisd'or* wenn sie schlechter denn Convent. Münze.

68. Special-Regul

Dividiret den 24fachen Berliner Banco-Agio mit den Leipziger Louisd'or-Cours.

z. E. Berliner Banco ist 21 pro Cento besser denn Ld'or, Louisd'or in Leipzig sind $1\frac{1}{2}$ pro Cento schlechter denn Convent. Geld.

$$
\begin{array}{llr}
101\frac{1}{2} & - & 121. \\
\underline{203} & & \underline{24} \\
& & 2904 \\
\text{fac. } 28\frac{7}{12} \text{ gl. Conv. Geld} & & 5808 \\
\text{circa pro 1 L. Bco.} & & 1748 \\
& & 124 \\
& & \overline{1488} \\
& & -67
\end{array}
$$

nach den Ketten-Satz:

$$
\begin{array}{lll}
? \text{ gl. Conv. G.} & - & 1 \text{ Liv. Bco.} \\
700 \text{ Liv.} & - & 121 \text{ Thl. Ld'or.} \\
101\frac{1}{2} \text{ Thl.} & - & 100 \text{ Thl. Cv. G.} \\
1 \text{ Thl.} & - & 24 \text{ gl.}
\end{array}
$$

80) Durch *Louisd'or* wenn sie besser denn Convent. Münze.

69. Special-Regul.

Multipliciret den 24fachen Berliner Banco-Agio mit den Leipziger Ld'or-Cours, von den kommenden aber schneidet 4 Ziffern rechter Hand ab.

z. E. Berliner Banco wäre 20½ pro Cento beſſer denn
Ld'or. Ld'or in Leipzig wären 1 pro Cento beſſer
denn Convent. Geld.

$$120\tfrac{1}{2}. \quad \text{m.} \quad 101.$$
$$24$$
$$\overline{2892..}$$

fac. 29¼ gl. Conv. G. $\quad 2892$

c. pro 1 Liv. Bco. $\quad 29\,|\,2092$
$$\overline{2\,|\,5104.}$$

nach den Ketten-Satz:

? gl. Conv. G.	—	1 Liv. Banco.
100 Liv. Banco	—	120½ Thl. Ld'or.
100 Thl.	—	101 Thl. Cvt. G.
1 Thl.	—	24 gl.

81) Ueber Paris und ganz Frankreich.

70. Special = Regul.

Multipliciret den 4fachen Berliner Cours
mit den Leipziger Cours, von den kommenden
aber ſchneidet 3 Ziffern rechter Hand ab.

z. E. Der Berliner Cours nach Frankreich ſtünde 95½
Sous. Der Leipziger aber dahin 75 Rthl. Convent. Geld.

$$95\tfrac{1}{2} \quad \text{m.} \quad 75.$$
$$4$$
$$\overline{382..}$$

fac. 28⅔ gl. Conv. Geld $\quad 9550$

circa pro 1 Liv. Bco. $\quad 28\,|\,650$
$$\overline{7\,|\,800.}$$

nach

nach den Ketten = Satz.

? gl. Conv. G.	—	1 Liv. Bco.
1 Liv.	—	$95\frac{1}{2}$ Sous.
1000.6000 Sous.	—	75 Thl. C. G.
1 Thl.	—	24 gl. 4.

Mit Lille, siehe Ryssel.

Mit

L i o n und ganz Frankreich.

in *Sols tournois.*

82) Ueber Amsterdam.

71. Special=Regul.

Multipliciret den Berliner Cours mit der Zahl 120, und dividiret das kommende durch den Amsterdammer Cours.

z E. Der Berliner Cours nach Amsterdam wäre $43\frac{1}{2}$ Stüv. Banco, der Amsterdam Cours nach Frankreich aber 55 Pfen. Vis. Banco.

$$\begin{array}{ccc} \underline{55} & — & 43\frac{1}{2}.\ m.\ 120. \\ 1.0 & & \underline{87} \\ & & 1044 \end{array}$$

fac. $94\frac{11}{12}$ Sols circa $\qquad 94\frac{10}{11}.$
pro 1 L. Bco.

nach den Ketten = Satz:

? Sols	—	1 Liv. Bco.
1 Liv.	—	$43\frac{1}{2}$ Stüv. Bco.
1 Stüver	—	2 X.
55 X.	—	60 Sols.

120

83)

83) Ueber Hamburg durch den Schl. Cours.

72. Special = Regul.

Multipliciret den Berliner Cours mit der Zahl 60, und dividiret das kommende durch den Hamburger Cours.

z. E. Der Berliner Cours nach Hamb. wäre 44 Schill. Lüb. Banco, der Hamburger Cours nach Frankreich aber 26½ Schill. Lüb. Banco.

$$26\tfrac{1}{2} \quad - \quad 44. \text{ m. } 60.$$

$$53 \qquad\qquad 88$$

$$\begin{array}{r} 5280| \\ 510| \\ 33 \\ \hline 396. \end{array}$$

fac. 99$\tfrac{7}{12}$ Sols circa
pro 1 Liv. Bco.

nach den Ketten = Satz.

? Sols	—	1 Liv. Bco.
1 Liv.	—	44 Schl. L. Bco.
26½ Schl.	—	60 Sols.

84) Ueber Hamburg durch den *pro Cent-Cours.*

73. Special = Regul.

Multipliciret den Berliner Cours mit den Französischen Cours, und dividiret das kommende mit der Zahl 80.

z. E. Der Berliner Cours, nach Hamburg wäre 43¾ fl. Lüb. Banco, der Cours zwischen Frankreich und Hamburg aber 179 Ecus.

80   — $43\frac{3}{4}$. m. 179.

                        537
                        716

fac. $97\frac{11}{12}$ Sols circa pro 1 L. Bco.   89:6
                                    44:9
                                    7831:3
                                    97|8:10
                                    |10|6.

nach den Ketten=Satz:

? Sols   —   1 Liv. Bco.
1 Liv. Bco.   — $43\frac{3}{4}$ Schl. L. Banco,
8. 48 Schl.   —   1 Thl.
10. 100 Thl. —   179 Ecu.
1 Ecu.   —   60 Sols. 10. 1.
80.

85) Ueber London.

74. Special = Regul.

Multipliciret den Berliner Cours mit der Zahl 60, und dividiret das kommende durch den Londner Cours.

z. E. Der Berliner Cours nach London wäre 49½ Pfen. Sterl. der Londner aber nach Frankreich 31½ Pfen. Sterling.

$31\frac{1}{2}$ — $49\frac{1}{2}$ m. 60.
63   99
7   11
                     660
fac. $94\frac{1}{7}$ Sols circa pro   94:3.
1 Liv. Banco.

nach den Ketten = Satz.

? Sols	—	1 Liv. Banco.
1 Liv.	—	49½ ₰ Sterl.
31½ ₰ Sterl.	—	60 Sols.

Mit
Liſſabon und ganz Portugal,
in *Rees*.

86) Ueber Amſterdam und Hamburg.

75. Special = Regul.

Multipliciret den Berliner Cours mit der Zahl 800, und dividiret durch den Amſterdammer Cours das kommende.

z. E. Der Berliner Cours nach Amſterdam wäre 44½ Stüver = Banco, oder Schilling Lüb. Banco, der Amſterdammer Cours nach Liſſabon 47 Pfen. Vls. Banco.

```
   47      —      44½  m. 800,
                  ─────────
                  352..
                   400
                  ─────────
fac. 757 Rees circa pro  35600
    1 Liv. Bco.          270|
                         350
                          21.
```

nach den Ketten = Satz:

? Rees	—	1 Liv. Bco.
1 Liv.	—	44½ Stüv. Banco.
1 Stüv.	—	2 ₰ Vls.
47 ₰ Vls.	—	400 Rees.
		800.

87) Ueber London.

76. Special = Regul.

Setzet an den Berliner Cours 3 Nullen, oder multipliciret ihm mit der Zahl 1000, das kommende dividiret durch den Londner Cours.

z. E. Der Berliner Cours nach London wäre 49 Pfen. Sterl. der Londner nach Lissabon aber 67½ Pfen. Sterling.

$$67\tfrac{1}{2} \quad — \quad 49. \text{ m. } 1000.$$

$$\begin{array}{ll} 135 & 98000. \\ 27 & 19600 \mid \\ \text{fac. 726 Rees circa pro} & -70 \mid \\ \text{1 Liv. Bco.} & 150 \end{array}$$

nach den Ketten = Satz:

? Rees	—	1 Liv. Bco.
1 Liv.	—	49 ℔ Sterl.
67½ ℔.	—	1000 Rees.

88) Ueber Paris und ganz Frankreich.

77. Special = Regul.

Multipliciret den Berliner Cours mit den Lissaboner, und dividiret das kommende durch die Zahl 60.

z. E. Der Berliner Cours nach Frankreich wäre 96 Sols, der Cours aber zwischen Lissabon und Frankreich 460 Rees.

$$60 \quad — \quad 96. \text{ m. } 460.$$

$$\begin{array}{ll} 1 & 16 \qquad 276 \\ \text{fac. 736 Rees circa pro 1 L. Bco.} & \overline{736.} \end{array}$$

nach

nach den Ketten = Satz.

? Rees	—	1 Liv. Bco.
1 Liv. Bco.	—	96 Sous.
60 Sous	—	460 Rees.

Mit Livorno wie mit Florenz,

in *Soldi moneta lunga.*

Mit

Londen,

in Pfennig = Sterling.

89) Ueber Amsterdam und Hamburg.

78. Special = Regul.

Multipliciret den Berliner Cours mit der Zahl 480, und dividiret das kommende durch den Amsterdammer Cours in lauter ₰ Vls.

z. E. Der Berliner Cours nach Amsterdam oder Hamburg wäre 43¾ Stw. oder Schl. der Amsterdammer oder Hamburger Cours aber nach Londen 35 Schilling 3 Pf. oder 423 Pf. Vls.

$$35 \text{ Schl. } 3 ₰. \quad — \quad 43\tfrac{3}{4}. \text{ m. } 480.$$

```
      423                        144
                                 192
fac. 49¼ ₰ Sterl. circa pro      240
     1 Liv. Banco.               120
                               ―――――
                               21000
                                4080
                                 273
```

nach den Ketten = Satz.

? ℔ Sterl.	—	1 Liv. Bco.
1 Liv.	—	43¾ Stv. Bco.
1 Stüv.	—	2 ℔ Vls. Bco.
423 ℔.	—	240.

480.

90) Ueber Paris und Frankreich.

79. Special = Regul.

Multipliciret den Berliner Cours mit den Englischen Cours; und dividiret das kommende durch die Zahl 60.

z. E. Der Berliner Cours nach Frankreich wäre 96 Sols, der Londner Cours aber dahin 30 Pf. Sterl.

$$60 \quad — \quad 96 \text{ m. } 30.$$
$$z \qquad 48 \qquad 1$$

fac. 48 ℔ Sterl. c. pro 1 Liv. Bco.

nach den Ketten = Satz:

? ℔ Sterl.	—	1 Liv. Bco.
1 Liv.	—	96 Sous.
60 Sous	—	30 ℔ Sterl.

Mit

Lüttich,
in Stüver Lütticher.

91) Ueber Amsterdam.

80. Special = Regul.

Multipliciret den Berliner Cours mit den Lütticher

tidyet, von den kommenden aber schneidet 2 Ziffern rechts ab.

z. E. der Berliner Cours nach Amsterdam wäre 46 Stüv.
Cour. der Lütticher Cours dahin ⸱ ⸱ ⸱ 164 Fl. Lütt.

$$46. \quad m. \quad 164.$$
$$984$$

fac. 75 $\frac{1}{16}$ Stüv. Lütticher circa 656

pro 1 Liv. Bco.   75|44 à 16.
$$6|84$$

nach den Ketten=Satz:

? Stv. Lütt.	—	1 Liv. Bco.
1 Liv.	—	46 Stv. Cour.
100. 1600 Stüv.	—	164 Lütticher.
1 Flor.	—	16 Stv. Lüt. 1.

92) Ueber Paris.

81. Special=Regul.

Multipliciret den Berliner Cours mit den Lütticher, und dividiret das kommende durch die
Zahl 60.

z. E. Der Berliner Cours nach Paris wäre 95½ Sols,
der Lütticher aber dahin 47 Stüv. Lütticher.

$$60 \quad - \quad 95\frac{1}{2} \top \quad 47.$$
$$235$$
$$423$$

fac. 74 $\frac{13}{60}$ Stv. Lütt. circa   23:8

pro 1 Liv. Bco.   4488:8
$$74|8:1$$
$$16$$
$$12|9$$

nach den Ketten = Satz.

? Stv. Lütt.	—	1 Liv. Bco.
1 Liv.	—	95½ Sous.
60 Sous	—	47 Stv. Lütt.

Mit

Madrit und Mallaga wie mit Cadix.

Mit Marseille wie mit Lion.

Mit

Meßina und Palermo,

in *Tari*.

93) Ueber Amsterdam.

82. Special = Regul.

Multipliciret den Berliner Cours mit den Sicilianischen, und dividiret das kommende durch die Zahl 400.

z. E. Der Berliner Cours nach Amsterdamm wäre 44 Stüv. Banco, der Sicilianische Cours aber dahin 101. Grani.

$$400 \quad - \quad 44. \; m. \; 101.$$

$$\begin{array}{r} 44 \\ \hline 4+44 \end{array}$$

fac. 11 Tari. 2 Grani circa   11|11
pro 1 Liv. Bco.   20
                                 ―――――
                                  2|20

nach)

nach den Retten = Satz.

? Tari	—	1 Liv Bco.
1 Liv.	—	44 Stüv.
20 Stüv.	—	101 Grani.
20 Grani	—	1 Tari.
400.		

94) Ueber Londen.

83. Special = Regul.

Multipliciret den Berliner Cours mit den Sicilianischen, und dividiret das kommende durch die Zahl 240.

z. E. Der Berliner Cours nach Londen wäre 50 Pfen. Sterl. der Sicilianische aber dahin 53 Tari.

$$240 \quad - \quad 50. \text{ m. } \quad \underline{53.}$$
$$265$$

fac. 11 Tari 1 Grani circa $\quad 11\frac{1}{24}.$
pro 1 Liv. Bco.

nach den Retten = Satz.

? Tari	—	1 Liv. Bco.
1 Liv.	—	50 ℔ Sterl.
240 ℔.	—	53 Tari.

95) Ueber Paris.

Verfahret nach der 82. Special = Regul.

z. E. Der Berliner Cours nach Paris wäre 95½ Sols, der Sicilianische aber dahin 45 Grani.

$$400 \quad — \quad 95\tfrac{1}{2} \text{ m. } 46.$$

$$\begin{array}{r} 570 \\ 380 \\ \underline{23} \\ 4393 \\ 10|98:5 \\ \underline{20} \\ 19|65. \end{array}$$

fac. 11 Tari circa pro
1 Liv. Bco.

nach den Retten = Satz.

? Tari	—	1 Liv. Banco.
1 Liv.	—	$95\tfrac{1}{2}$ Sols.
20 Sols	—	46 Grani.
20 Grani	—	1 Tari.
400.		

Mit
Milano,
in *Soldi Courent.*

96) Ueber Amsterdam.

84. Special-Regul.

Multipliciret den fünffachen Berliner Cours mit den Milaneser, von den kommenden aber schneidet 2 Ziffern rechts ab.

z. E. Der Berliner Cours nach Amsterdam wäre 44 Stüver Banco, der Milaneser Cours aber dahin 58 Soldi.

$$\begin{array}{cc} \underline{44} \quad \text{m.} & \underline{58.} \\ 220 & 116 \\ & 116 \end{array}$$

fac. $127\tfrac{7}{12}$ SoldiCour.   127|60 à 12
circa pro 1 L. Bco.   7|20   nach

? Soldi Cour.	—	1 Liv. Bco.
1 Liv.	—	44 Stüv. Bco.
20 Stüver	—	58 Soldi.
5		5
100		

97) Ueber London.

85. Special=Regul.

Multipliciret den Berliner Cours mit den Milaneser in lauter Soldi, und dividiret das kommende durch die Zahl 240.

z. E. Der Berliner Cours wäre 49 pf. Sterl. nach London; der Milaneser aber dahin 30 Lire 14 Soldi oder 614 Soldi Cour.

$$240 \quad - \quad 49. \; m. \; 614$$

$$\begin{array}{r} 5526 \\ 2456 \\ \hline 30086 \\ \hline 125|3\frac{7}{12} \end{array}$$

fac. $125\frac{1}{3}$ Soldi Cour. circa pr. 1 L. Bco.

nach den Ketten=Satz.

? Soldi Cour.	—	1 Liv. Bco.
1 Liv.	—	49 ₰ Sterl.
240 ₰ Sterl.	—	614 Soldi.

98) Ueber Paris.

86. Special-Regul.

Multipliciret den 5fachen Berliner Cours mit den Milaneser, und dividiret das kommende durch die Zahl 212.

z. E.

z. E. Der Berliner Cours nach Paris wäre 96 Sous, der Milaneser dahin aber 55 Soldi imperiali.

$$212 \quad - \quad 96. \quad m. \quad 55.$$

$$5$$

$$\overline{480}$$

$$2400$$

$$2400$$

fac. 124½ Soldi Cour. $\overline{26400}$

pro 1 Liv. Bco.   −520

−960

$\overline{112.}$

nach den Retten=Satz.

? Soldi Cour.	—	1 Liv. Bco.
1 Liv.	—	96 Sous.
2. 6ɸ Sous	—	55 Soldi imp.
106 Soldi	—	1̶5̶0̶ Soldi Cour. 5.

$\overline{212.}$

Mit Nantes wie mit Lion.

Mit
Neapolis,
in *Grani*.

99) Ueber Amsterdam und Livorno zugleich.

87. Special=Regul.

Multipliciret den doppelten Berliner Cours mit den Neapolitanischen, und dividiret das kommende durch den Amsterdammer Cours auf Livorno.

z. E.

z. E. Der Berliner Cours auf Amsterdam wäre 44 Stüver-Banco; der Amsterdaminer Cours auf Livorno aber 88 Pf. Vls Banco; der Neapolitanische
Cours auf Livorno wäre 114 Dj. di Regno.

$$88 \quad - \quad 44. \; m. \; 114.$$
$$\frac{2}{88}$$

fac. 114 Grani circa
pro 1 Liv. Bco.

nach den Ketten=Satz:

? Grani	—	1 Liv. Bco.
1 Liv.	—	44 Stv. Bco.
1 Stüv.	—	2 Q Vls.
88 Q Vls.	—	1 Pez.
1̶0̶0̶ Pez	—	114 Dj. di Regno.
1 Dj.	—	1̶0̶0̶ Grani.

100) Ueber Amsterdam und Venedig zu-gleich.

Verfahret nach voriger Regul, verwechselt
aber Livorno mit Venedig.

z. E. Der Berliner Cours auf Amsterdam wäre 44 Stüver-Banco; der Amsterdaminer Cours auf Venedig aber 91 Pf. Vls. Banco; der Neapolitanische
Cours auf Venedig 116 Dj. di Regno.

$$91 \quad - \quad 44. \; m. \; 116.$$

$$
\begin{array}{cc}
2 & 928 \\
\hline
88 & 928 \\
\end{array}
$$

fac. 112 Grani circa pro   10208
1 Liv. Bco.   110
    -198
    16.

nach den Ketten-Satz:

? Grani	—	1 Liv. Bco.
1 Liv.	—	44 Stüver.
1 Stüver	—	2 ♀ Vls.
91 ♀ Vls.	—	1 Dj.
100 Dj.	—	116 Dj. di Regno.
1 Dj.	—	100 Grani.

Mit

N o v e ,

in *Soldi d'oro marche.*

101) Ueber Amsterdam oder Hamburg.

88. Special-Regul.

Multipliciret den Berliner Cours mit der Zahl 40, und dividiret das kommende durch den Amsterdammer Cours.

z. E. Der Berliner Cours auf Amsterdam oder Hamburg wäre 43¾ Stv. oder Schl. Bco. der Cours von Amsterdam oder Hamburg auf Novi aber 161 Pf. Vls. Banco.

$$161. \quad — \quad 43\tfrac{3}{4}. \quad m. \quad 40.$$

$$1720$$
$$20$$

fac. 10 Soldi 10 Den. d'oro   11
circ pro 1 Liv. Bco.   1751
    −141
    1692

nach den Retten-Satz.

? Soldi d'or	—	1 Liv. Bco.
1 Liv.	—	43¾ Stüv. Banco.
1 Stüv.	—	2 ₰ Vls.
161 ₰ Vls.	—	20 Soldi d'or.

102) Ueber Lion.

89. Special = Regul.

Multipliciret den Berliner Cours mit der Zahl 100, und dividiret das kommende durch den 3fachen Lioner Cours.

z. E. Der Berliner Cours nach Lion wäre 95½ Sols, der Lioner Cours aber nach Novi 296 Ecus.

```
     296      —      95½.  m.  100.
       3             50
   ───────        ──────────
     888            9550
                   −670 a 12
fac. 10 Soldi, 9 Den. d'oro   8040
circa pro 1 Liv. Bco.        −48
```

nach den Retten = Satz.

? Soldi d'oro	—	1 Liv. Banco.
1 Liv.	—	95½ Sous.
3. 60 Sous	—	1 Ecu.
296 Ecu	—	100 Scudi m.
1 Scudi	—	20 Soldi.

103) Ueber Londen.

90. Special = Regul.

Multipliciret den Berliner Cours mit der Zahl
20,

20, und dividiret das kommende durch den Londner Cours.

z. E. Der Berliner Cours nach Londen wäre 49 Pfen. Sterl. der Londner aber nach Novi 92 Pf. Sterl.

$$92 \quad - \quad 49 \text{ m. } 20.$$

$$\begin{array}{r} 20 \\ \hline 980 \end{array}$$

fac. 10 Soldi, 8 Den. d'oro

circa pro 1 Liv. Bco. -60 a $12.$

$$\overline{720.}$$

nach den Ketten=Satz:

? Soldi d'or	—	1 Liv. Bco.
1 Liv.	—	49 ₰ Sterl.
92 ₰ Sterl.	—	20 Soldi d'or.

Mit

Nürnberg,

in Kreuzer-*Banco* oder *Courent.*

104) Ueber Amsterdam in *Banco* und Courent.

Verfahret nach der 51 Special = Regul, nur verwechselt den Frankfurter am Mayn in den Nürnberger Cours.

z. E. Der Berliner Cours nach Amsterdam wäre 44¼ Stüver - Banco oder Courent, der Nürnberger aber dahin 142 Thlr.

$$44\tfrac{1}{4}$$

$$44\tfrac{1}{4} \quad \text{m. 18. m. 142.}$$

352

$4\tfrac{1}{2}$

fac. 113 Xer circa pro ——— $796\tfrac{1}{2}$
1 Liv. Bco. ——— 3184

1592

71

113|103.

nach den Ketten = Satz.

? Xer Cour.	—	1 Liv. Banco.
1 Liv.	—	$44\tfrac{1}{4}$ Stüver.
5ø Stüver	—	1 Thl. A.
100 Thl. A.	—	142 Thl. Cour.
1 Thl.	—	9ø Xer Cour.
2		2

1000.

105) Ueber Hamburg.

Verfahret nach der 52. Special = Regul, mit voriger Verwechselung.

z. E. Der Berliner Cours auf Hamburg wäre 44 Schl. Lüb. Banco, der Nürnberger aber dahin 143 Thl. Courent.

800 — 44 m. 15 m. 143.

220 ˙8580

660 858

fac. 118 Xer circa pro 94380
1 Liv. Bco. $11797\tfrac{1}{2}$

nach den Retten = Satz.

? Xer Cour.	—	1 Liv. Banco.
1 Liv.	—	44 Schl. L. Bco.
8.48 Schl.	—	1 Thl. Hamb.Bco.
100 Thl.	—	143 Thl. N.
1 Thl.	—	90 Xer = Cour. 15.
800.		

106) Ueber Londen.

91. Special = Regul.

Multipliciret den Berliner Cours mit den Nürnberger in lauter Kreußer, und dividiret das kommende durch die Zahl 240.

z. E. Der Berliner Cours nach Londen wäre 49½ Pfen. Sterl. der Nürnberger aber dahin 8 Flor. 45 Xer, oder 525 Xer.

$$
\begin{array}{ccc}
240 & 49\tfrac{1}{2}. \; \text{m.} & 525. \\
48 & 245 & 105 \\
\tfrac{8}{6} & 52\tfrac{1}{2} & \\
& 5197\tfrac{1}{2} & \\
\text{fac. } 108\tfrac{1}{4} \text{ X. circa pro} & 866:1 & \\
1 \text{ Liv. Bco.} & 108:1. &
\end{array}
$$

nach den Retten = Satz.

? Xer . Cour.	—	1 Liv. Bco.
1 Liv.	—	49½ ℔ Sterl.
240 ℔ Sterl.	—	525 Kreußer.

107) Ueber Paris.

Verfahret nach der 54 Special = Regul No. 60. nur verwechselt den Frankfurter in den Nürnberger Cours.

z. E. Der Berliner Cours nach Paris wäre 96 Sous, der Nürnberger aber dahin 76 Thlr.

```
2ØØ   —   96.  m.  76.
100        3        304
         ‾‾‾‾      ‾‾‾‾
         288        304
        ‾‾‾‾‾      ‾‾‾‾‾
         144      109|44.
```

fac. 109½ Xer circa pro 1 Liv. Bco.

nach den Retten-Satz:

```
? X. Cour.     —   1 Liv. Bco.
  1 Liv.       —   96 Sols.
2. 60 Sols     —   1 Ecu
 100 Ecu       —   76 Rthl. Cour.
   1 Rthl.     —   9Ø X. 3.
‾‾‾‾‾‾
 200
```

Mit Palermo wie mit Meßina.

Mit Paris wie mit Lion.

Mit Prag wie mit Wien.

Mit Reval,
in Kopecken.

108) Ueber Amsterdam in *Courent*.

92. Spe.

92. Special = Regul.

Multipliciret den doppelten Berliner Cours mit den Cours aus Reval, von den kommenden aber schneidet 2 Ziffern rechts ab.

z. E. Der Berliner Cours nach Amsterdam wäre 46 Stv. Cour. der Cours von Reval dahin aber 114 Kopecken.

$$
\begin{array}{r}
46 \text{ m. } 114. \\
2 \\
\hline
92
\end{array}
$$

fac. 105 Kopecken circa
pro 1 Liv. Bco.

$$
\begin{array}{r}
92 \\
368 \\
\hline
104|88
\end{array}
$$

nach den Ketten = Satz:

? Kopecken	—	1 Liv. Banco.
1 Liv.	—	46 Stüv. Cour.
50 Stüver	—	114 Kopecken.
2	—	2
100.		

109) Ueber Hamburg.

Verfahret nach der 17. Special = Regul No. 20.

z. E. Der Berliner Cours nach Hamburg wäre 44 Schl. Lüb. Bco. der Cours in Reval aber dahin 120. Kop.

$$
\begin{array}{ccc}
48 & - & 44 \text{ m. } 120 \\
12 & 110 & 10
\end{array}
$$

fac. 110 Kopecken pro 1 Liv. Bco.

nach)

nach den Ketten=Satz.

? Kopecken	—	1 Liv. Bco.
1 Liv.	—	44 Schl. L. Bco.
48 Schill.	—	120 Kopecken.

Mit Riga,

in Albertsgroschen.

110) Ueber Amsterdam in *Cour.*

93. Special-Regul.

Multipliciret den Berliner Cours mit der Zahl 180, und dividiret das kommende durch den Holländischen Cours.

z. E. Der Berliner Cours nach Amsterdam wäre $45\frac{3}{4}$ Stüv. Cour. der Amsterdammer Cours nach Riga aber 103 Thlr. Cour.

$$103 \quad — \quad 45\frac{3}{4}. \quad m. \quad 180,$$

$$360$$
$$90$$

fac. 80 Alb. gl. circa $\underline{45}$
pro 1 Liv. Bco. $\overline{8235}$
$$1025$$
$$—98$$

nach den Ketten=Satz:

? Alb gl.	—	1 Liv. Bco.
1 Liv.	—	$45\frac{3}{4}$ Stüv. Cour.
1. 50 Stüv.	—	1 Thl. Holl. Cor.
103 Thlr. Cour.	—	100 Alb. Thlr. 2.
1 Thlr.	—	90 gl. Alb.
		180.

H   111)

111) Ueber Hamburg wenn Albert. Thlr. schlechter denn Hamburger *Banco.*

94. Special-Regul

Multipliciret den 15fachen Berliner Cours mit den Rigaer Cours, und dividiret das kommende durch die Zahl 800.

z. E. Der Berliner Cours nach Hamburg wäre 44 ßl. Lüb. Banco, der Rigaer Cours dahin aber 103 Thlr. Alberts.

$$800 \quad — \quad 44. \text{ m. } 103.$$

$$\begin{array}{r} 220\,^{15} \\ \hline 660 \\ 198 \\ \hline 6798 \end{array}$$

fac. 85 Albert. gl. circa
pro 1 Liv. Bco. $\overline{84|9\frac{3}{4}}.$

nach den Ketten-Satz:

? Albert. gl. — 1 Liv. Bco.

1 Liv. Bco. — 44 Schl. L. Bco.

8.48 Schill. — 1 Hamb. Banco.

100 Thl. — 103 Thl. Albert.

1 Thl. — 90 gl. Albert. 15.

800.

112) Ueber Hamburg wenn Albert. Thl. besser denn Hamburger *Banco.*

95. Special = Regul.

Multipliciret den Berliner Cours mit der Zahl 187½, und dividiret das kommende durch den Hamburger Cours.

z. E.

z. E. Der Berliner Cours nach Hamburg wäre 43½ fl. Lüb. Banco, der Hamburger nach Riga aber 102 Thlr. Banco.

$$102 \quad - \quad 43\tfrac{1}{2}, \text{ m. } 187\tfrac{1}{2}.$$

$$5375 \qquad \tfrac{3}{16} \text{ aus } 1000.$$

$$2687\tfrac{1}{2} \qquad 2 - 8$$

$$93\tfrac{3}{4} \qquad 1 - 2$$

fac. 80 Alb. gl. circa $\overline{8156\tfrac{1}{4}}$
pro 1 Liv. Bco.   1016
         190.

nach den Ketten=Satz:

? Albert. gl.   —   1 Liv. Banco.
1 Liv.   —   43½ Schl. L. Bco.
2. 8. 48 Schill.   —   1 Thl. Hamb. Cor.
102 Thlr.   —   100 Alb. Thlr. 25.
1 Alb. Thlr.   —   90 gl. Alb. 15.
           375.

Nota. Also hätte auch die Special-Regul heissen können: Multipliciret den Berliner Cours mit der Zahl 375, und dividiret das kommende durch den doppelten Hamburger Cours.

Mit Rochelle wie mit Lion.
Mit Rom,
in *Bajocchi*.

113) Ueber Amsterdam.
96. Special = Regul.
Multipliciret den fünffachen Berliner Cours

mit

mit den Römischen, von den kommenden aber schneidet 2 Ziffern rechts ab.

z. E. Der Berliner Cours nach Amsterdam wäre 44¼ Stüv. Banco, der Römische aber dahin 42 Bajocchi.

$$44\tfrac{1}{4} \quad \text{m.} \quad 42.$$
$$5$$

fac. 93 Bajocchi circa $22 1\tfrac{1}{4}$
pro 1 Liv. Bco.

$$442$$
$$884$$
$$10\tfrac{1}{2}$$
$$\overline{92|92\tfrac{1}{2}}$$

nach dem **Ketten-Satz:**

? Bajocchi	—	1 Liv. Bco.
1 Liv.	—	44¼ Stüv. Bco.
20 Stüver	—	42 Bajocchi.
5		5
100.		

114) Ueber **Lion,** den *Scudi d'oro* zu 1523 *Mezzi-Quattrini* gerechnet.

97. Special = Regul.

Multipliciret den sechsten Theil des Berliner Courses mit den Römischen Cours, das kommende wieder mit der Zahl 1523 von den kommenden aber schneidet 4 Ziffern rechts ab.

z. E. Der Berliner Cours nach Lion wäre 96 Sols, der Römische Cours aber dahin 37 Scudi d'oro.

6) 96

6) 96. — m. 37. m, 1523.
　　16　　　　　222

　　　　　　　　　　592
fac. 90 Bajocchi circa　　2960
pro 1 Liv. Bco,　　　　1184
　　　　　　　　　　　1776

　　　　　　　　　90|1616

nach den Ketten-Satz:

? Bajocchi	—	1 Liv. Bco.
1 Liv.	—	96 Sols. (6)
10. 60 Sols	—	1 Ecu.
100 Ecu	—	37 Scudi d'or.
1000 Scudi d'or	—	1523 Scudi Mon.
1 Scudi Mon.	—	100 Bajocchi.

10000.

115) Ueber **Lion**, den *Scudi d'oro* zu 1525
Mezzi-Quattrini gerechnet,

99. Special = Regul.

Multipliciret den Berliner Cours mit den Römischen, das kommende ferner mit der Zahl 61,
und dividiret das ganze Product durch die Zahl
2400.

z. E. Der Berliner Cours nach Lion wäre 96 Sols, der
Römische Cours dahin 37 Scudi d'oro,

　　2400 — 96. m. 37. m. 61.
　　300　　22　　 148
　　100　　4.　　 888
fac. 90¼ Bajocchi circa　　90|28.
pro 1 Liv. Bco.

　　　　Ƨ 3　　　　　nach

nach den Ketten=Satz:

? Bajocchi	—	1 Liv. Bco.
1 Liv. Bco.	—	96 Sous.
60 Sous	—	1 Ecu.
1̶0̶0 Ecu	—	37 Scudi d'or.
40 Scudi d'or	—	61 Scudi Mon.
1 Seudi	—	1̶0̶0 Bajocchi.

60. m. 40.

2400   61 :c.

116) Ueber Paris.

100. Special = Regul.

Multipliciret den Berliner Cours mit der Zahl 100, und dividiret das kommende durch den Pariser Cours.

z. E. Der Der. Berliner Cours nach Paris wäre 96 Sous, der Pariser Cours aber nach Rom 1c5 Sous.

1̶0̶5̶.   —   9̶6̶. m. 1̶0̶0̶.

2̶1̶   32   ǀ 20.

7   640

fac. 91$\frac{3}{7}$ Bajocchi pro   91$\frac{3}{7}$
1 Liv. Bco.

nach den Ketten=Satz.

? Bajocchi	—	1 Liv. Banco.
1 Liv.	—	96 Sous.
105 Sous	—	1 Scudi Mon.
1 Scudi	—	100 Bajocchi.

Mit

Mit Rouen wie mit Lion.

Mit
Ryſſel oder Lille,
in Stüver.

117) Ueber Amſterdam in *Banco* und *Courent*.

101. Special=Regul.

Multipliciret den Berliner Cours mit den Ryſler, von den kommenden aber ſchneidet 2 Ziffern rechts ab.

z. E. Der Berliner Cours nach Amſterdam wäre 44 Stüver, der Ryſler Cours dahin 175 Fl. Ryſler.

$$44. \quad m. \quad 175.$$
$$700$$

fac. 77 Stv. Ryſler pro   700

1 Liv. Bco.   77|00

nach den Ketten=Satz.

? Stüver	—	1 Liv. Bco.
1 Liv.	—	44 Stüver.
100 Stüver	—	175 Stüver.

118) Ueber Londen.

102. Special=Regul.

Multipliciret den Berliner Cours mit den Ryſler, und dividiret das kömmende durch die Zahl 40.

z. E. Der Berliner Cours nach Londen wäre 50 Pfen. Sterl. der Ryſler dahin aber 62 Schill. Vls.

H 4   40

$$4\emptyset \quad - \quad 5\emptyset \quad \text{m.} \quad 62.$$
$$\frac{310.}{77\frac{1}{2}}$$

fac. 77½ Stv. pro 1 Liv. Bco.

nach den Ketten = Satz:

? Stüver	—	1 Liv. Bco.
1 Liv.	—	50 ℔ Sterl.
40. 240 ℔.	—	62 Schl. Vls.
1 Schl. Vls.	—	6 Stüver. 1.
40.		

119) Ueber Paris.

103. Special=Regul.

Multipliciret den Berliner Cours mit den Rysler, und dividiret das kommende durch die Zahl 120.

z. E. Der Berliner Cours nach Paris wäre 96 Sols, der Rysler Cours aber dahin 96 Pfen. Vls.

$$120 \quad - \quad 96. \quad \text{m.} \quad 96.$$
$$10 \qquad\qquad 8 \qquad 76\,|\,8 \text{ a } 16.$$
$$\qquad\qquad\qquad\qquad\qquad 12\,|\,8$$

fac. 76 $\frac{12}{18}$ Stv. circa pro 1 Liv. Bco.

nach den Ketten = Satz:

? Stüver	—	1 Liv. Banco.
1 Liv.	—	96 Sous.
60 Sous	—	96 ℔ Vls.
2 ℔	—	1 Stüver.
120.		

Mit

Mit St. Gallen,

in Kreutzer-*Courent.*

120) Ueber Amsterdam in *Banco.*

104. Special-Regul.

Multiplicirt den Berliner Cours mit den St. Galler, das kommende ferner mit der Zahl 1383; dieses Product dividiret endlich durch die Zahl 59500.

z. E. Der Berliner Cours nach Amsterdamm wäre 44½ Stüv. Banco, der St. Galler Cours dahin aber 118 Kreutzer spec.

$$59500 \quad — \quad 44\tfrac{1}{2} \text{ m. } 118. \text{ m. } 1383$$

$$
\begin{array}{r}
1383 \\
11064 \\
\hline
163194 \\
652776 \\
652776 \\
81597 \\
\hline
7262133 \\
1312\text{:}\text{'}\text{'} \\
1221.
\end{array}
$$

fac. 122 Xer-Cour. circa
1 Liv. Bco.

nach den Ketten-Satz.

? Xer-Cour.	—	1 Liv. Bco.
1 Liv.	—	44½ Stüver.
50 Stüver	—	118 Xer spec.
1190 Xer spec.	—	1383 Xer-Cour.

$$
\frac{50 + 1190.}{59500} \quad — \quad 1383 \text{ ec.}
$$

121) Ueber Amsterdam in *Courent.*

105. Special = Regul.

Multipliciret den fünffachen Berliner Cours mit den St. Galler, von den kommenden aber schneidet 2 Ziffern rechts ab.

z. E. Der Berliner Cours nach Amsterdam wäre 46½ Stv. Cour. der St. Galler Cours dahin aber 52 Xer Cour.

$$46\tfrac{1}{2} \quad m. \quad 52.$$
$$5$$
$$\overline{232\tfrac{1}{2}.}$$

fac. 121 Xer Cour. circa   464
pro 1 Liv. Bco.   1160
26
$$\overline{120|90}$$

nach den Ketten = Satz.

? Xer Cour..	—	1 Liv. Bco.
1 Liv.	—	46½ Stv. Cour.
20 Stüver	—	52 Xer Cour.
5.		5.

100.

122) Ueber Hamburg.

106. Special = Regul.

Multipliciret den Berliner Cours mit den St. Galler, das kommende wieder mit der Zahl 461. das kommende Product dividiret durch die Zahl 19040.

z. E.

z. E. Der Berliner Cours nach Hamburg wäre 44 Schl.
Lüb. Banco, der St. Galler Cours dahin aber
119 Kreutzer spec.

```
19040   —   44. m. 119. m    451
4760         11                461
                               4149
```

fac. 126¾ Xer Cour. circa   54859
pro 1 Liv. Banco.   603449
                              1274
                              3224
                              3689.

nach den Ketten-Satz.

```
? Xer Cour.      —      1 Liv. Bco.
   1 Liv.        —      44 Schl. L. Bco.
16. 48 Schill.   —      119 Xer spec.
1190 Xer spec.   —      1383 X Cour. 461.
16 m. 1190
   19040.        —      461 ıc.
```

123) Ueber Londen.

Verfahret nach der 92. Special-Regul.

z. E. Der Berliner Cours nach Londen wäre 50 Pfen.
Sterl. der St. Galler dahin aber 9 Flor. 52 Kreutzer, oder 592 Kreutzer Courent.

```
240   —   50. m. 592.
  6              148
```

fac. 123⅓ Xer Cour. circa   740
pro 1 Liv. Bco.   123⅓.

nach

nach den Ketten=Satz:

? Xer Cour.	—	1 Liv. Bco.
1 Liv.	—	50 ℔ Sterl.
240 ℔ Sterl.	—	592 Xer Cour.

124) Ueber Paris.

107. Special-Regul.

Multipliciret den Berliner Cours mit den St. Galler, das kommende wieder mit dem Agio so man in St. Gallen über den Pariser Cours zahlet, in dieses kommende Product dividiret mit der Zahl 6000.

z. E. Der Berliner Cours nach Paris wäre 96 Sous, der St. Galler Cours dahin aber 72 Kreutzer Courent mit 4 pro Cento Agio.

$$6000 \quad - \quad 96. \quad m. \quad 72. \quad m. \quad 104.$$
$$1000 \qquad 16 \qquad 432$$
$$\overline{\qquad 1152}$$
$$4608$$

fac. 119¾ Xer Cour. circa   119|808
pro 1 Liv. Bco.   4
                              ‾‾‾‾‾‾‾‾
                              3|232

nach den Ketten = Satz.

? Xer Cour.	—	1 Liv. Bco.
1 Liv.	—	96 Sous.
60 Sous	—	72 Xer Cour.
100 Xer	—	104 Xer Cour.
6000.		

Mit

Mit Sevilla wie mit Cadix.

Mit
Stockholm und Gothenburg,
in Marck Kupfer-Münze.

125) Ueber Amsterdam.

108. Special-Regul.

Multipliciret den doppelten Berliner Cours mit den Schwedischen Cours, von den kommenden aber schneidet 2 Ziffern rechts ab.

z. E. Der Berliner Cours auf Amsterdam wäre 46 Stü-
ber-Courent, der Schwedische Cours dahin aber
38 m̄ℓ. Kupfer-Münze.

$$46. \quad \mathfrak{M}. \quad 38.$$

$$2$$

$$\overline{92}$$

fac. 35 m̄ℓ. Kupf. Münze $\quad \overline{736}$

c. pro 1 Liv. Bco. $\quad 276$

$$\overline{34|96}$$

nach den Ketten-Satz:

? m̄ℓ Kupf. M.	—	1 Liv. Bco.
1 Liv.	—	46 Stüv. Cour.
50 Stüver	—	38 m̄ℓ Kupf. M.
2		2
100.		

126) Ueber Hamburg.

109. Special = Regul.

Multipliciret den Berliner Cours mit den Schwedischen, und dividire das kommende durch die Zahl 48.

z. E. Der Berliner Cours nach Hamburg wäre 44 Schl. Lüb. Bco. der Schwedische aber dahin 40 m Kupfer-Münze.

$$48 \quad - \quad 44. \text{ m. } 40$$
$$6 \qquad\qquad \underline{220} \qquad 5$$
$$36\tfrac{2}{3}$$

fac. $36\tfrac{2}{3}$ m Kupf. Münze pro 1 Liv. Bco.

nach den Ketten-Satz:

? m Kupf. M. — 1 Liv. Bco.

1 Liv. Bco. — 44 Schl. L. Bco.

48 Schill. — 40 m Kupf. M.

127) Ueber Londen.

110. Special = Regul.

Multipliciret den Berliner Cours mit den Schwedischen, und dividiret das kommende durch die Zahl 60.

z. E. Der Berliner Cours nach Londen wäre $49\tfrac{1}{2}$ Pfen. Sterl. der Schwedische dahin aber 43 Thl. Kpf. M.

$$60 \quad - \quad 49\tfrac{1}{2}. \text{ m. } 43.$$
$$147$$
$$196$$
$$21\tfrac{1}{2}$$

fac. $35\tfrac{1}{2}$ m. Kupf. M.

c. pro Liv. Bco.

$$2128\tfrac{1}{2}$$
$$\overline{35|4\tfrac{3}{4}.}$$

nach

nach den Ketten = Satz:

? m̄ℨ. Kupf. M.	—	1 Liv. Bco.
1 Liv.	—	49½ ℔ Sterl.
60. 240 ℔ Sterl.	—	43 Thl. K. M.
1 Thl.	—	4 m̄ℨ. K. M.

128) Ueber Paris.

111. Special = Regul.

Multipliciret den 5 fachen Berliner Cours mit den Schwedischen, von den kommenden aber schneidet 2 Ziffern rechts ab.

z. E. Der Berliner Cours nach Paris wäre 96 Sous, der Schwedische aber dahin 7 m̄ℨ. Kupf. Münze.

$$\underline{\quad 96. \quad m. \quad 7.}$$
$$\underline{\qquad\qquad 5 \qquad}$$
$$480$$

fac. 33⅗ m̄ℨ. Kupf. M. $\quad 33|60$
c. pro 1 Liv. Bco. $\qquad \overline{4|80}$

nach den Ketten=Satz:

? m̄ℨ. Kupf. M.	—	1 Liv. Bco.
1 Liv.	—	96 Sous.
20 Sous	—	7 m̄ℨ. K. M.
$\underline{\quad 5}$		5
100		

Mit Straßburg,

in *Sous*.

129) Ueber Amsterdam in *Banco* und Courent.

112. Special = Regul.

Multipliciret den 12fachen Berliner Cours mit den Strasburger, von den kommenden aber schneidet 3 Ziffern rechts ab.

z. E. Der Berliner Cours nach Amsterdam wäre 45 Stv. der Strasburger aber dahin 180 Ecus.

$$45. \quad m. \quad 180.$$
$$12$$
fac. $97\frac{1}{6}$ Sous pro $\quad \overline{540}$
1 Liv. Bco. $\quad \underline{43200}$
$$97|200$$

nach den Retten=Satz:

? Sous	—	1 Liv. Bco.
1 Liv.	—	45 Stüver.
50 Stüver	—	1 Thlr.
100 Thlr.	—	180 Ecus.
1 Ecu	—	60 Sous.
2		2

5 m. 100 m. 2.   2 m. 6.
1000.   12 2c.

130) Ueber Hamburg.

113. Special = Regul.

Multipliciret den 5fachen Berliner Cours mit den Strasburger, das kommende aber dividiret durch die Zahl 400.

z. E. Der Berliner Cours nach Hamburg wäre 43½ fl. Lüb. Banco, der Strasburger aber dahin 184 Ecus.

400

$$460 \quad — \quad 43\tfrac{1}{2}. \; m. \; 184.$$
$$100. \qquad \quad 5 \qquad \qquad 46.$$
$$\overline{217\tfrac{1}{2}}$$

fac. 100 Sous circa   1302
pro 1 Liv. Bco.   868
$$\underline{\quad 23}$$
$$10c|05$$
$$60.$$

nach den Retten-Satz.

? Sous	—	1 Liv. Banco.
1 Liv..	—	43½ Schl. L. Banco.
4. 48 Schill.	—	1 Thl.
100 Thlr.	—	184 Ecus.
1 Ecu	—	60 Sous. 5.
400.		5.

131) Ueber Londen.

114. Special = Regul.

Multipliciret den Berliner Cours mit der Zahl 60, das kommende aber dividiret durch den Englischen Cours.

z. E. Der Berliner Cours nach Londen wäre 49 Pfen. Sterl. der Strasburger aber dahin 31 pf. Sterl.

$$31 \quad — \quad 49. \; m. \; 60$$
$$2940 \qquad 5$$
$$150$$

fac. 94 Sous 10 Den. circa   26 a 12.
pro 1 Liv. Bco. $\overline{312.}$

J

nach den Ketten = Satz.

? Sous	—	1 Liv.. Banco.
1 Liv.	—	49 ₰ Sterl.
31 ₰ Sterl.	—	60 Sous.

Mit Turin,
in *Soldi piemontesi.*

132) Ueber Amsterdam in *Banco.*
115. Special = Regul.

Multipliciret den 5 fachen Berliner Cours mit den Turiner, von den kommenden aber schneidet zwo Ziffern rechts ab.

z. E. der Berliner Cours nach Amsterdam wäre 44¼ Stv. Banco, der Turiner Cours dahin aber 37½ Soldi.

$$44\tfrac{1}{4}. \quad m. \quad 37\tfrac{1}{2}.$$
$$5$$
$$221\tfrac{1}{4}$$

fac. 83 Soldi circa pro   1547
   1 Liv. Bco.   663
       110. 7.
         9. 3.
      82|96. 10.

nach den Ketten = Satz:

? Soldi	—	1 Liv. Bco.
1 Liv.	—	44¼ Stüv.
20 Stüver	—	37½ Soldi.
5		5 ꝛc.

100.

133) Ueber London.

116. Special = Regul.

Multipliciret den Berliner Cours mit den Turiner in lauter Soldi, und dividiret das kommende durch die Zahl 240.

z. E. Der Berliner Cours nach London wäre 49½ pfen. Sterl. der Turiner Cours dahin aber 18 Lire 16 Soldi oder 376 Soldi.

$$
\begin{array}{lll}
240 & \quad 49\tfrac{1}{2}. \quad \mathrm{m.}\ 376. \\
30 & \quad 343 \qquad 47 \\
& \quad 196 \\
& \quad \overline{23:6} \\
\mathrm{fac.}\ 77\tfrac{7}{12}\ \text{Soldi pro} & \quad 2320:6 \\
1\ \mathrm{Liv.\ Bco.} & \quad 77|5:6 \\
& \quad \overline{6|6.}
\end{array}
$$

nach den Ketten=Satz:

$$
\begin{array}{ll}
?\ \text{Soldi} & -. \quad 1\ \text{Liv. Bco.} \\
1\ \text{Liv.} & - \quad 49\tfrac{1}{2}\ \text{Sterl.} \\
240\ . & - \quad 376\ \text{Soldi.}
\end{array}
$$

134) Ueber Paris.

117. Special = Regul.

Multipliciret den Berliner Cours mit den Turiner, und dividiret das kommende durch die Zahl 60.

z. E. Der Berliner Cours nach Paris wäre 96 Sous, der Turiner nach Paris aber 51 Soldi.

$$60 \quad - \quad 96. \; m. \; 51.$$
$$10 \qquad\qquad 16$$

fac. $81\frac{7}{12}$ Soldi pro
1 Liv. Bco.

$$\begin{array}{r} 80 \\ \hline 81|6 \\ 12 \\ \hline 7|2. \end{array}$$

nach den Ketten = Satz.

? Soldi	—	1 Liv. Bco.
1 Liv.	—	96 Sous.
60 Sous	—	51 Soldi.

Mit

Valencia wie mit Cadix.

Mit Venedig,

in *Groſſi Banco*.

135) Ueber Amsterdam oder Hamburg in *Banco*.

118. Special = Regul.

Multipliciret den Berliner Cours mit der Zahl 48, und dividiret das kommende durch den Amster= dammer oder Hamburger Cours.

z. E. Der Berliner Cours auf Amsterdam oder Ham= burg stünde 44 Stw. oder Schl. Bco. der Amsterdam= mer oder Hamburger Cours auf Venedig aber 89½ Pf. Vls. Banco.

$$89\frac{1}{2}$$

$$89\tfrac{1}{2} \quad - \quad 44. \quad m. \quad 48.$$

```
89½ ——  44.  m.  48.
179                96
                  384
                  384
fac. 23 7/12 Groſſi Bco. circa   4224
    1 Liv. Banco.               −644
                               107 a 12.
                               1284|
                               −31|
```

nach den Retten = Satz.

```
? Groſſi        —    1 Liv. Bco.
1 Liv.          —    44 Stv. od. ſl. Bco.
1 Stüv. ꝛc.     —    2 ꝙ Vls. Bco.
89½ ꝙ Vls. Bco. —    24 Groſſi.
                     48.
```

136) Ueber Lion.

119. Special = Regul.

Multipliciret den 4fachen Berliner Cours mit den Venediger, von den kommenden aber ſchneidet 3 Ziffern rechts ab.

z. E. Der Berliner Cours nach Lion wäre 96 Sous, der Venediger dahin aber 60 Ducati.

```
            96.  m.  60.
             4
            384
fac. 23 Groſſi circa   23|040. a 12.
    pro 1 Liv. Bco.      |480
```

nach den Ketten = Satz.

? Groſſi	—	1 Liv. Bco.
1 Liv.	—	96 Sous.
10. 60 Sous	—	1 Ecu.
100 Ecus	—	60 Dj. Bco.
1 Dj.	—	24 Groſſi. 4.
10. m 100.		
1000.		4 ꝛc.

137) Ueber London.

120. Special = Regul.

Multipliciret den Berliner Cours mit der Zahl 24, und dividiret das kommende durch den Engli-ſchen Cours.

z. E. Der Berliner Cours nach London ſtünde 49½ pfen. Sterl. der Londner nach Venedig aber 51 pf. Sterl.

51	—	49½ m. 24.	
17		396	8
fac: 23⅓ Groſſi Bco.		−56	
pro 1 Liv. Bco.		−5 a 12.	
		60.	

nach den Ketten = Satz.

? Groſſi	—	1 Liv. Bco.
1 Liv.	—	49½ ß Sterl.
51 ß Sterl.	—	24 Groſſi.

Mit

Mit Wien,
in Xer Courent.

138) Ueber Amsterdam.

121. Special = Regul.

Multipliciret den 18fachen Berliner Cours mit den Wiener, von den kommenden aber schneidet 3 Ziffern rechts ab.

z. E. Der Berliner Cours nach Amsterdam wäre 43½ Stüver, der Wiener Cours aber dahin 141 Thlr. Wiener Courent.

$$43\tfrac{1}{2} \quad m. \quad 141.$$
$$344$$
$$9$$
$$\overline{783}$$
$$3132$$
$$783$$

fac. 110½ Xer Cour. $\overline{110|403}$
pro 1 Liv. Bco. | 4
$\overline{1|000.}$

nach den Ketten = Satz.

? Xer Cour.	—	1 Liv. Bco.
1 Liv.	—	43½ Stüv. Bco.
5000 Stüver	—	141 Thlr. Wiener.
1 Thlr.	—	90 Xer Cour.
2.		2.
1000.		18 ꝛc.

139) Ueber Hamburg.

122. Special-Regul.

Multipliciret den dreyfachen Berliner Cours mit den Wiener, und dividiret das kommende durch die Zahl 160.

z. E. Der Berliner Cours nach Hamburg wäre 44 Fl. Lüb. Banco, der Wiener Cours aber dahin 142 Thl. Cour.

```
    160      —    44.  m.  142.
     40            3        426
            ────────────   426
            132            ────
             33           4686
                          ────
fac. 117¼ Xer Cour. circa   117|1
    pro 1 Liv. Bco.
```

nach dem Ketten-Satz:

```
  ? Xer Cour.     —     1 Liv. Bco.
    1 Liv.        —    44 Schl. L. Bco.
16.48 Schill.     —     1 Thl. Bco.
10.20.100 Thl.    —   142 Thl. Cour.
    1 Thl.        —    90 X.C. 30.6.3
16. m. 10.
────────
 160.            —   —   —   3 ꝛc.
```

140) Ueber London.

123. Special-Regul.

Multipliciret den Berliner Cours mit den Wiener in lauter Kreutzer und dividiret das kommende durch die Zahl 240.

z. E.

1 Liv. Bco.

nach den Retten-Satz:

? Xer Cour.   —   1 Liv. Bco.
1 Liv.   —   50 ß Sterl.
240 ß.   —   528 Xer Cour.

141) Ueber Paris.

124. Special-Regul.

Multipliciret den 3fachen Berliner Cours mit
den Wiener Cours, und dividiret das kommende
durch die Zahl 200.

z. E. Der Berliner Cours nach Paris wäre 96 Sous, der
Wiener Cours aber dahin 75 Thlr. Cour.

```
200   —   96.  m.  75.
100        3        300
          ̶2̶8̶8̶     300
fac. 108 Xer Cour.  144   108|00
pro 1 Liv. Bco.
```

nach den Ketten=Satz:

? Xer Cour.	—	1 Liv. Bco.
1 Liv.	—	96 Sous.
200. 6000 Sous	—	75 Thl. Cour.
1 Thl.	—	90 Xer Cour. 3.
200.		3 ꝛc.

Mit Zürch,

in Xer Wechsel=Geld.

142) Ueber Amsterdam.

125. Special-Regul.

Multipliciret den Berliner Cours mit der Zahl 216, und dividiret das kommende durch den Amsterdammer Cours.

z. E. Der Berliner Cours nach Amsterdam wäre 44 Stv. Bco. der Amsterd. Cours aber nach Zürch 91 Thl. Bco.

$$91 \quad — \quad 44. \quad m. \quad 216.$$

$$864$$
$$864$$

fac. 104½ Xer W. G. circa   9504

pro 1 Liv. Bco.   −404

     40

nach den Ketten=Satz:

? Xer W. G.	—	1 Liv. Bco.
1 Liv.	—	44 Stv. Bco.
1.50 Stüver	—	1 Thl. Bco.
91 Thl. Bco.	—	100 Thl. W. G. 2.
1 Thl. W. G.	—	108 Kreutzer.
		216 ꝛc.

143) Ueber Paris und Lion.

126. Special = Regul.

Multipliciret den 3fachen Berliner Cours mit den Zürcher, und dividiret das kommende durch die Zahl 275.

z. E. Der Berliner Cours nach Frankreich wäre 96 Sous, der Zürcher Cours dahin aber 101 Flor. Cour.

$$275 \cdot \quad - \quad 96, \text{ m. } 101.$$

$$\begin{array}{r} 3 \\ \hline 288 \cdot \cdot \\ 288 \end{array}$$

fac. 105¾ Xer W. G. circa 29088
pro 1 Liv. Bco. 1588
213 ꝛc.

nach den Ketten = Satz.

? Xer W. G.	— 1 Liv. Bco.
1 Liv.	— 96 Sous.
1. 2̶0̶ Sous	— 1 Liv.
2̶5̶. 2̶5̶0̶ Liv.	— 101 Flor. Cour.
11 Flor. Cour. —	1̶0̶ Fl. W. G. 1.
1 Fl. W. G.	— 6̶0̶ Xer W. G. 3.
25. m 11.	3 ꝛc.
275.	

Druck=

Druckfehler.

Pag. 19. lin. 20. muß heißen: in Hamburger Briefen machen könnte, anstatt in Hamburger Brie-
fen 1 Rthl. machen könnte.

— 71. — 5. Pezza statt Perra.

— 101. die letzte Zeile, Grani statt Granl.